Rio de Janeiro:
cultura, política e conflito

Coleção
ANTROPOLOGIA SOCIAL
fundada por Gilberto Velho
dirigida por Karina Kuschnir

- O Riso e o Risível
  Verena Alberti

- Falando da Sociedade
- Outsiders
- Segredos e Truques da Pesquisa
- Truques da Escrita
  Howard S. Becker

- Antropologia Cultural
  Franz Boas

- O Espírito Militar
- Os Militares e a República
  Celso Castro

- Bruxaria, Oráculos e Magia entre os Azande
  E.E. Evans-Pritchard

- Nova Luz sobre a Antropologia
  Clifford Geertz

- O Cotidiano da Política
  Karina Kuschnir

- Cultura: um Conceito Antropológico
  Roque de Barros Laraia

- Guerra de Orixá
  Yvonne Maggie

- Evolucionismo Cultural
  L.H. Morgan, E.B. Tylor, J.G. Frazer

- A Invenção de Copacabana
- De Olho na Rua
  Julia O'Donnell

- A Teoria Vivida
  Mariza Peirano

- Cultura e Razão Prática
- História e Cultura
- Ilhas de História
- Metáforas Históricas e Realidades Míticas
  Marshall Sahlins

- Antropologia Urbana
- Um Antropólogo na Cidade
- Desvio e Divergência
- Individualismo e Cultura
- Projeto e Metamorfose
- Rio de Janeiro: Cultura, Política e Conflito
- Subjetividade e Sociedade
- A Utopia Urbana
  Gilberto Velho

- Pesquisas Urbanas
  Gilberto Velho e
  Karina Kuschnir

- O Mistério do Samba
- O Mundo Funk Carioca
  Hermano Vianna

- Sociedade de Esquina
  William Foote Whyte

Gilberto Velho
(organizador)

Rio de Janeiro:
cultura, política e conflito

ZAHAR

Capa
Miriam Lerner

Imagem da capa
© GEOEYE 2007, Processamento ENGESAT

CIP-Brasil. Catalogação-na-fonte
Sindicato Nacional dos Editores de Livros, RJ.

R452 Rio de Janeiro: cultura, política e conflito / Gilberto Velho (org.). – 1ª ed. – Rio de Janeiro: Zahar, 2007.

(Antropologia Social)

Inclui bibliografia
ISBN 978-85-378-0033-1

1. Antropologia urbana – Rio de Janeiro (RJ). 2. Rio de Janeiro, Região Metropolitana do (RJ) – Condições sociais. 3. Rio de Janeiro (RJ) – História. 4. Rio de Janeiro (RJ) – Cultura. I. Velho, Gilberto.

CDD: 307.760981531
07-2932 CDU: 316.7(815.3)

EDITORA SCHWARCZ S.A.
Praça Floriano, 19, sala 3001 – Cinelândia
20031-050 – Rio de Janeiro – RJ
Telefone: (21) 3993-7510
www.companhiadasletras.com.br
www.blogdacompanhia.com.br
facebook.com/editorazahar
instagram.com/editorazahar
twitter.com/editorazahar

Sumário

Apresentação

Este livro reúne textos que falam da vida na metrópole. Referem-se a pesquisas realizadas no Rio de Janeiro, embora todos lidem com a problemática mais geral de antropologia urbana e de sociedades complexas. Analisam fenômenos diversificados tais como política, favela, carreiras, música, globalização, bairros, áreas da cidade e violência. Investigam a problemática das opções, alternativas profissionais e existenciais dentro de um *campo de possibilidades* histórica, sociológica e culturalmente delineado.

Sem dúvida, o Rio de Janeiro apresenta singularidade, em função de sua história e características socioculturais específicas. Os textos aqui reunidos focalizam importantes fenômenos que ilustram tanto a riqueza como os problemas e impasses da experiência de seus habitantes.

Lidam, sobretudo, com a questão das *diferenças* e dos *diferentes*, o foco fundador e definidor da antropologia. No contexto metropolitano, com suas interações, negociações e conflitos, os autores fazem trabalho de campo, observação participante, sempre atentos em procurar escapar de preconceitos e estereótipos. Esta, como sabemos, não é tarefa fácil e constitui-se em caminho cheio de armadilhas, de que nenhum antropólogo está protegido.

O *estranhamento do familiar* é uma atitude intelectual necessária, principalmente para quem estuda sua própria sociedade. É tarefa complexa, mas representa uma tentativa de superar criticamente as névoas culturais e ideológicas que, inevitavelmente, toldam a nossa visão como seres sociais que somos.

A realização das pesquisas que deram origem a esse livro deu-se no âmbito do Prorama de Pós-Graduação em Antropologia Social do Departamento de Antropologia do Museu Nacional/UFRJ e contou com o apoio da Finep, da Faperj, do CNPq e da Capes.

Agradeço também a inestimável ajuda de Marisa Mello e Roberta Ceva na sua preparação final.

GILBERTO VELHO

Metrópole, cultura e conflito

Gilberto Velho

O tema fundador e constitutivo da antropologia é o das diferenças. A metrópole é, por excelência, lócus privilegiado, expressão e gerador de heterogeneidade e de diversidade. O texto clássico de Simmel, de mais de um século, já apontava para as particularidades históricas e sociológicas da metrópole com suas repercussões nas trajetórias e subjetividades individuais. Salientava, sobretudo, a intensidade e a heterogeneidade das experiências cotidianas de seus habitantes, contrastando com a maior estabilidade e homogeneidade da vida nas aldeias, vilarejos e pequenos centros urbanos da sociedade tradicional.[1]

Nesses mais de cem anos que transcorreram desde esse artigo clássico, as metrópoles cresceram, multiplicaram-se e diversificaram-se, gerando um fenômeno inédito e revolucionário na história da humanidade. Na época de Simmel, poucas cidades ultrapassavam o milhão de habitantes. Depois foram multiplicando-se as áreas metropolitanas com muitas vezes esse número, como Londres, Nova York, São Paulo, Cidade do México, Tóquio, Rio de Janeiro, Bombaim, Delhi, Calcutá, Pequim, Xangai, Los Angeles, Chicago, Buenos Aires, Istambul, Cairo, Cidade do Cabo etc.

Já me utilizei dos termos "grande cidade", "metrópole" e "área metropolitana". Essas distinções não são óbvias e indiscutíveis. A cidade, em princípio, corresponderia a uma unidade política, de um certo nível demográfico, com prefeito e/ou câmara de representantes própria e as instâncias decorrentes em áreas como educação, saúde, segurança, finanças etc. A metrópole, nos termos de Simmel, é a grande cidade moderna definida por características materiais e imateriais próprias, como já foi assinalado acima. E fala-se hoje em área ou região metropolitana como um fenômeno urbano de dimensões e aspectos geográficos, econômicos e sociais que produz um englobamento de diferentes unidades políticas em um processo acelerado e contínuo. Alguns autores procuraram explorar ainda a noção de megalópole, que abarcaria diversas regiões metropolitanas através de uma conurbação.[2] Entre outros exemplos, teríamos a área que vai de Nova York a Boston, nos Estados Unidos, e no Brasil a que abrangeria, num contínuo, as regiões metropolitanas do Rio de Janeiro e São Paulo, incluindo entre outras as suas extensas periferias, as cidades do Vale do Paraíba, Juiz de Fora etc. Esses aglomerados de cidades e junções de grandes metrópoles e suas adjacências somariam não mais milhões, mas dezenas de milhões de habitantes.

A noção de megalópole, embora interessante como referência e constatação, traz algumas dificuldades operacionais, entre as quais o fato de incluir diferentes estados das federações, apresentando limites ainda mais elásticos e fluidos do que uma região metropolitana. Por outro lado, a existência de "espaços intermediários", mais ou menos rurais ou mesmo vazios, introduz problemas para uma definição mais adequada de sua instrumentalidade, em se tratando de estudos urbanos. De qualquer forma, a idéia de urbanização como um fenômeno que vai além e transcende espaços urbanos delimitados, correspondendo a bens e valores materiais e imateriais que envolvem toda a sociedade, constitui-se em percepção fundamental para as ciências sociais.[3]

Salienta-se e evidencia-se o gigantesco crescimento das populações que vivem em centros urbanos propriamente ditos, com a correspondente diminuição dos habitantes do meio rural. O Brasil é um dos exemplos mais expressivos desde que, em cerca de 50 anos, inverteu-se a relação urbano/rural. No início dos anos 1950 a população urbana estava em torno de 30% do total e hoje chega a mais de 80%. Diferencia-se, por exemplo, da Índia, que embora tenha algumas das maiores cidades do mundo – Calcutá, Bombaim e Delhi –, mantém um elevado número de habitantes vivendo no campo. Assinale-se que a população total do Brasil gira em torno de 180 milhões, enquanto a indiana já ultrapassou o bilhão há alguns anos.

No Brasil, assistiu-se depois da Segunda Grande Guerra a um dos maiores deslocamentos populacionais da história mundial, com a maciça migração do interior para as cidades e, especialmente, do Norte/Nordeste para o Sul e Sudeste. No Centro-Oeste, particularmente na área de Brasília, também se registrou um forte crescimento demográfico a partir da mudança da capital federal em 1960, ultrapassando em muito as mais ousadas previsões. Na realidade, houve uma forte mobilidade espacial, intensificando um padrão já identificado anteriormente por Gilberto Freyre e Sergio Buarque de Holanda.[4]

Registrem-se outras situações, como o deslocamento de gaúchos e outros sulistas para o Centro-Oeste e áreas da Amazônia, juntando-se a outros grupos regionais migrantes, especialmente nordestinos. Secas, desemprego, crises na agricultura, condições de vida precárias, vontade de inclusão constituem as principais razões desses movimentos populacionais. Assim, as grandes cidades, particularmente as áreas metropolitanas de São Paulo e Rio de Janeiro, recebem levas imensas de quase todo o país, principalmente do Nordeste. Nesse período, a imigração estrangeira também foi importante, sobretudo em São Paulo, embora em menor proporção do que no final do século XIX e primeiras décadas do século XX. Por outro lado, a população urbana, especialmente as camadas mais modestas, sejam recém-chegadas ou estabelecidas há várias gerações, mantém um alto índice de reprodução, aumentando ainda mais o forte crescimento demográfico urbano.

A recente e progressiva diminuição do índice de natalidade ocorre, sobretudo, em setores das camadas médias educadas, embora se manifeste também em alguns segmentos mais pobres. O fato é que nas últimas décadas vivemos um crescimento acelerado e desordenado das grandes cidades brasileiras, cujos efeitos persistem, com graves conseqüências para o convívio social. A região metropolitana do Rio de Janeiro hoje apresenta uma população de cerca de 12 milhões de habitantes, dos mais variados níveis sociais e estilos de vida.

O panorama que vai se delineando assim não é só de grandes números, mas de expressiva heterogeneidade e diversidade socioculturais. As origens e a ininterrupta produção desse fenômeno estão diretamente ligadas a variáveis estratégicas como classes sociais e diversidade de tradições e culturas nacionais e regionais. Ao falar em classe estou usando a categoria do modo mais amplo possível, considerando as relações de produção, a especialização ocupacional, a estratificação de renda e as diferenças de status e prestígio social.

Uma das expressões mais evidentes dessa diversidade, cheia de contrastes, é o modo de morar. Assim, a distribuição da população por bairros e áreas das regiões metropolitanas, os tipos de habitação e, em geral, a hierarquia estabelecida através dessa variável constituem-se em tema fundamental de linhas de pesquisa de antropologia e sociologia urbanas. No caso brasileiro, as favelas, os conjuntos habitacionais, as periferias e suas relações com os centros e bairros de categorias sociais mais abonadas são um assunto fundamental em termos de políticas públicas.[5] Assim, cabe focalizar tanto os aspectos mais internos da vida nesses locais, em princípio mais carentes, como investigar as relações e redes sociais que atravessam as grandes cidades, com suas dimensões políticas, econômicas e culturais.[6]

Dessa forma, mantemos a problemática da cultura como eixo privilegiado de investigação. As diferenças em termos de visões de mundo e estilos de vida entre categorias sociais que convivem e interagem cotidianamente não são sempre óbvias ou facilmente identificáveis. Em alguns casos, as variáveis mencionadas, como classe, origem e lugar de moradia, são elementos importantes para a construção desses mapas socioculturais e cartografias econômico-simbólicas. Mas estão longe de esgotar a riqueza das diversas correntes de tradição cultural.[7]

Volto a uma reflexão que desenvolvi já há muitos anos, insistindo que a familiaridade não é sinônimo de conhecimento, e que estranhar o familiar é um movimento necessário para buscar compreender os mundos sociais por onde circulamos, convivemos e interagimos. Caso isso não se efetive, corremos o risco de permanecer prisioneiros do senso comum, de estereótipos e armadilhas ideológicas de todos os tipos. Não é intelectualmente produtivo confundir, por exemplo, igualdade político-legal com homogeneidade cultural. Não se pode ignorar a importância da diferença de sistemas cognitivos e modalidades culturais em nome de um voluntarismo ideológico ingênuo, seja de natureza política ou religiosa. Assim, estranhar o familiar corresponde a um esforço intelectual de pensar antropologicamente a sua própria sociedade, desconfiando criticamente do senso comum e das certezas dogmáticas.[8]

Por outro lado, não se trata de alimentar uma onipotência da *inteligentsia* que pretendesse ficar soberanamente acima de tudo e de todos. Cabe ponderar sobre as possibilidades de um pensamento crítico capaz de pôr em dúvida esquemas e classificações estabelecidos que impregnam o nosso cotidiano. Reconhecer as diferenças, estranhar o que está próximo, relativizá-lo são meios de se ter uma visão mais complexa do mundo em que vivemos e, simultaneamente, buscar indagar sobre as possibilidades de negociação e diálogo entre valores, interesses e atores diferenciados. A tensão e o conflito fazem parte desse cenário. Cabe ser capaz de identificá-los e, em termos de uma ação pública, valorizar a possibilidade de uma *conciliação*, como já nos falava Cícero há mais de dois mil anos, no contexto conflituoso da República Romana de então.

Certamente, os antropólogos transitam e são construídos, como os universos pesquisados, por várias correntes de tradição cultural. Nos termos de Schutz, todos nós participamos e pertencemos a uma pluralidade de mundos socioculturais, com densidades, ritmos e características próprias. Esta, aliás, é chave preciosa para as pesquisas nas grandes metrópoles.

Sob a inspiração da obra de Simmel, entre outras, a chamada Escola de Chicago, sobretudo através da liderança de Robert Park, realizou uma série de pesquisas em que focalizava e analisava a diversidade sociocultural, a organização social do espaço, a ecologia urbana, os processos de modalidade socioespacial, as carreiras e ocupações, minorias de todos os tipos etc.[9] Chicago tornou-se, por excelência, o laboratório de que falava Park, mas cujas influência e repercussão ultrapassaram seus limites físicos e institucionais.[10] Cabe enfatizar a especial importância das investigações de áreas, vizinhanças, bairros e "regiões morais", também nos termos de Park. Dentro da complexa heterogeneidade de Chicago, as minorias étnicas constituíam, em função dos grandes e variados fluxos migratórios, uma das suas dimensões mais marcantes.

No Brasil, nos últimos 40 anos aproximadamente, produziu-se um significativo conjunto de trabalhos que, ao lidar com essa problemática, acrescentou outras questões e abriu novas trilhas. No caso específico dos bairros, tive a oportunidade de desenvolver pesquisa entre 1969 e 1970 em Copacabana, a partir de prédios de conjugados.[11] Procurava compreender visões de mundo e estilos de vida dentro de um bairro em que coexistiam categorias sociais altamente diferenciadas, embora fisicamente próximas.[12] Muitos trabalhos associados a essa temática foram realizados depois, tantos que é impossível enunciá-los todos aqui. Limito-me a remeter os leitores a uma série de coletâneas que dão uma visão expressiva, embora parcial, dessa linha de trabalho.[13]

Nesse período, em vários departamentos e programas de antropologia do Brasil desenvolveram-se importantes pesquisas dentro do que chamamos imprecisamente de antropologia urbana, com menção especial à Universidade de São Paulo (USP), Universidade de Campinas (Unicamp), Universidade Federal do Rio Grande do Sul (UFRGS) e Universidade Federal de Santa Catarina (UFSC). No caso da USP, destaque-se o trabalho pioneiro de Ruth Cardoso e Eunice Durham, a quem pessoalmente muito devo, e que deu origem a uma produção rica e estimulante exemplificada nos trabalhos de Teresa Caldeira e José Guilherme Magnani. Este, particularmente, além de sua própria obra, fundou um núcleo de antropologia urbana que vem, cada vez mais, explorando os mundos e trilhas da metrópole. No Rio de Janeiro, no Instituto de Filosofia e Ciências Sociais da Universidade Federal do Rio de Janeiro (IFCS/UFRJ), Universidade Estadual do Rio de Janeiro (Uerj), Universidade Federal Fluminense (UFF), Pontifícia Universidade Católica (PUC-Rio), Universidade Federal Rural do Rio de Janeiro (UFRRJ), diferentes antropólogos, muitos oriundos do Museu Nacional, abriram e desenvolveram linhas de investigação importantes e originais, com diferentes objetos, perspectivas e enfoques.

O fato é que Rio de Janeiro e São Paulo estão hoje entre as maiores e mais complexas metrópoles do mundo, tornando-se campo privilegiado para a pesquisa antropológica. Em centros urbanos menores, como Porto Alegre, com o trabalho pioneiro de Rubem Oliven, Florianópolis, Campinas, Salvador e Recife, investigações importantes têm sido realizadas em áreas temáticas mais ou menos próximas. Mas são as duas maiores cidades/regiões metropolitanas, por sua dimensão física e complexidade sociocultural, que suscitam o desafio de, simultaneamente, captar as especificidades de diferentes bairros, "pedaços",[14] regiões morais, e acompanhar o trânsito, os cruzamentos e o fluxo entre esses diferentes mundos.

Há diversos temas importantes a serem investigados a partir dessa perspectiva. A problemática geral das identidades e sua dinâmica perpassa, explícita ou implicitamente, esse campo de trabalho. No caso do meu trabalho, e de meus alunos, no Museu Nacional, de início desenvolvemos diversas pesquisas na Zona Sul do Rio de Janeiro, com seus diferentes estilos de vida, e nas camadas médias da cidade em geral. Mas, já desde os primórdios desse programa de trabalho, teses e dissertações foram elaboradas sobre subúrbios, camadas e culturas populares nas suas relações com outros segmentos sociais e com o poder público. Essas linhas de investigação cresceram nos últimos anos, como atestam, por exemplo, os trabalhos sobre funk, hip hop, forró, heavy metal, música e músicos populares em geral.

Outro tema fundador que continua a ter desdobramentos é o de "Família e parentesco" em meio urbano, focalizando assuntos como velhice, juventude, casamentos interétnicos, alimentação e religião. Como fica cada vez mais evidente, a linha conhecida como "Indivíduo e sociedade" tem estado indissoluvelmente associada à de antropologia urbana e de sociedades complexas. A problemática do desvio, ligada à perspectiva interacionista, sobretudo de Becker e Goffman, estabeleceu pontes com outras orientações em que a questão das representações do indivíduo e da subjetividade, em autores como Simmel e Dumont, possibilitou discussões teóricas e trabalhos de campo em que a metrópole, especialmente o próprio Rio de Janeiro, foi e é o cenário principal. A partir desse quadro geral de produção e interação de diferentes segmentos, categorias sociais, níveis culturais, estilos de vida e visões de mundo coloca-se o problema fundamental de seu convívio e relacionamento. Ou seja, a heterogeneidade é um fenômeno crucial para a compreensão da sociedade complexa moderno-contemporânea e por sua natureza traz desafios de uma dimensão inédita. Voltando mais uma vez a Simmel, sabemos que o conflito não só é recorrente, como também apresenta uma dimensão constitutiva da vida social como um todo.[15] Essa percepção vê a sociedade como um processo permanente que, embora apresente estabilidade e continuidade em certos níveis, está sempre em mudança, com maior ou menor velocidade e conflito. Ou seja, mudar não só faz parte como sublinha e expressa o dinamismo inerente à sociedade. Sem dúvida, há variações significativas quando comparamos a sociedade urbana moderno-contemporânea com sociedades tradicionais, tribais e de pequena escala. Mesmo pensando na história da sociedade européia, inegavelmente há períodos em que as transformações se deram mais em câmara lenta do que no ritmo acelerado que acompanha o desenvolvimento do capitalismo e a Revolução Industrial, com suas implicações econômicas, tecnológicas, políticas e culturais. Isso não significa que os períodos históricos de mudança mais lenta fossem imunes a conflitos de variados tipos, como os religiosos na Idade Média.

O Brasil dos últimos 50 ou 60 anos constitui-se num caso limite de mudança acelerada, certamente não-linear, com descontinuidades, crises e acirrados conflitos. Pretendo deter-me na questão da chamada violência urbana, que, certamente, não é fenômeno que possa ser compreendido isoladamente, pois remete à complexidade de nossa sociedade, particularmente das metrópoles. No entanto, creio que é importante perceber a violência não apenas como algo derivado, conseqüência, produto, resultado, de outras forças sociais, mas como fenômeno que tem uma densidade e lógica próprias. Por isso mesmo, tanto em termos de análise científica como no terreno das políticas públicas é um problema difícil de entender, assim como equacionar soluções e encontrar respostas simples para ele. É importante sublinhar que conflito não é necessariamente sinônimo de violência e que, por todas as razões, é crucial identificar quando e como as diferenças de posição, ponto de vista, perspectiva e visão de mundo que existem em qualquer sociedade, sobretudo nas mais complexas, assumem a dimensão de conflito aberto com violência física descontrolada, como no caso brasileiro contemporâneo, principalmente nas grandes cidades.

Diversos cientistas sociais têm pesquisado e escrito trabalhos que apontam e refletem sobre variáveis cruciais, procurando dar conta desse tema literalmente explosivo. Sem dúvida, na antropologia, há que salientar o trabalho pioneiro de Alba Zaluar e seus diversos desdobramentos e interlocutores.

Várias dezenas de milhares de pessoas, sobretudo jovens do sexo masculino, morrem anualmente no Brasil em situações de violência, em especial em lutas entre gangues de bandidos e em confrontos com a polícia, que vitimam também muitos inocentes – idosos, mulheres e crianças. É importante também destacar dentro desse quadro trágico o grande número de policiais mortos e feridos, sejam eles coniventes ou não com a criminalidade. Nas favelas, nos conjuntos habitacionais e nas periferias, uma significativa parcela do universo jovem aderiu ou criou uma vasta rede criminosa cujas variações locais não obscurecem o fato central: a agressão à vida que se dissemina por todo o país. Constitui-se assim um modo de vida alternativo para esse segmento, através da atividade criminosa. Os meios legais ou considerados legítimos pela cultura oficial, pelo Estado e por boa parte da sociedade civil para conduzir a vida e realizar objetivos são não só desconsiderados mas rejeitados de forma radical. Aqui temos vários pontos a explorar, alguns dos quais já tenho examinado em outros trabalhos.[16]

O caótico crescimento das cidades não é, obviamente, apenas um fenômeno urbanístico e demográfico, pois se associa ao desenvolvimento da sociedade de massas. Ortega y Gasset, contemporâneo de Simmel, no início do século XX, já apontava para a grande transformação da sociedade, resultado do fortalecimento e expansão das massas com aspirações e padrões incompatíveis com a cultura tradicional.[17] No decorrer dos últimos cem anos, assiste-se também à aceleração da globalização, gerando um processo em que, entre outras conseqüências, as massas, com suas diferentes subculturas e distinções sociológicas, passaram não só a se expor, mas a participar efetivamente de processos transnacionais numa escala inédita, valendo-se, inclusive, das inovações e progressos tecnológicos.

Está claro que a sociedade brasileira, especialmente as suas metrópoles e grandes cidades, inseriu-se fortemente nessa nova realidade. Ou seja, o crescimento urbano associa-se à mudança de valores, interesses e prioridades em todos os níveis. Insisto que esse processo não é linear e, em diversos aspectos, persistem características que, em princípio, seriam próprias da sociedade tradicional. Certamente, um dos principais eixos ideológico-culturais em que isso se manifesta é a coexistência, aparentemente contraditória, entre valores individualistas e hierarquizantes. Essa tem sido uma preocupação de diversos autores, como Roberto DaMatta, Luiz Fernando Duarte e eu próprio. Desde Gilberto Freyre, aliás, em uma outra linguagem e com diferentes instrumentos teóricos, essa temática já era discutida, especialmente no que se refere a família e parentesco.[18] Este assunto tem sido também preocupação de outros autores contemporâneos que analisam as diferentes gerações, suas relações, continuidades e descontinuidades, como Myriam Lins de Barros.

Nas metrópoles brasileiras, não assistimos, seguramente, a um processo linear de nuclearização das famílias. Embora o caráter englobante da família extensa já não persista tanto como no que costumamos entender como sociedade tradicional, há todo um complexo sistema de relações de descendência e aliança que pode ser acionado em contextos e situações existencialmente significativas. Esse não é um fenômeno exclusivamente brasileiro, como já mostraram Raymond Firth e Elizabeth Bott ao analisar, em meados do século XX, a sociedade inglesa com a sua forte imagem e marca individualistas.[19] Mas no Brasil a persistência da importância das relações pessoais em geral, e do clientelismo e dos desdobramentos do coronelismo em novas roupagens, marcam fortemente a sua vida político-econômica. Assim, nossa realidade contrastaria com a de sociedades em que mecanismos e padrões democráticos, associados à cidadania, conquistaram, de um modo mais efetivo, espaços materiais e simbólicos. A combinação dessa dimensão pessoal-clientelística com o burocratismo, também centenário, produz um sistema em que a ineficácia e a corrupção expandem-se ininterruptamente.[20]

As metrópoles brasileiras vivem de modo permanente as dificuldades e impasses advindos desse processo. A falta ou o fracasso de políticas públicas baseadas em planejamento a longo prazo são, em grande parte, resultado dessa história secular que atravessa a Colônia, a Monarquia e a República. Viveram-se longos períodos autoritários, culminando no Regime Militar inaugurado em 1964 e que durou mais de 20 anos. As intenções moralizadoras de diferentes vertentes – como no passado a União Democrática

Nacional, conservadora, e mais recentemente o Partido dos Trabalhadores, de esquerda – desmoronam diante desse clientelismo burocrático. Apesar de tudo isso, o país cresceu economicamente durante boa parte do século XX. Houve períodos em que a democracia parecia ter se consolidado, especialmente no governo Kubitschek (1956-1961), apesar de constantes ameaças golpistas. Sem dúvida, é possível identificar setores da elite burocrática e da sociedade civil que, com maior ou menor apoio popular, tomaram importantes iniciativas e desenvolveram políticas públicas competentes. Mas a enorme riqueza, o extenso território e o potencial do país produzem situações paradoxais quando, ao lado de avanços político-sociais, permanecem ativos os mecanismos de corrupção e manipulação dos recursos públicos. Grandes obras são realizadas através de negociatas que, freqüentemente, inviabilizaram projetos importantes. No caso do Rio de Janeiro, o exemplo do plano de despoluição da baía de Guanabara é dos mais melancólicos. A administração pública em geral, apesar de méritos setoriais, apresenta imagem de ineficiência e falta de empenho. A solução autoritária, de direita ou de esquerda, está sempre no horizonte como panacéia para curar os males nacionais, apesar das calamitosas experiências no passado.

A cidade do Rio de Janeiro sofreu de modo avassalador os efeitos dessa combinação de autoritarismo e corrupção. A mudança da capital para Brasília em 1960, seguida pela fusão do antigo Distrito Federal, depois estado da Guanabara, com o estado do Rio de Janeiro em 1974, durante o Regime Militar, produziu uma grave deterioração das condições de vida na cidade. Embora já apresentasse um vasto repertório de problemas urbanos, o Rio de Janeiro, na condição de capital da República e ainda como estado da Guanabara, dispunha de mais recursos e quadros mais bem qualificados para administrá-la. A fusão com um estado bem menos desenvolvido e impregnado de clientelismo político e currais eleitorais teve efeitos devastadores para a antiga Guanabara.[21]

Mas, por outro lado, nos últimos 40 anos, foi se tornando cada vez mais evidente o desenvolvimento de uma região metropolitana cujo centro é o Rio de Janeiro e que abarca diversos outros municípios e cidades, em uma relação econômica, de trabalho e de interação social inescapável. As dificuldades político-administrativas para lidar com esse fenômeno urbano não são triviais e exigiriam uma reorganização do serviço público e uma política de planejamento até hoje precariamente esboçada. O recente movimento para recriar o estado da Guanabara parece, portanto, não corresponder mais à realidade metropolitana, e dificilmente traria benefícios efetivos para a população carioca. Talvez se não se tivesse realizado a fusão outros caminhos poderiam ter sido tomados, mas uma volta atrás nos dias de hoje não parece a melhor solução, tanto para os cariocas quanto para os habitantes da área metropolitana como um todo.[22] Esta, portanto, deveria ser a referência urbana estratégica para planejadores, urbanistas e cientistas sociais envolvidos com a análise social e a implementação de políticas públicas.

A metrópole carioca-fluminense apresenta todo o espectro de problemas da sociedade brasileira, como a desigualdade, a já mencionada violência, a falência dos serviços públicos, a desorganização urbana etc. Todos se juntam e se realimentam diante da incompetência, falta de vontade ou mesmo interesse em manter as coisas como estão da maioria dos políticos e administradores. O fato indisputável, apesar de tentativas canhestras de encobri-lo, é o cotidiano violento em que vive toda a população metropolitana. Embora os mais pobres, moradores de favelas e conjuntos habitacionais, estejam diretamente sob o jugo das quadrilhas criminosas, todos os municípios e bairros, mesmo os mais elitizados, sofrem a ação da criminalidade violenta. A pobreza e a desigualdade explicam só em parte a gravidade da situação. Como é mais do que conhecido e comprovado, a maioria das camadas populares trabalha ou assim o tenta num mercado em crise há décadas.

Nos últimos anos, há indícios de melhora lenta nas condições de vida de setores da população pobre que procura, de algum modo, participar da sociedade de consumo, tendo acesso a melhor e mais variada alimentação, a bens básicos da chamada linha branca, como fogões e geladeiras. Mas a sociedade de massas contemporânea, com todos os seus aspectos contraditórios, mostra e acena com uma variedade inesgotável de bens. A televisão, por exemplo, seja como objeto de consumo em si, seja como veículo da difusão dessas aspirações, desempenha papel crucial para se buscar compreender a cultura e sociedade contemporâneas.[23]

No caso do Rio de Janeiro, voltando aos segmentos jovens pobres anteriormente citados, a própria escola pública, freqüentada de forma irregular, com seus problemas e fracassos, pode estimular a vontade de inclusão, reconhecimento e ascensão social de modo aparentemente contraditório com a cultura oficial. O sentimento de exclusão, a vivência da pobreza, as frustrações diante da sociedade de consumo são experiências que aumentam o potencial de conflito. Este às vezes é canalizado para movimentos socioculturais, ações políticas como o movimento negro, iniciativas para melhorar as condições de vida das comunidades etc. Igrejas e ONGs, em alguns casos, desempenham um papel importante, mas cabe sublinhar, sobretudo, as iniciativas vindas diretamente das camadas populares. A luta pela sobrevivência, por reconhecimento e inclusão social é o motor desse movimento.[24] Há que se registrar, também, a grande importância da religiosidade, sobretudo através do crescimento das igrejas evangélicas. Sem dúvida, a religião, com as suas variações e conflitos, constitui dimensão fundamental da visão de mundo da maioria desse universo.

No entanto, a participação no mundo do crime, para os rapazes, é uma possibilidade próxima e atraente porque acena com acesso rápido a bens materiais e simbólicos, como roupas de grife, tênis de marca, drogas, armas, prestígio e poder junto a suas comunidades, atraindo mulheres jovens e inspirando temor a grande parte da população adulta com quem mantêm vínculos sociais de diversas ordens, inclusive de parentesco. Isto gera um tipo de solidariedade que, em boa parte do tempo, garante a retaguarda das gangues tanto nos seus enfrentamentos com outros bandidos, como nos embates com a polícia, por sua vez em alta proporção envolvida, corrompida e cúmplice de atividades criminosas. As carreiras individuais dos jovens bandidos parecem não só serem compatíveis, mas muitas vezes coexistirem, com maior ou menor desgaste, com lealdades de parentesco e vizinhança. O território, aliás, é sempre um valor fundamental nessas disputas, fazendo com que a ameaça de invasão seja das mais recorrentes e atemorizantes.[25] Ou seja, trajetórias aparentemente individualistas combinam-se com a formação de novos círculos sociais que complexificam uma dicotomia e oposição esquemáticas entre holismo e individualismo.

Os laços oriundos diretamente das atividades do mundo do crime geram novas redes que podem cruzar as comunidades e a região metropolitana como um todo, em forma de facções que competem e guerreiam em torno do tráfico de drogas e de armas. Essas quadrilhas, através de lideranças mais ou menos efêmeras, oferecem proteção, ajudam membros da comunidade em situações de vida difíceis, substituindo freqüentemente o poder público ausente, fraco, inconfiável e, em grande parte, desmoralizado. Por outro lado, impõem regras a seu bel-prazer e, com freqüência, exercem seu poder de modo particularmente cruel, torturando e matando. As ligações com setores da polícia nem sempre os livram da ação repressiva do poder público, com suas investidas em que muitas vezes a força é aplicada indiscriminadamente.

A rejeição e o medo da polícia estão presentes na maior parte da população da região metropolitana, principalmente nas áreas mais carentes. Nos confrontos as já famosas balas perdidas constantemente atingem passantes, crianças, idosos, pessoas inocentes das comunidades e suas vizinhanças. Estar entre o fogo dos bandidos e da polícia já faz parte da rotina de diversas favelas e das áreas circunvizinhas. Em termos das relações entre as camadas médias e os setores mais elitizados, a imagem do pobre ignorante e humilde vem sendo substituída rapidamente, nas representações e imaginários dessas categorias, pelo assaltante feroz e cruel, capaz de matar homens e mulheres, velhos e crianças, sem nenhum motivo aparente a não ser o desejo de exercer a violência –

aliás, as motivações dos criminosos certamente não são simples e homogêneas, constituindo-se em objeto privilegiado de análise antropológica. As incursões diárias de bandidos em bairros de classe média, com assaltos a residências, ataques no trânsito, ao comércio e a instituições públicas as mais diversas criam um clima permanente de medo e insegurança no Rio de Janeiro. Isso é agravado pela desconfiança e experiências traumáticas com as chamadas forças da ordem, que com freqüência utilizam métodos arbitrários, brutais, quando não criminosos, ao lidar com a população em geral, particularmente com os mais pobres.

Esse medo generalizado, com as suas particularidades e variações, está presente, portanto, em toda a região metropolitana do Rio, afetando os diferentes estratos, categorias e segmentos sociais. A vida urbana é prejudicada em vários aspectos. As atividades econômicas, comerciais, turísticas, e a sociabilidade como um todo, são atingidas diretamente. Áreas da cidade são abandonadas por razões de segurança. Lojas, fábricas, escolas, igrejas, instituições públicas federais, estaduais e municipais constantemente são obrigadas a encerrar as suas atividades. Até a Missa do Galo já há alguns anos teve seu horário antecipado pelo temor de ações criminosas. Universidades são alvo de tiros e mesmo invadidas. Delegacias da Polícia Civil, quartéis da Polícia Militar e das Forças Armadas são objeto de ataques e assaltos com roubo de armas que também são traficadas por intermédio de órgãos de segurança. Há, assim, os mais variados tipos de vítimas, em qualquer lugar e horário. Sem dúvida, existe um mapa da violência em que determinadas áreas se destacam, mas ela é generalizada, diferentemente do que ocorre em outras cidades consideradas violentas mas que, de modo predominante, apresentam áreas seguras e protegidas. Ou seja, em Nova York, Istambul, Los Angeles, Moscou, há locais que devem ser evitados, mas o poder público consegue manter a segurança na maior parte dessas cidades. No Rio, hoje, evita-se sair à noite praticamente em toda a cidade, provocando a decadência acelerada de sua outrora famosa vida noturna, afetando a sociabilidade urbana em geral. A tendência de setores das camadas médias e da elite a morar em condomínios, a necessidade generalizada de erguer grades e barreiras, a formação de um verdadeiro exército ambíguo e perigoso de segurança privada e a recente identificação de milícias atuando em áreas mais pobres são produtos dessa situação, que atingiu proporções avassaladoras.

Talvez apenas duas ou três grandes cidades do mundo possam ser comparadas, nesses termos, ao Rio de Janeiro. Certamente, São Paulo já mostrou o quanto pode ser vulnerável quando em maio de 2006 a cidade foi imobilizada pela ação de uma facção criminosa, com ataques a policiais e instituições públicas, incêndios de ônibus, assaltos etc., provocando grande número de mortos e feridos. É difícil saber o quanto o poder público está diretamente contaminado pela criminalidade. A mídia, constantemente, traz notícias sobre policiais bandidos, responsáveis por um variado repertório de crimes. Muitas vezes não é fácil estabelecer fronteiras e limites entre a criminalidade e os órgãos destinados a combatê-los. Há várias formas de cumplicidade entre a chamada “banda podre” da polícia e diversas organizações criminosas. Isso envolve desde suborno até o fornecimento de armas e divisão de lucros na venda de drogas e de outros bens obtidos fora da lei e contra o patrimônio público e privado.

Além de teses, dissertações, pesquisas acadêmicas em geral, jornalistas e artistas também vêm dissecando a gênese desse processo. O livro *Abusado*, de Caco Barcellos, e o filme *Notícias de uma guerra particular*, de João Moreira Salles e Katia Lund, são, junto com diversas outras reportagens, publicações e documentários, exemplos expressivos de investigação e análise da violência. Cientistas sociais, como Julita Lemgruber e Luis Eduardo Soares, que assumiram, em determinados momentos de suas trajetórias, importantes cargos públicos na área de segurança, produziram também preciosas combinações de análise sociológica e depoimento pessoal.[26] A imprensa, diariamente, traz notícias e artigos de análise e denúncia da violência no Brasil e no Rio de Janeiro em particular. Neste, da Baixada Fluminense a Ipanema e Leblon, multiplicam-se os atos contra a propriedade e, sobretudo, contra a vida de pessoas de todas as classes e meios sociais.

Apesar de tudo isso, com adaptações, angústia e sofrimento, a população do Rio de Janeiro trabalha, canta, dança, faz festas como o Carnaval.

Há movimentos e ações que procuram reverter esse quadro, seja partindo de algum setor do poder público, de ONGs, das universidades, grupos organizados de comunidades carentes, associações de bairro de classe média, associações profissionais, representantes da sociedade civil e da imprensa, mas o esforço tem sido insuficiente para reverter a desordem urbana, a sensação de insegurança e o medo da sociedade.

As mazelas e vícios da política e seus partidos e as acusações e denúncias sobre corrupção e desprezo pelo interesse público são incessantes. Aí também a percepção da impunidade é generalizada na opinião pública. É certo que alguns políticos se destacam por sua seriedade e honestidade, contrastando com a maioria de indiferentes, oportunistas, coniventes ou cúmplices do processo geral de desagregação. No caso do Rio de Janeiro, os últimos governos estaduais e prefeituras demonstraram um misto de incompetência, falta de coordenação e entendimento básico entre os diferentes níveis de administração. Em casos mais recentes, essa situação ficou ainda pior em função de impasses políticos entre os governantes do estado do Rio de Janeiro e o Governo Federal, inviabilizando qualquer ação a longo prazo, seja de política social, seja de segurança pública.

O Governo Federal, responsável maior pelo bem-estar, segurança e qualidade de vida dos brasileiros, assistiu quase passivamente ao espetáculo da violência crescer e multiplicar-se em todo o país. Está mais do que evidente que a ação das facções e grupos criminosos assim como a natureza de suas atividades como tráficos de diferentes tipos, seqüestros, assaltos a banco, uso de telefone e internet para ações criminosas são de âmbito nacional, quando não internacional. É, portanto, indisputável a responsabilidade do Estado nacional. Este há muito deixou de ter o monopólio do uso da força pública no território brasileiro. Nas grandes cidades, com destaque para o Rio de Janeiro, há vastas áreas em que o poder público não só não atua, como não pode sequer entrar. Bandidos controlam as entradas e saídas utilizando armas dos mais variados tipos, incluindo as mais pesadas de uso militar, contrabandeadas ou roubadas de quartéis da polícia e das forças armadas.

Estamos vivendo um processo particularmente ameaçador à vida social. É o desenvolvimento de uma *cultura da violência* em que a civilidade mais elementar se esfuma e florescem a agressividade e a truculência. O Brasil pode ter progredido materialmente em vários aspectos mas a sua qualidade de vida, por mais elástica que possa ser essa noção, se deteriora brutalmente. A violência, até agora incontrolável, especialmente nas grandes cidades, agrava a nostalgia dos mais velhos e ameaça o futuro dos mais jovens.

A grande metrópole contemporânea é, em qualquer lugar do mundo, fenômeno desafiador para a análise científica e para a formulação e implementação de políticas públicas. A coexistência, convivência e interação entre diferentes segmentos sociais, tradições culturais, estilos de vida e trajetórias individuais exige um complexo processo de permanente negociação da realidade. Esta é construída mediante acertos e definições mínimos que viabilizem a sociabilidade e regulem o conflito. A convivência, as tensões e os eventuais confrontos entre projetos individuais e coletivos expressam-se de modo particularmente dramático nas grandes metrópoles.

A política, no seu sentido mais amplo, seria a atividade fundamental voltada para a constituição de um poder público que obtenha a legitimidade necessária junto à sociedade como um todo. A sociedade complexa moderno-contemporânea levou a um patamar inédito a gravidade dessas questões cujas origens e primeiras reflexões datam, pelo menos, desde a pólis grega e o Império Romano. É na vida metropolitana contemporânea, como no caso limite do Rio de Janeiro, que fica mais nítida e aguda a tensão entre os variados atores com seus projetos, aspirações, diferenças e especificidades. No Brasil contemporâneo, a dificuldade de regular os conflitos que descambam para a violência aberta coloca em questão as mais básicas conquistas de civilidade, convívio social e a própria noção de cultura que supõe, na sua origem, um compartilhar de crenças e valores. A complexidade sociocultural implica a coexistência de múltiplos códigos. A violência contínua e radical põe em xeque a possibilidade de comunicação e relacionamento entre eles. Em última análise, levanta questões cruciais sobre a própria idéia de sociedade.

Assim sendo, sem um grande esforço coletivo, envolvendo a chamada sociedade civil com seus diversos grupos, segmentos, categorias e o Estado em seus diferentes níveis, o Brasil em geral, e o Rio de Janeiro especialmente, com toda a sua riqueza cultural e atores sociais criativos, estarão condenados a sobreviver precariamente no meio da desordem, dos desencontros e do medo.

Notas

1. Ver G. Simmel, *On Individuality and Social Forms.*
2. Ver J. Gottman, *Megalopolis.*
3. Ver, por exemplo, LeFebvre, *Le droit à la ville*; *Du rural à l'urbain*; *La révolution urbaine.*
4. Ver G. Freyre, *Casa-grande & senzala Sobrados e mucambos*, e S. Holanda, *Raízes do Brasil.*
5. Sobre favelas, ver, entre outros, os trabalhos de Licia Valladares.
6. Ver A. Leeds e E. Leeds, *A sociologia do Brasil urbano.*
7. Ver F. Barth, "A análise da cultura nas sociedades complexas".
8. Ver G. Velho, "Observando o familiar".
9. Ver M. Bulmer, *The Chicago School of Sociology.*
10. Ver R. Park, "A cidade".
11. Ver G. Velho, *A utopia urbana.*
12. Sobre bairros ver G. Cordeiro e A. Costa, "Bairros".
13. Ver G. Velho, *O desafio da cidade*; *Antropologia urbana*; *Mediação, cultura e política* e *Pesquisas urbanas.*

14. Ver J. Magnani, *Festa no pedaço.*
15. Ver G. Simmel, *Conflict* e "On Conflict".
16. Ver G. Velho, *Cidadania e violência* e *Mudança, crise e violência.*
17. Ver J. Ortega y Gasset, *A rebelião das massas.*
18. Ver G. Freyre, *Casa-grande & senzala* e *Sobrados e mucambos.*
19. R. Firth et al., *Families and Their Relatives*, e E. Bott, *Família e rede social.*
20. Ver R. Faoro, *Os donos do poder*, e K. Kuschnir, *O cotidiano da política.*
21. Sobre a mudança da capital e a fusão do antigo Distrito Federal/Estado da Guanabara com o estado do Rio de Janeiro, ver M.M. Ferreira, "A fusão do Rio de Janeiro, a ditadura militar e a transição política"; M. Motta, *Rio de Janeiro: de cidade-capital a estado de Guanabara*; e M.O. Silva, *Rio nacional, Rio local.*
22. Sobre a expansão da cidade do Rio de Janeiro e a região metropolitana ver P.P. Geiger e R.L. Santos, *Notas sobre a evolução da ocupação humana da Baixada Fluminense*; M. Abreu, *Evolução urbana do Rio de Janeiro*; e L.C.Q. Ribeiro e O.A. Santos Jr., *Dualização e reestruturação urbana.*
23. E. Hamburguer, *O Brasil antenado.*
24. Ver A. Peralva, *Violência e democracia: o paradoxo brasileiro*, e L.E. Soares, *Meu casaco de general* e *Segurança tem saída.*
25. Ver A. Zaluar, *A máquina e a revolta*, *Condomínio do diabo* e *Integração perversa*; F. Piccolo, *Sociabilidade e conflito no morro e na rua*; e A. Peralva, op.cit.
26. Ver J. Lemgruber, *Cemitério dos vivos*; e L.E. Soares, op. cit.

Os jovens entre o morro e a rua: reflexões a partir do baile funk

Fernanda Delvalhas Piccolo

No período de agosto de 2002 a janeiro de 2005 realizei uma etnografia no Centro Comunitário de um morro de Vila Isabel, na Zona Norte carioca, enfocando a constituição e os vínculos das redes sociais existentes entre o morro, o bairro e a cidade. Muitas dessas redes são estabelecidas em torno dos projetos sociais desenvolvidos na entidade.[1] Além de acompanhar o cotidiano de um desses projetos, destinado a jovens entre 14 e 20 anos, participei de diversos eventos realizados dentro e fora do Centro Comunitário, entre eles o baile funk ocorrido na quadra do Ciep (Centro Integrado de Educação Pública) do morro, baile que, no presente artigo, tomo como objeto de reflexão.

O baile funk é um espaço privilegiado para o exercício da sociabilidade, entendida aqui como a forma lúdica da socialização,[2] ao lado do próprio Centro Comunitário, da Escola de Samba Unidos de Vila Isabel, dos blocos carnavalescos e do shopping Iguatemi. Mediante a análise de espaços de sociabilidade é possível refletir sobre os estilos e modos de vida urbanos, neste caso o de jovens moradores de um morro carioca, participantes de um "projeto social". Abordarei, ainda, a maneira pela qual esse estilo é percebido por outros grupos sociais com os quais interagem, e de que forma o baile reforça o vínculo entre eles e é parte integrante de suas identidades.

Visando a uma maior compreensão do baile e dos estilos de vida desses jovens, apresento ponderações para além de seus limites físicos e temporais. Inicio contextualizando os jovens no âmbito do "projeto social", para o qual foram conduzidos devido a uma suposta "situação de risco social". Tal classificação se sustenta sobre diversos índices, como o local de moradia e a falta de escolaridade, e é também reflexo do estigma que é imposto à favela, principalmente por aqueles que não moram nesse local: "chaga" incrustada no espaço da cidade contemporânea, "reduto de bandidos, marginais", enfim, símbolo da "incivilidade", da "barbárie", como, reiteradamente, os meios de comunicação de massa referem-se às favelas. Nesta percepção, utilizada como justificativa para a existência de tais projetos, os jovens, pobres e moradores de favelas, por essas mesmas características, encontrar-se-iam em "situação de risco". Risco de entrar no "mundo do crime", de tornarem-se usuários de drogas ou aprofundarem-se em seu uso.

Os jovens, no entanto, buscam outros rótulos que os identifiquem. Por intermédio de roupas e acessórios de grifes, anéis e correntes, tatuagens, cortes e pinturas peculiares em seus cabelos, ou ainda como freqüentadores dos bailes funk, aprendem e experimentam outros códigos existentes no morro.

Sob a perspectiva da "equipe", essa identidade e essas experiências são produto e produtoras, também, do "risco", associadas a uma percepção do "perigo" advinda da relação estabelecida entre os jovens e membros do tráfico local, muitos dos quais são seus amigos e parentes, pessoas com as quais "cresceram juntos". Isto contribui para a ambigüidade da relação estabelecida entre os jovens e os integrantes do tráfico: por um lado, uma identificação expressa no estilo das roupas, dos cabelos, no uso das gírias, num certo fascínio pelos símbolos da "facção criminosa", nas músicas cantadas dentro e fora do baile funk. Por outro lado, um certo medo e tristeza de ver diversos amigos e parentes morrerem nas "guerras" entre as facções e nas disputas com policiais.

Em virtude de distintas perspectivas – a dos jovens, a da "equipe" e a da presidente da entidade –, a interação deles abre espaço para conflitos e acusações de desvio.[3] O estigma conferido a esses jovens é justamente aquilo que lhes confere identidade: suas roupas, seus cabelos, suas gírias, seus fascínios pelos símbolos ligados ao tráfico – carros, motos, armas, "novinhas",[4] as músicas funk.

A relação entre os jovens e a equipe assemelha-se à relação entre as favelas e os bairros circunvizinhos, que passa a ser entendida e experienciada como envolta em conflitos e acusações por parte dos moradores dos bairros e pela mídia, advindos, principalmente, do destaque que dão às atividades do tráfico e uso de drogas. Essas ações seriam as responsáveis por grande parte das cenas de violência ocorridas na cidade, tanto no interior das favelas – as brigas entre traficantes rivais e a atuação da polícia –, quanto fora delas – as balas perdidas e os assassinatos.[5]

A transformação da favela, e de sua população, em "problema social"[6] – sanitário, legal e urbanístico – está relacionada à imagem construída socialmente de que nesse local imperariam inúmeras "carências" – de bens materiais à "civilidade" –, já que sua população é vista como perigosa, criminosa, carente de moralidade. Frente a essas percepções, atualmente inúmeros "projetos sociais", entendidos como políticas públicas, são levados a cabo, com o intuito de "controle e disciplinamento da conduta [principalmente dos] jovens".[7]

No entanto, se essa imagem homogeneíza as favelas, seus moradores reivindicam uma heterogeneidade. Assim ocorreu quando, em minha primeira conversa com a presidente do Centro Comunitário, ela falou-me sobre por que seria difícil eu pesquisar o bairro e a favela:

> Porque na favela cada um pensa de um jeito, tem os funkeiros, os puxadores, os crentes, é muita variedade, diversidade, não é tudo igual ... tem o grupo que se diverte com cerveja ou sem, como os crentes, que é mais comida; antes tinha mais macumba, mas agora

é mais crente, os crentes da Universal acabaram com os macumbeiros, os macumbeiros estão em baixa.

Assim, nas favelas, entre outras manifestações culturais há os funkeiros e o funk. Este, dependendo do enunciador e do contexto – a mídia, os "crentes", as instituições representantes do movimento negro –, ora é demonizado, ora é visto como expressão cultural "genuína" da juventude pobre moradora dos morros cariocas.

É no bojo dessa discussão que abordo o baile funk ocorrido na quadra do Ciep.

O baile funk

Fui em dois bailes funk realizados na quadra do Ciep. Para entrar nos bailes, marquei encontro com a irmã de um dos jovens do projeto social na calçada que circunda o parque situado na entrada do morro.

O encontro entre o morador e o visitante, tanto para sua entrada como para sua saída, faz parte dos códigos locais. Esse acompanhamento permite o acesso do "estranho" ao interior do morro, possibilitando que ele ultrapasse a fronteira simbólica – e, às vezes, física, com a colocação de objetos obstruindo a entrada – sem que o percurso seja interrompido por integrantes do tráfico, por exemplo, em busca de explicações para o que se está fazendo lá. Essas ações são menos motivadas pelo senso de hospitalidade do que pela prudência de assegurar que o visitante entre, circule e saia do morro sem ser importunado pelos jovens armados. Tal controle local do tráfico reflete-se nas ações dos outros moradores, tanto num autocontrole, como no controle mútuo do que vêem, ouvem e dizem. O cortejo do visitante ocorre até o momento em que a pessoa passa a ser um rosto conhecido, a sua presença ali torna-se familiar. Foi assim que, na segunda vez em que fui ao baile funk, a moça que me levaria até a saída disse que eu não precisaria mais ser acompanhada e perguntou-me se eu tinha medo. Respondi-lhe firmemente "não" e ela assegurou-me que eu poderia ir sozinha.

O medo estaria relacionado à violência, em decorrência do que, como fez referência a presidente do Centro Comunitário, algumas pessoas "não querem entrar no morro". No entanto, esse fato não se torna um impeditivo para todas as pessoas. Assim, nos bailes funk a que fui jovens de outros morros estavam presentes, distinguidos pelos agradecimentos a suas presenças pelos DJs e pelos táxis que tomavam na saída dos bailes.

Os dois bailes em que fui ocorreram nas madrugadas de sábado, mas havia também as "matinês" de domingo. O primeiro baile funk freqüentado pelos jovens a que tentei ir era na quadra da Escola de Samba Unidos de Vila Isabel, na principal avenida do bairro. No entanto, quando cheguei ao local, estava fechado, com uma placa informando: "Wianna Disco Funk informa que por motivos de força maior não haverá a matinê mix nesse domingo, sendo transferido para o próximo [domingo]. Atração: Bonde do Vinho, a confirmar". Fui embora.

No dia seguinte, fui ao Centro Comunitário e comentei com os jovens sobre o ocorrido. Eles me informaram, então, que o baile não estava mais sendo realizado na quadra da Escola, mas no morro. João Rivaldo disse: "Pode vim que tu vai encontrar com a gente." "Aqui ó, pode vim", repetiu Vicente.

Após esse dia, falamos diversas vezes sobre a minha ida a um dos bailes, ouvi os jovens contarem como era, o que acontecia e insistirem para que eu e um de seus "educadores", o "reprodutor cultural", fôssemos. Numa dessas conversas perguntei a um jovem do projeto, Adoniran, se somente as pessoas que moram ali iam ao baile. Ele respondeu: "Os moradores e os amigos, as pessoas do morro amigo daqui, do Dendê..." Indaguei, ainda, se era necessário pagar a entrada; "só quando é equipe grande, cara, aí tem que pagar", respondeu.

Então, certo dia, após os jovens me perguntarem se eu iria ao baile no sábado, respondi que sim se eles fossem me esperar na entrada do morro. Um deles, André, me deu o número de seu telefone celular para eu ligar e combinar minha ida. Nesse momento, Alice, secretária da Associação de Moradores, entrou no Centro Comunitário e os jovens anunciaram a ela que eu e o "educador" iríamos ao baile. Alice avisou-nos: "Tem que trazer um quilo de alimento, porque agora em todos os bailes vai ser assim." Os jovens riam, e ela explicou: "É, quem não levar não entra, quem for com dinheiro não entra, a gente está fazendo o baile da Fome Zero, queremos arrecadar uma tonelada de alimento para distribuir uma cesta básica lá em cima."

Mais tarde, nesse dia, os jovens me deram a dica: "O baile fica bom lá pela uma, uma e meia da manhã." Ainda comentaram que no baile "vai ter tiro, bandido armado, mas não é para ninguém sair". "Mas [os tiros] não caem em cima da gente?", indagou o "educador". "Não", tranqüilizaram-nos os jovens.

Fui ao baile somente dez dias depois dessa conversa. Nesse ínterim, os jovens ficavam comentando que os Racionais MCs – conhecido grupo paulista de hip hop – se apresentariam ali no baile. No dia anterior à minha ida ao baile, conversando com três jovens, perguntei se os Racionais viriam mesmo. Um deles, Aloan, respondeu-me que não, e outro continuou: "Eles só vão em baile do Comando." A princípio não entendi o que aquilo significava, então Aloan completou: "o PCC de São Paulo não deixa eles virem, só em baile do Comando [Vermelho][8] ..." O jovem ainda disse: "Vai ser o baile do Fome Zero", e o outro mostrou-me a camiseta que vestia com o escrito: "Morro ... contra a fome." Perguntei se eu deveria trazer algo, eles informaram: "Um quilo de alimento."

Mais tarde, antes de ir embora, contei para a presidente da entidade e sua secretária que eu iria ao baile com os jovens, que estavam superempolgados e não falavam em outra coisa. "Eles querem te mostrar no baile!", exclamou a dirigente.

No dia seguinte, sábado, telefonei, à tarde, por volta da uma hora, para o celular de André. Uma voz feminina atendeu, informou-me que ele não estava e que era sua irmã. Contei a ela, Cíntia, que eu era professora dele no Centro Comunitário e havia combinado de ir ao baile à noite com ele. "No baile aqui em Vila Isabel?", exclamou, surpresa, a jovem. "É", respondi. "Você pode dizer a hora que eu digo para ele ir te esperar e você pode vim aqui em casa esperar antes do horário", ofereceu. Passei-lhe o número do meu telefone e solicitei que ela pedisse para André me ligar. Cíntia comentou que não sabia em que horário ele chegaria em casa, mas daria o recado.

Por volta das cinco horas da tarde, Cíntia telefonou-me, informando que não sabia a que horas André chegaria, pois "foi numa festinha", mas, se eu quisesse, poderia ir ao baile com ela. Combinamos de nos encontrar a uma e meia da manhã, na entrada do morro. Cíntia lembrou que não sabia como eu era. "Sou branca e tenho cabelos vermelhos", descrevi. "Ah! Tem uma foto aqui em casa entre o André e o João Rivaldo", comentou. "Eu sou essa mesma", confirmei. Cíntia disse, ainda, que Nozimar, um outro jovem do projeto, já havia passado por ali e ela havia comentado que eu iria ao baile. Mencionei que "o João Rivaldo, o Vicente, todos me conhecem". "Vou levar um dos meninos comigo. Anota o meu celular, porque o André tem o dele e eu tenho o meu, cada um anda com o seu", declarou Cíntia. E me avisou: "O baile é pago, estão fazendo uma campanha de alimentos, a entrada é um quilo de alimento." "Tem algum que não pode levar?", perguntei. "Sal, fubá e farinha", respondeu.

Antes de sair de casa, telefonei para Cíntia, avisando-a.[9] "Já?!", respondeu num tom de voz um pouco desanimado, e pediu que eu telefonasse quando chegasse em frente ao morro.

Chegamos ao local combinado por volta da uma e meia da manhã, e depois de negociar a compra de um cartão telefônico no posto de gasolina, com um jovem usando gorro e roupa pretos escrito "apoio", consegui falar com Cíntia. Ela perguntou se nenhum dos jovens estava por ali, pois já havia pedido para eles descerem e ela já iria descer. Avisei que eu estava do outro lado da rua.

Enquanto eu esperava, percebi um policial militar, atrás de um carro, olhando para o interior do morro, pela rua por onde nós entraríamos, que estava um breu.

Pouco depois, três garotas e um dos jovens do projeto pararam na entrada dessa rua. O jovem atravessou-a em nossa direção. Voltamos com ele até as jovens, nos apresentamos e nos cumprimentamos. Todas estavam carregando uma sacola com o alimento dentro. Além de Cíntia, estavam Laila e Karina. Cíntia vestia uma blusa tomara-que-caia preta, uma microssaia jeans *stretch*, uma sandália, e trazia o celular dentro da blusa. Laila vestia uma blusa de alcinha de jeans com *stretch* e uma calça jeans com *stretch,* com um cinto de pedrinhas *strass.* Karina estava com uma blusa preta e uma jeans com *stretch.* As jovens tinham entre 16 e 20 anos, e uma delas tem uma filha com um dos jovens do projeto, Lindomar. Cíntia também tem um filho.

Fomos caminhando em direção à quadra do Ciep. Chegamos em frente ao "shopping", como é chamado pelos moradores o conjunto de pequenas lojas e bares construídos pelo Favela-Bairro.[10] Havia muitos garotos e garotas parados olhando em direção à quadra, atrás do shopping. O portão de entrada do shopping estava fechado mas os bares que ficam em seu interior estavam abertos, com diversas pessoas conversando, jogando sinuca, bebendo – a maioria mulheres jovens e negras.

A entrada para a quadra ficava entre o muro do parque e o shopping, demarcada por uma mesa e três mulheres que recolhiam os alimentos. Uma delas, assim como algumas outras pessoas, vestiam camisetas brancas, escrito em azul: " Morro ... na guerra contra a fome" – igual àquela do jovem no Centro Comunitário. Entregamos os alimentos que havíamos levado e entramos.

Na quadra ainda havia poucas pessoas, e, conforme iam chegando, ficavam nas laterais, viradas para o centro da quadra, onde, nesse momento, uma senhora, aparentando em torno dos 50 anos, dançava animadamente. Pouco depois, rapidamente o local ficou repleto de pessoas. Em certo momento, logo após nossa chegada, um grupo de jovens armados postou-se atrás da gente. Bianco, um dos jovens do projeto, estava entre eles, segurando uma garrafa de uísque; ele passou por nós e me cumprimentou, o que, de certa maneira, me tranqüilizou, pois as pessoas percebiam que eu não era daquele local, devido à minha cor e, principalmente, pelo meu vestuário, meu jeito de andar e por eu não saber dançar funk (porque não aprendi a técnica corporal da dança, não consigo utilizar meu corpo da mesma maneira que as jovens presentes, que dançavam, todas, de modo semelhante).

Em momentos como esse é que passei a perceber que havia uma influência da cor das pessoas em suas interações sociais. Esse tema se impôs não porque havia entre esses jovens uma reivindicação de identidade étnica, enquanto emersão da etnicidade na luta por demandas políticas – o que não significa que não haja identidades sociais negras entre eles[11] –, mas sim porque o assunto ganhou sentido na interação face a face com o "outro", principalmente com pessoas "de fora", como com a polícia, comigo, com outros "estrangeiros" que visitavam o Centro Comunitário,[12] quando então a cor é vivenciada e a diferença, percebida. Isto porque as atribuições e referências à cor do "outro" são dinâmicas e sempre relativas às qualidades e características das interações entre os sujeitos.[13]

Assim, por meio da observação dessas relações é que pude perceber as diferenças sociais definidas pela cor e pela aparência, que contribuem, em muitos momentos, para marcar distinções e hierarquias de status e de poder aquisitivo.

Nesse contexto, eu era a "branquinha", como diversas vezes se referiram a mim tanto os jovens como os trabalhadores e outros freqüentadores do Centro Comunitário. Inclusive, perguntavam se eu era brasileira, menos pelo meu sotaque gaúcho do que por minha aparência, pela cor da minha pele, dos meus olhos e dos meus cabelos.

Assim, a força imperativa deste tema deu-se pelo meu próprio "mergulho no familiar desconhecido na sempre difícil aproximação quando cruzamos a linha das classes sociais", no dizer de Cunha.[14] Nesse sentido, havia uma diferença visível, embora nem sempre falada, de classe, expressa em meu corpo, mas, principalmente, percebida pela minha cor.

Certa vez, enquanto eu jogava dama com uma menina de cerca de 12 anos, durante as atividades em comemoração ao dia das crianças, ela perguntou se eu era "professora de inglês"; diante da minha negativa, ela exclamou: "É que você tem cara de rica!"

Esta imagem da "branca" e "rica" opõe-se a outra, a do "preto" e "pobre", como salientada certa vez por Lúcio, 22 anos, professor de informática no Centro Comunitário, que na época organizava um livro com poesias feitas por moradores locais. O que o motiva no projeto é o fato de estar "cansado de ver só matérias na mídia sobre violência e droga"; quer, então, em contraposição, "mostrar que aqui tem muita coisa boa, tem gente muita boa em outras coisas", e completou seu comentário, afirmando: "A minha sorte é que não sou preto, porque já sou pobre e moro na favela, se fosse preto eu estava ferrado!"

Quando associados ao estigma do ser negro e pobre, os signos das identidades dos jovens são vistos, pela equipe do projeto, como extremamente depreciativos; são tomados para estigmatizá-los e como chave de leitura de seus comportamentos, percebidos como desviantes.

Segundo Goffman,[15] o estigma, isto é, os "atributos" de um indivíduo vistos como "altamente depreciativos" num determinado grupo, é percebido e definido nas relações entre os indivíduos, nas quais aquele que possui um atributo visto como "anormal" passa a não ser aceito plenamente nas interações sociais. Esse indivíduo tem sua identidade social reduzida ao estereótipo daquilo que os vistos como "normais" consideram depreciativo, e é a partir disso que todas as suas ações reais ou imputáveis serão lidas. É nesse sentido que o professor de informática afirma que "se fosse preto eu estava ferrado", porque os indivíduos "pretos" são, nas interações sociais, reduzidos ao estereótipo que se tem do que é ser "preto" e de suas ações em nossa sociedade: são pessoas consideradas de menor valor social, potencialmente perigosas e criminosas.

Essas classificações dos indivíduos baseadas na percepção do outro pela cor são feitas, como apontam Cunha e Sheriff,[16] em determinadas situações, mediante o uso de categorias não "raciais", mas "referenciais", pois fazem referência ao status, à aparência, ao local de moradia e ao poder aquisitivo.

Embora não haja uma reivindicação de etnicidade fundada em um passado, um ancestral e uma língua comum,[17] há, no morro em questão, modos diferentes de construir e vivenciar as identidades associadas à cor. Entre os jovens com os quais interagi, existe uma multiplicidade de maneiras de expressar sua negritude: experiências compartilhadas no presente e expressas simbolicamente pelo uso de determinadas roupas, o gosto pelo funk, pelo pagode, pelo uso do corpo, elementos que apontam para uma identificação do ser negro, pobre, urbano e habitante do morro.

Tanto no baile funk como em outros momentos no Centro Comunitário compreendi essa técnica corporal. Ela se refere às "maneiras como os homens, sociedade por sociedade e de maneira tradicional, sabem servir-se de seus corpos", no dizer de Mauss,[18] isto é, essas maneiras são aprendidas por meio do processo de socialização e incorporadas de tal forma que se tornam "*habitus*", que "variam com os indivíduos e suas imitações, mas, sobretudo, com as sociedades, as educações, as conveniências e as modas, com os prestígios". Mediante essas técnicas os jovens se posicionam no mundo pelo corpo, pelo modo de andar, de parar, de falar, e do gestual que os caracteriza enquanto negros urbanos moradores do morro. Assim, ao falar, o corpo se remexe junto.

Como ilustração, descrevo a interação entre meninos e meninas em suas brincadeiras. A maneira como as meninas, principalmente, se comunicavam corporalmente e gesticulavam igual à das mulheres adultas. Durante uma das brincadeiras, uma menina, com aproximadamente nove anos, indignou-se quando um menino tentou pular no elástico em torno do qual estavam as meninas: "Com licença! Com licença!", dizia, com um tom de voz imperativo, alto e firme, colocando as mãos nos quadris, levando o peso do corpo para a perna posta mais para trás e balançando o corpo e a cabeça.

Esta técnica corporal se expressa também nos bailes funk, nas danças de homens e mulheres. Nessa expressão corporal, as roupas são um elemento constitutivo. As jovens vestiam-se conforme uma estética funk,[19] expressa nas roupas justas, apertadas, que salientam determinadas partes do corpo, como os glúteos e as coxas, com calças ou microssaias de *stretch*, os seios com miniblusas ou tops de *stretch*, sapatos de salto alto e maquiagem brilhosa. Nesse baile, havia duplas e trios de garotas que estavam trajadas iguais. Muitas carregavam uma toalha de mão e, de vez em quando, secavam o suor do rosto.

A estética masculina é expressa tanto pelos jovens que participam do projeto, como por outros: em seus próprios cabelos e corpos a adesão a um determinado estilo de roupas jovem, as roupas de grifes – verdadeiras ou falsificadas –, especialmente das marcas Nike, Redley, Kenner e Osklen. As roupas que preferem utilizar, e com as quais estavam na maioria das vezes, são camisetas, bermudas, chinelos e bonés que trazem as etiquetas dessas grifes, associadas ao estilo esportivo e *surf wear*. Percebi que todos os jovens utilizam um chinelo de dedos igual (tira de tecido e sola de borracha fofa) da mesma marca – Kenner –, variando a cor entre preto, verde e cinza. Além disso, os jovens utilizam grossas correntes douradas ou prateadas, pulseiras, anéis e brincos.

Estar no "projeto" permite, mediante a bolsa que recebem, de R$ 60,00 por mês, a aquisição dessas roupas. Tanto os encontrei fazendo compras quanto me falaram no que gastam o dinheiro recebido: "Eu dou metade para minha avó e gasto o resto", respondeu João Rivaldo. "Eu gasto", falou Vicente. "No que vocês gastam?", questionei. "Em roupa", replicou Vicente. "De que tipo?", inquiri. "Ele compra da Redley", explicou André.

Compram roupas e acessórios, segundo Amadeu (outro dos jovens pesquisados), especialmente, embora não seja este o único lugar, no shopping Iguatemi, localizado numa área de grande circulação do bairro de Vila Isabel, numa via de ligação para outros bairros, para quem vem de diversos pontos da Zona Norte.

Este shopping é um importante pólo comercial da região, freqüentado pela classe média local e dos bairros adjacentes, assim como pelos jovens e outros moradores do morro, como disse ainda um dos jovens, Adoniran: "Quase todo mundo do morro vai lá comprar." Nesse shopping, as lojas preferidas pelos jovens são a Redley e a Sabotage, que conforme eles disseram "vende mais barato".

As roupas preferidas "não é de camelô", como me disseram. "Quando é do camelô tem a bandeira do Brasil no lado. Essa aqui é falsa, ó", disse Amadeu, e mostrou a etiqueta com a bandeira do Brasil ao lado da marca Osklen de sua bermuda. Ao que outro jovem comentou: "É falsificadona", e me mostraram que o boné que ele estava utilizando era da Redley e não era falsificado.

Certo dia, os jovens estavam conversando sobre as roupas que haviam comprado há pouco, na Sabotage, quando foram "assaltados". "Como? Onde?", perguntei. Então eles me explicaram que estavam nessa loja e a vendedora ficou perguntando o que eles iriam levar; ao que um deles respondeu: "Nada, porque não tenho dinheiro". "Que nada! Eu vi R$ 50,00 aí", disse a vendedora. Sentido-se coagido, o jovem me disse: "Tive que comprar!" No início do mês, época em que recebiam, era comum vê-los combinando o que iriam comprar no shopping.

Os jovens mantêm com o shopping uma relação ambígua, pois é através dele que participam da sociedade de consumo, ao mesmo tempo em que percebem suas condições de existência e a desigualdade social. Nesse sentido é que a presidente do Centro Comunitário vê essa proximidade do shopping e a freqüência dos jovens a ele como os elementos que os deixaria "revoltados".

> O que mais tem nesse morro é criança e adolescente, quer dizer, o pessoal fica criando uma turma de gente desempregada, com fome, que tem que procurar fazer alguma coisa. Não é uma justificativa, entendeu?, mas eu acho que é uma coisa que leva muito a isso [violência]. Que vai ficando revoltado, vendo uma diferença muito grande entre o morro e assim tão próximo; eu acho que é muita, depois que tem a televisão, que tem o shopping do ladinho do morro, aí é muito ruim a gente estar no morro descalço e ir no shopping e ver aquele monte de tênis na vitrine. Eu acho que é essa proximidade; quando ninguém estava vendo isso, acho que o pessoal se conformava mais e agora fica muito difícil, porque os ga-

rotos do morro eles querem ser iguais, e eles têm o direito de ser igual. Então eles querem ir pra praia, eles querem ter sofá, eles querem andar de tênis bom, eles querem ter um *walkman*, eles querem e não podem. Então tem que tomar de quem tem, eles acham que tem que tomar de quem tem. Aí vira essa guerra que está aí.

É possível pensar que a "revolta"[20] aqui, salientada pela presidente da entidade, expressaria não apenas a desigualdade social, fortemente marcada, mas a impossibilidade de troca e de processos de reciprocidade entre classes sociais distintas.[21]

É neste sentido que a dirigente do Centro Comunitário compreende a "revolta" que os jovens sentiriam, pois frente à convivência com a desigualdade social, no âmbito de um sistema capitalista de consumo, com forte difusão e generalização pela mídia de modelos culturais da classe média, os jovens buscariam ser semelhantes e ter um lugar próprio no mundo.[22]

No entanto, quando os jovens do projeto buscam uma igualdade, pelo menos mediante o consumo, e passam a utilizar roupas semelhantes às de muitos jovens da classe média, suas roupas passam a ser discriminadas, tornando-se um estigma. As observações nas fichas de alguns jovens, preenchidas pela psicóloga do projeto social, salientam essa perspectiva: "Só gosta de roupas de marca."

Voltando ao baile funk, nesse primeiro a que fui havia duas "equipes de som": a Studio 58 e a Pipo's. A música vindo de duas paredes constituídas por caixas de som, era muito alta – pelo menos para mim.

As jovens que estavam conosco começaram a dançar desde o momento em que chegamos. De vez em quando uma delas me mostrava um dos jovens do projeto, o qual eu cumprimentava. Muitos deles estavam espalhados pelo baile, e todos, em algum momento, passaram por mim e me cumprimentaram, seja estendendo a mão ou com um aceno de cabeça.

Ao nosso lado, quatro garotas usavam lança-perfume: abriam a boca e davam um *spray*, depois fumavam maconha e bebiam enquanto dançavam. De vez em quando, uma delas pulava e se pendurava nas costas de um jovem branco, alto, com uma pistola pendurada sobre o cós da calça, e que fumava grandes cigarros de maconha, muitas pessoas ao nosso redor, durante todo o tempo, tanto as garotas quanto os garotos, fumavam maconha. O baile é um espaço onde o uso de drogas é permitido, pois no cotidiano, com exceção dos jovens integrantes do tráfico, as pessoas evitam falar sobre e usar drogas no espaço público.

Durante o baile, as pessoas estavam sempre em pequenos grupos, geralmente só de garotos ou só de garotas; grupos mistos ocorriam quando havia algum casal entre o grupo. As pessoas, nos seus grupos, ora dançavam juntas, ora ficavam conversando e dançando, ora formavam os "bondes", isto é, uma fila na qual um colocava a mão no ombro daquele que estava à sua frente, e assim iam dançando pelo espaço do baile, fazendo algumas coreografias no meio de vários outros "bondes". Os jovens que portavam armas e fuzis também faziam "bondes" e dançavam pela quadra; numa determinada música – que tinha como refrão "É rajadão de AK/é só tiro de G3/vamos matar o CV/quebrar os alemão/e pegar Fernandinho Beira-Mar/vamos tomar a Mangueira/vamos invadir o Turano/vamos dominar o São João" e o som de tiros –, todos, circulando com os "bondes", levantavam suas armas para o alto, enquanto as pessoas que não tinham armas levantavam, acima da cabeça, as mãos com os dedos polegar e indicador abertos em forma de L, e os outros dedos fechados sobre a palma da mão, como se portassem uma arma; todos movimentavam armas ou mãos para cima e para baixo com os braços sempre na vertical, numa espécie de culto às armas, do qual todos participam, tanto garotos quanto garotas.

Havia dezenas de jovens armados, com diferentes modelos de armas modernas, variando entre fuzis e, principalmente, pistolas, penduradas no corpo ou numa espécie de cinto, na cintura. Alguns jovens, além da arma, traziam uma pochete pendurada. Um deles, que parecia ser um pouco mais velho, estava sozinho, usava um boné, uma pochete, portava uma arma e ficava apenas observando. Assim como ele, havia outros jovens armados espalhados ao redor da quadra, tanto pelo lado de fora como de dentro, em prontidão, isto é, não bebiam, não usavam drogas, ficavam em vigília.

A maioria das pessoas que estavam no baile tinha idades entre 15 e 25 anos, mas havia crianças pequenas, com menos de dez anos (algumas poucas portando armas). Havia poucas pessoas acima dos 30 anos, a maioria destas eram as que trabalhavam nos bares e passavam pela quadra recolhendo as garrafas de cerveja.

O DJ, entre as músicas, anunciava diversas coisas, como a venda de CDs com as músicas que estavam tocando no baile e que o show dos Racionais MCs estava "confirmadíssimo" para novembro; saudava o baile "no Ciep" e parabenizava a "Associação do Morro" pela iniciativa de recolherem alimentos para a "guerra contra a fome".

Em certo momento perguntei às jovens se elas gostariam de beber alguma coisa. Cíntia disse a Laila que nós queríamos beber algo e elas iriam nos levar. Dirigimo-nos então para os bares no "shopping". Lá, Lúcio, o professor de informática, estava conversando e bebendo com alguns amigos. Nos cumprimentamos e ele declarou: "Isso aqui é a nossa realidade." "Eu sei, por isso eu vim conhecer", repliquei. "Eu quero o retorno, durante a semana, agora quero que vocês se divirtam", disse. Ao final de nossa conversa, Lúcio ofereceu sua proteção, salientando, de certa maneira, seu prestígio naquele espaço: "Qualquer coisa diz pra falar com o Lúcio." Voltei-me para as jovens e perguntei o que elas gostariam de beber, "um refrigerante, uma cerveja?". Uma delas disse que não queria nada e outra respondeu: "Cerveja não, um refrigerante." Em seguida, retornamos para a quadra. No caminho, Adoniran passou por nós e disse: "Depois a gente fala contigo lá dentro, Fernanda"; não o vi mais.

Em certo momento, quando a "equipe" Pipo's estava comandando o som, um jovem subiu num pequeno palco, próximo às caixas de som, e começou a falar várias coisas ao microfone, que eu não conseguia entender, pois ele falava muito rápido e com muitas gírias que eu não conhecia. Ele falava em cima da música que o DJ tocava, numa espécie de funk com hip hop. Pouco depois, outros dois jovens e um menino, aparentando em torno dos dez anos, portando pistolas e com fuzis a tiracolo, subiram ao palco. Então, enquanto aquele jovem falava, estes levantavam as armas da mesma maneira como descrevi acima, seguido por todos os outros que estavam embaixo na quadra e que se voltaram para eles. Algumas coisas que consegui entender do que ele pronunciava eram agradecimentos: "fortalece que os amigos da Coroa, do São Carlos veio dar e está dando", "o fortalecimento da Coroa", "os amigos do São Carlos veio fortalecê", e repetia isto inúmeras vezes.

Utilizando "fortalecer" com o significado de "dar força", tanto física como moralmente, o jovem agradecia ao prestígio que "os amigos", isto é, moradores de outros morros, conferiram ao baile. Cabe salientar que, pelo menos naquela época, o morro da Coroa e do São Carlos identificavam-se ao Terceiro Comando, assim como o morro em que realizei a etnografia. Muitas das músicas tocadas no baile remetiam a "invadir e dominar o São João", o morro rival. Passado algum tempo, um dos jovens armados disse algo ao ouvido do que estava ao microfone e saiu acompanhado de outro jovem armado, permanecendo em cima do palco o menino com o fuzil e o rapaz que falava ao microfone. Então ele anunciou: "Não se assustem." E ouvimos muitos tiros, que foram dados para o alto, ao lado da quadra. Em seguida, os dois desceram do palco, começou a ser aberto um espaço no meio da quadra e todas as pessoas passaram a olhar para cima, bem no centro da quadra, murmurando: "Chegou a hora da cascata!" Nesse momento, houve uma grande queima de fogos de artifício ao lado da quadra – durante todo o baile ouvimos fogos de artifício espaçados, mas essa foi concentrada – e, no alto, no centro da quadra começou a queimar a "cascata", uma linha de fogos brancos que ia do teto até o chão, de um lado ao outro da quadra, e tudo ao redor ficou iluminado. Depois, cessou a queima e a quadra voltou a ficar escura, somente com algumas luzes coloridas próximas às caixas de som.

Em certo momento, um dos jovens do projeto aproximou-se de nós, estendeu o braço me cumprimentando e depois falou algo ao ouvido de Cíntia, que respondeu: "Tá." Ele, então, disse a ela: "Fala agora", e ficou esperando. Cíntia foi ao ouvido de Laila e disse-lhe algo. Laila aproximou-se de mim e anunciou que iria embora, mas que Cíntia e Karina iriam ficar. Nos despedimos e eles saíram. Em seguida, Cíntia perguntou a Karina se ela queria ir embora. "Que horas são?", indagou Karina. "Quase cinco", respondeu Cíntia. "Vamos embora", concluiu Karina. Cíntia aproximou-se de nós e disse para irmos embora, e saímos atrás delas. Em frente ao "shopping", Cíntia perguntou se nós íamos sozinhos ou elas tinham que nos levar. "Não tem problema da gente ir sozinho?", indaguei. "Eu levo vocês", afirmou. Poucos passos depois, olhando em direção à rua e vendo várias pessoas saindo também, ela virou-se pra nós e sentenciou: "Não tem problema vocês irem sozinhos." Nos despedimos e agradecemos a companhia delas. Cíntia anunciou: "Quando quiser vir no baile é só me ligar."

Vários jovens estavam saindo naquele momento, alguns pegavam táxi quando chegavam na avenida em frente à saída do morro. Eu e meu companheiro, assim como muitos jovens, caminhamos até uma avenida paralela a esta, duas quadras acima. Lá, os jovens pegavam táxi, em direção ao centro da cidade; um grupo dividiu-se em dois táxis após a tentativa frustrada de convencer o motorista a levá-los em apenas um, e avisaram ao motorista que iam para o Rio Comprido.

Na semana seguinte ao baile, fui ao Centro Comunitário. Antes da atividade que eu iria realizar com os jovens, fiquei conversando com eles no saguão. Bianco passou por mim e comentou: "Aí, Fernanda, veio no baile!". João Rivaldo, que estava sentado próximo, perguntou: "Você veio no baile?" Respondi que sim. "Tinha muita arma?", indagou. Meio sem saber o que deveria ser dito, opinei: "Não muita, eu acho ... . Você não veio." Ele, sorrindo, comentou: "Fiquei dormindo, tava cheio de sono. Sábado que vem tem novamente."

Mais tarde, Vicente perguntou: "O que você achou do baile?" "Eu gostei, mas quase morri...", respondi. Lineu, imediatamente, olhou-me e arregalou os olhos no segundo antes de eu terminar a frase, "...de cansada no outro dia". E percebi que eu havia cometido uma gafe e tentei consertar: "No outro dia não fiz nada, dormi o dia inteiro, acho que já estou velha." "Por que não veio para cá? Tinha baile", disse Vicente. E completou: "Tem baile no domingo também, tem concurso [de dança], mas acaba mais cedo, porque no outro dia as pessoas têm que trabalhar." Eles perguntaram, ainda, a que horas eu havia ido embora. "Quase cinco", respondi, "e vocês?" "Às sete", disse Vicente; "Fiquei acordado até às oito horas, mas saí do baile às seis e meia", comentou Lineu. Reforçaram o convite para eu vir ao baile no final de semana seguinte.

Nesse dia, quando fui embora, Elena, filha da presidente do Centro Comunitário, me deu uma carona. No caminho, comentei ter ido ao baile com os jovens. "No baile funk?", indagou surpresa Elena . "É", respondi. "Faz tempo que eu não venho nesse baile", disse ela, e me perguntou: "Teve muito tiro?" "Não muito. Até avisaram pra não se assustar e deram alguns tiros, mas teve muitos fogos", declarei. Foi então que ela me contou que, na semana anterior, Sonrisal, o "dono do morro", havia sido solto da prisão e ela escutou "muitos fogos" em comemoração.

Praticamente um mês após eu ter ido àquele primeiro baile funk, fui novamente; desta vez sozinha. No sábado à tarde, antes de ir, telefonei para o celular de Címtia e combinamos de ela me esperar na entrada do morro. Nos encontramos às duas horas da manhã. Quando estávamos indo para a quadra, ela comentou: "Ainda bem que eu não passei por nenhum bandido quando vinha da minha casa pra cá." Seu receio estava relacionado à sua vestimenta – um short e uma miniblusa de jeans *stretch*, porque estando sozinha poderia provocar os bandidos. O andamento do baile foi muito semelhante ao do outro, a diferença foi que não havia jovens com as armas visíveis, provavelmente porque há pouco tempo tinha ocorrido uma "ocupação policial" no morro.

No Brasil, Hermano Vianna[23] foi um dos pioneiros na abordagem antropológica do funk, especificamente no Rio de Janeiro, associando este estilo musical ao urbano, à juventude e à cultura popular. Trabalhos posteriores, entre eles Fátima Cecchetto e Olívia Cunha,[24] abordam uma distinção surgida entre "bailes de corredor ou de embate", "baile normal" e "bailes de comunidade". Por esta distinção, os dois bailes aos quais eu fui eram "bailes de comunidade", isto é, financiados pelo tráfico, mas sem o objetivo de aumentar os rendimentos com a venda de drogas, ao que me pareceu, pois não percebi muitas pessoas da "rua" no baile. Minha percepção foi que o baile constituía-se num momento em que as pessoas que trabalham no tráfico se divertem, pois os que mais abertamente utilizavam drogas eram aqueles que estavam com as armas, no baile em que elas estavam visíveis.

Talvez por este motivo surja em determinados momentos um controle mútuo do que se vê, ouve e diz em relação ao baile e ao tráfico de drogas. Certa vez, acompanhei o passeio dos jovens junto com o "reprodutor cultural" do projeto ao Palácio Tiradentes, no centro da cidade. O trajeto do morro ao centro foi feito em ônibus (de linha), no qual os garotos se espalharam, sentando próximos às janelas. Durante o trajeto eles foram fazendo algazarra, mexiam com as "novinhas", cantavam músicas de baile funk; colocavam a cabeça para fora. Em certo momento, um dos jovens estava cantando um funk e um outro, que estava sentado atrás dele, disse: "Tu disse o nome aí [batendo em suas costas], tu disse o nome dele [de um homem], não pode falar... é, não pode falar, aí", repreendeu-o o outro jovem. Ressalto que raramente as menções ao tráfico são personalizadas; as referências são, na maioria das vezes, anônimas, abstratas, como "eles", "isso", "dele".

O que motiva o autocontrole e o controle mútuo é o medo, o temor de que "alguém ouvisse" o que estava sendo dito. Saliento que não é um medo imaginário ou distante: ele é materializado pelas armas presentes no cotidiano, pelos tiros aleatórios e pelos tiroteios, pela invasão da polícia e pelo sobrevôo de helicópteros com fuzis apontados para baixo.

Tal apreensão eu também senti em alguns momentos, como certa vez em que estava numa gincana na quadra do Ciep quando diversos policiais entraram correndo no morro, e um helicóptero sobrevoava, bastante baixo, a quadra e os locais próximos de onde estávamos com cerca de cem crianças e adolescentes, entre seis e 19 anos. Ou, ainda, quando eu estava na concentração do bloco carnavalesco local e alguns jovens, uns com suas pistolas no cós da calça, outros com fuzis pendurados, brincavam, correndo entre as pessoas que iriam participar do desfile, com um *spray* de espuma de carnaval, jogando uns nos outros.

Assim, essas situações, além de terem repercussões em certos momentos do cotidiano dos moradores, também influenciaram minha maneira de agir em campo. Em algumas situações, sentia um forte constrangimento, como na quarta-feira subseqüente ao primeiro baile a que fui. Nesse dia, logo após eu chegar ao Centro Comunitário, Celso, "consultor de dependência química" do projeto, perguntou sobre minha ida ao baile e quis saber: "Anotou tudo?!" "Tudo não", respondi-lhe constrangida, pois estávamos no meio do saguão, e os jovens estavam próximos. Ele disse: "Você ficou só à paisana?!" Olhei ao redor, sentindo um frio na barriga, e lhe perguntei: "Quê isso, quer me matar?! Olha o que você falou!" Ele se aproximou e eu perguntei se ele queria me ver morta, pois "à paisana", neste contexto, remete à polícia infiltrada para obter informações.

Celso "brincando", comentou: "É, depois está você lá no cruzeiro, queimada entre os pneus." Salientou, ainda, que "foi bom você me alertar, eu não tinha me dado conta disso", e, se retirando, completou: "Uma semana depois [de eu ser morta] eu estou morto."

Cabe salientar que na cidade do Rio de Janeiro, o funk tem ganhado grande atenção nos meios de comunicação de massa, sendo associado a favelas, tráfico de drogas e violência. Isto ocorre, como apontou Hermano Vianna,[25] pela maneira como o funk passou a ser conhecido e familiar para o restante da população carioca que não freqüenta esses bailes. Isto porque, como afirma o autor, "o grau de 'exotismo' de um fenômeno social é uma função quase direta da possibilidade de vê-lo transformado em estereótipo por grupos para os quais esse fenômeno é considerado exótico."

Mais recentemente, o funk tem sido incluído em novelas, seriados e filmes, ainda que de modo negativo. Neste caso, mostram-se jovens, principalmente meninas, das camadas médias que entram nas favelas atrás da diversão dos bailes funk, nos quais podem usar drogas e se encantam pelo traficante, geralmente um jovem negro, muito bonito e mau.[26]

Devido à complexidade da realidade do baile funk e à heterogeneidade de gostos e estilos de vida dos moradores do morro é que me deparei com conflitos após minha primeira ida ao baile. Na semana seguinte eu conversava com os jovens sobre o baile e Muriel, secretária do Centro Comunitário, ouvindo nossa conversa, virou-se para mim e perguntou: "Você veio no baile em Vila Isabel?!", respondi-lhe que "sim, vim ao baile aqui". "No Brizolão!?", inquiriu admirada. "É", confirmei. Então, Muriel virou-se para a presidente da entidade e disse: "Essa Fernanda é louca mesmo!" A reprovação de Muriel denotava que, de certa forma, eu havia ultrapassado uma fronteira que separa os espaços aceitos daqueles não-aceitos pelos trabalhadores do Centro Comunitário. Com a minha ida ao baile, eu havia adentrado um espaço conflituoso.

Pouco depois fui à secretaria; Muriel estava escrevendo algo e a presidente do Centro disse a ela: "Põe a Fernanda aí, menos um ponto para ela, porque ela veio no baile que perturba a comunidade." O ponto perdido não foi somente para a pontuação que estava sendo realizada para a festa das crianças, que aconteceria no mês seguinte, mas, também, em relação à confiança que ela estava construindo em relação a mim. Ainda nesse dia, o coordenador da CRSMDS 2.2 (Coordenadoria Regional da Secretaria Municipal de Desenvolvimento Social, que fica na IX Região Administrativa de Vila Isabel) entrou na secretaria e durante nossa conversa a presidente explicou a ele sobre a pontuação dos professores, e enfatizou: "Eu que vou avaliar eles e quem fizer o que eu não gostar perde ponto, e essa daqui [apontando para mim] já perdeu" – e riu. Eu perguntei, então, espichando o olho para os itens da folha de pontuação: "Por mau comportamento [que era o primeiro item]!?" "É", ela disse, rindo, e completou: "Ela perdeu ponto porque ela veio no baile que perturba a comunidade, que todos reclamam por causa da altura do som que não deixa ninguém dormir, mas os meninos gostaram [de ela ter vindo]" – e Leonel confirmou. Eu, também rindo, disse a Leonel: "Vocês me dão pontos, não é?!" "É", respondeu o jovem, sorrindo. Assim, por meio da jocosidade, as regras de comportamento estavam sendo expostas e reforçadas, visto que eu estava sendo repreendida publicamente.

Após a tentativa do coordenador da CRSMDS 2.2 de amenizar minha situação, dizendo que eu havia ido ao baile "por causa da pesquisa, pra ver como era, como as pessoas se divertiam", a presidente da entidade, sorrindo, disse-me: "Para você não perder ponto tem que passar uma noite na casa das pessoas que não vão ao baile para ver o que elas falam. Eu morava bem de frente para a quadra quando eu morava aqui ainda". Eu comentei "e ninguém dormia", ao que ela disse: "Eu durmo de qualquer forma, mas as pessoas reclamavam muito, [alguns] acham que, porque estão se divertindo, todo mundo tem que estar e colocam o som daquela altura a noite inteira."

Um mês e meio após esse episódio eu fui pela segunda vez ao baile funk, como expus acima. Na quarta-feira seguinte, no Centro Comunitário, os jovens do projeto comentaram sobre o baile e minha presença lá. Pouco depois, comentei com a dirigente da entidade que fui ao baile novamente e ofereci-me, então, como ela propôs anteriormente: "Se a senhora quiser, eu posso dormir na casa de alguém" para saber o que eles pensam sobre o baile, como é o barulho do som. Ela, bastante séria, respondeu: "Ninguém vai falar contigo; não que aconteça algo, mas como você trabalha aqui, poderia comentar com outras pessoas, não por mal", mas porque as pessoas comentam o seu cotidiano e "isso poderia dar problema", pois "você vai estar x-novando". Imediatamente lhe disse: "Quê isso, a senhora quer que me levem pro Cruzeiro?!"[27] "Você vai estar x-novando!", repetiu, rindo. A cozinheira do Centro estava ao lado e também riu.

"X-novando" vem do termo "X-9", que significa aquele que é informante da polícia, um dedo-duro que cagüeta ações e agentes do tráfico. O X-9, quando descoberto pelo tráfico, é morto, geralmente de forma bastante torturosa. Em outra situação um dos jovens explicou-me o que é X-9: "É aquele que negocia com a polícia e aí a polícia compra o cara e vende pro dono do morro. Então, um dá mais dinheiro que o outro e a própria polícia entrega o X-9, que vai ser morto queimado, torturado de todo tipo, menos tiro, porque é rápido."

Como visto, o controle do comportamento ocorre por meio de ameaças veladas, quando se menciona o que pode acontecer a uma pessoa se ela infringir as regras de conduta desse contexto. Um meio talvez mais brando de punição acontece com aquele que quebra alguma regra e é repreendido diante de uma platéia, servindo como um exemplo, visando a "dar um recado" ao público assistente.

Além disso, creio que, se por um lado, a dirigente estava bastante vigilante quanto ao que eu fazia e falava, visando à segurança do Centro Comunitário, por outro suas repreensões visavam também à minha proteção. Mas havia sim um cuidado com a entidade, pois ela sempre fazia questão de salientar, publicamente, que ninguém faz pesquisa ali, as pessoas "trabalham".

Considerações finais

Ao longo deste artigo tomei o baile funk não apenas para refletir sobre ele, mas para abordar tanto o estilo dos jovens que participam de um projeto social no Centro Comunitário como as relações estabelecidas entre os moradores do morro e da rua.

O baile funk é um dos locais de sociabilidade freqüentados pelos jovens, bem como é o espaço no qual constroem a sua identidade enquanto jovens, negros e urbanos. Mediante a utilização de roupas e acessórios de grifes, anéis e correntes, tatuagens, cortes e pinturas peculiares em seus cabelos, ou como freqüentadores dos bailes funk, aprendem e experimentam alguns dos códigos existentes no morro.

No entanto, a equipe do projeto social toma essa identidade e essas experiências como produto e produtoras do "risco social" sob o qual estes jovens se encontrariam, associadas ainda a uma percepção do "perigo" advinda da relação estabelecida entre os jovens e os membros do tráfico local.

Os jovens mantêm uma relação ambígua com o tráfico. Por um lado, eles demonstram um fascínio por seus símbolos e os da "facção criminosa" associada ao local: armas, drogas, dinheiro, "novinhas", as gírias utilizadas, as músicas cantadas dentro e fora do baile funk. Por outro lado, expressam medo e tristeza ao verem amigos e parentes serem mortos nas "guerras" entre as facções e nas disputas com policiais. As ocupações policiais, pela forma também violenta com que ocorrem, acrescentam mais tensões ao cotidiano.

Já quanto à relação entre os moradores do morro e os do bairro, é possível pensá-la em relação ao estilo de vida dos jovens e suas idas ao shopping Iguatemi. Ao freqüentá-lo, os jovens mantêm contato com o restante do bairro e participam da sociedade de consumo, inclusive internacionalmente, no contexto de um sistema capitalista com forte difusão e generalização, pelos meios de comunicação, de modelos culturais da classe média como sendo acessíveis a todos. A busca dos jovens por serem semelhantes é expressa, por exemplo, nas marcas das roupas que costumam vestir: Nike, Redley, Kenner, entre outras.

No entanto, quando passam a utilizar, de fato, os modelos culturais semelhantes, por exemplo via consumo de roupas de grife, isso é revertido num estigma. O que contribui para que continue e, de certa maneira, se construa nas representações, e às vezes nas práticas sociais, a distinção e oposição favela/cidade. Colabora para isto o preconceito racial existente em nossa sociedade, que durante séculos apontou o negro como "marginal", "bandido" e "ser inferior".

Notas

1. A referida etnografia foi apresentada em minha tese de doutorado em antropologia social, intitulada *Sociabilidade e conflito no morro e na rua: etnografia de um Centro Comunitário no bairro de Vila Isabel*, sob a orientação do prof. Gilberto Velho (Museu Nacional/UFRJ, 2006).
2. G. Simmel, "La sociabilité: exemple de sociologie pure ou formale".
3. H. Becker, *Uma teoria da ação coletiva*; E. Goffman, *Estigma: notas sobre a manipulação da identidade deteriorada.*
4. As "novinhas" são meninas na faixa etária dos 12 a 14 anos que, segundo os jovens, são aquelas que eles "vão criando para depois chegar junto", isto é, "vai falando com ela, desde quando ela tem 11 anos, vai falando, criando e aí quando ela tem 13, 14, chega junto", visando a manter relações sexuais. Esse processo é feito, segundo eles, com duas, três ou quatro ao mesmo tempo.
5. Sobre este tema ver, entre outros, A. Zaluar, *A máquina e a revolta* e *Condomínio do diabo;* A. Zaluar e M. Alvito (orgs.), *Um século de favela*; L. do Prado Valladares, "A gênese da favela carioca" e *L'Invention de la favela*; M. Alvito, *As cores de Acari*; e L.C. de Queiroz Ribeiro e L. Corrêa do Lago, "A oposição favela-bairro no espaço social do Rio de Janeiro".
6. H. Becker, op.cit.; G. Leclerc, "La sociologie et les indigiènes".
7. M. Pontes Sposito, H. Harley de Carvalho Silva e N. Alves Souza, "Juventude e poder local", *Revista Brasileira de Educação*, vol.11, p.243.
8. Os traficantes de drogas do morro que estudei estariam ligados ao Terceiro Comando, e por isso a facção criminosa Comando Vermelho é vista pelos moradores e membros do tráfico como rival.
9. Meu namorado teve um pequeno, mas importante, papel no desenvolvimento desta etnografia, pois me acompanhou em diversos momentos de sociabilidade, como ensaios de carnaval, tanto da escola de samba como dos blocos carnavalescos, e num dos bailes funk – momentos nos quais nos encontrávamos com outros casais, isto é,

os funcionários do Centro e seus respectivos cônjuges, e nós éramos mais um casal interagindo nesses espaços. Além disso, sua presença possibilitou que assuntos até então não ditos viessem à tona, como a questão da cor das pessoas e a negritude.

10. O Favela-Bairro II é o Programa de Urbanização de Assentamentos Populares (Proap) da Prefeitura Municipal do Rio de Janeiro e tem como proposta "integrar a favela à cidade, dotando-a de toda infra-estrutura, serviços e equipamentos públicos e políticas sociais". Nesse local, o Programa construiu uma praça, um conjunto de casas e este "shopping", asfaltou ruas e financia "projetos sociais", como este no qual os jovens estão inseridos.
11. Segundo Lívio Sansone, no Brasil há inúmeras maneiras de as identidades negras serem manifestadas. Nesse sentido, aponta: "O contexto brasileiro prova que pode haver uma (forte) cultura negra sem que esteja associada a uma (forte) comunidade negra ... pode existir, até, cultura negra sem identidade negra; assim como há racismo sem identidade étnica e, em bastantes casos, racismos sem racistas (assumidos)." (L. Sansone, "Negritudes e racismo globais?", *Horizontes Antropológicos*, vol.4, n.8, p.233).
12. Cabe salientar que o Centro Comunitário é um local visitado por diversos estrangeiros: como as "italianas", de uma missão beneficente da Itália, que foram ensinar os jovens a fazer pizza, e o "alemão", que estava lá para escrever um livro. Cabe observar a ambigüidade do termo "alemão" nesse contexto social, pois ele tanto é utilizado para fazer referência a uma pessoa originária da Alemanha, como aqui, quanto, em muitas outras situações, designa o "inimigo". Sobre esta questão, ver, entre outros, Antônio Carlos Rafael Barbosa, *Um abraço para todos os amigos.*
13. C.A. Hasenbalg, "A pesquisa sobre migrações, urbanização, relações raciais e pobreza no Brasil: 1970/1990" e "Entre o mito e os fatos: racismo e relações raciais no Brasil"; L. Sansone, "As relações raciais em *Casa-grande & senzala* revisitadas à luz do processo de internacionalização e globalização"; Y. Maggie, "'Aqueles a quem foi negada a cor do dia': as categorias cor e raça na cultura brasileira".
14. E. Vasconcellos Paim Cunha, *Viva a nossa comunidade*, p.7.
15. E. Goffman, op.cit.
16. O.M. Gomes Cunha, "Bonde do mal"; Robin E. Sheriff, "Como os senhores chamavam os escravos".
17. F. Barth, "Grupos étnicos e suas fronteiras".

18. M. Mauss, "As técnicas corporais", in *Sociologia e antropologia*, p.211s.
19. O.M. Gomes Cunha (Cf. "Bonde do mal"), entre outros, aborda a estética de jovens moradores de favelas e seu significado para eles, ao mesmo tempo em que analisa diferentes percepções e reações, principalmente a estigmatização pela sociedade abrangente, frente a esse estilo.
20. A. Zaluar (cf. *A máquina e a revolta*), quando vai estudar a Cidade de Deus, um conjunto habitacional carioca, encontra entre os moradores a categoria "revolta", utilizada para expressar a insatisfação diante de suas condições de existência. Entre esses jovens, a "revolta" era a motivação para optarem pelo engajamento no "crime", revolta contra o trabalho, principalmente, pelo trabalho de seus pais, que nunca conseguiam ascender socialmente, nem modificar suas condições de vida trabalhando arduamente.
21. G. Velho, "Violência, reciprocidade e desigualdade".
22. Segundo Angelina Peralva (cf. *Violência e democracia*), essa convivência e integração dos jovens pobres ao conjunto de bens e serviços antes oferecidos somente às camadas médias estão dentro de um quadro de mudanças socioculturais ocorridas no Brasil. Dentre essas, as transformações do lugar do trabalho na vida das populações "pobres", que deixou de ser um meio de vida (para os pais) para ser uma porta de entrada no consumo personalizado (para os jovens), tendo em vista que o acesso dos "pobres" ao consumo se ampliou em relação ao passado, com a transformação dos produtos, antes restritos às camadas médias, em produtos de massa, com redução dos preços. Isto, associado a uma maior participação desses jovens pobres nas escolas e no lazer (praia, bailes funk, "rua"), ao lado de jovens das camadas médias, bem como os movimentos sociais ocorridos entre as décadas de 1970 e 1990 e a atuação de ONGs em áreas diversas, contribuíram para a construção de um sentimento de igualdade. Nesse ponto residiria o "paradoxo brasileiro", justamente na integração e no sentimento de igualdade, pois eles mesmos seriam as fontes dos novos conflitos. Assim, afirma, os pobres já estariam integrados na sociedade de massa, mas os preconceitos e discriminações barrariam a efetivação de fato dessa integração e se manteria a distinção favela/cidade, uma vendo a outra como inimiga.
23. H. Vianna, *O mundo funk carioca* e *Galeras cariocas: territórios de conflitos e encontros culturais* (org.).

24. F.R. Cecchetto, "As galeras funk cariocas: entre o lúdico e o violento" e "Galeras funk cariocas: os bailes e a constituição do *ethos* guerreiro"; O.M. Gomes Cunha, op.cit..
25. H. Vianna, "O funk como símbolo da violência carioca", in G. Velho e M. Alvito (orgs.), *Cidadania e violência*, p.185s.
26. Refiro-me, especialmente, à novela *América* – a mesma que falava de Vila Isabel –, de Glória Perez (Rede Globo, 2004-05); a um dos episódios do seriado *Cidade dos Homens* (Rede Globo, nov-dez 2005), seriado que teve como ponto de partida o filme *Cidade de Deus* (Fernando Meirelles e Kátia Lund, 2002), trazendo dois de seus personagens, que agora moram em outra favela da cidade; e, por fim, ao filme *Quase dois irmãos* (Lúcia Murat, 2005).
27. Cruzeiro é o local mais alto do morro, onde há uma cruz e onde, segundo se diz, são executadas as pessoas que contrariam os criminosos.

Sobre palanques e palcos: showmícios e política na Baixada Fluminense

Alessandra Siqueira Barreto

Neste artigo, pretendo apresentar algumas considerações a respeito da política na Baixada Fluminense enfocando eventos centralizados pelos palanques do candidato petista à prefeitura de Nova Iguaçu em 2004, Lindberg Farias, como possibilidade para refletirmos sobre sistemas de visibilidade política e eleição.

A Baixada e a política

A Baixada Fluminense é uma área que compreende os seguintes municípios: Belford Roxo, Duque de Caxias, Guapimirim, Itaguaí, Japeri, Magé, Mangaratiba, Nilópolis, Nova Iguaçu, Paracambi, Queimados, São João de Meriti e Seropédica; contando com uma população de mais de 3 milhões de pessoas, sendo 2 milhões eleitores, constitui-se no segundo maior colégio eleitoral do estado (IBGE, Censo 2000). A região vem passando por um processo de reconstrução de sua imagem – tradicionalmente ligada à pobreza, violência, falta de infra-estrutura, a crimes políticos etc. –, ganhando um espaço nas mídias nas seções de atividades culturais, mobilização política etc.[1] Segundo as estimativas de 2004 do IBGE, as duas cidades política e economicamente mais importantes da região são Duque de Caxias (com 830.679 habitantes) e Nova Iguaçu, que conta com a terceira maior população do Estado do Rio de Janeiro (817.117 habitantes).

O ano de 2004 trouxe uma visibilidade política em um nível inédito para a Baixada, pois a cobertura da imprensa nacionalizou as campanhas políticas locais, transformando algumas cidades – principalmente Nova Iguaçu, mas também Duque de Caxias – em palcos da guerra política entre o casal Garotinho (a então governadora do Rio de Janeiro, Rosinha Garotinho, e seu marido Anthony Garotinho,[2] ambos do PMDB) e o governo federal (o presidente Lula e o PT).

As redes políticas que atuam na Baixada polarizaram o "campo político" de Nova Iguaçu, fundamentalmente, em torno de dois principais candidatos: Mário Marques,[3] do PMDB, através da coligação Crescer Sempre com Deus e o Povo, composta por 16 partidos (PP, PDT, PMDB, PSL, PTN, PSC, PL, PPS, PSDC, PRTB, PHS, PMN, PV, PRP, Prona e PT do B); e o paraibano Lindberg Farias,[4] nome escolhido pelo PT para disputar a eleição na cidade pela coligação Hora da Mudança (PT, PFL, PSDB, PSB e PC do B).[3]

Um dos personagens de maior destaque foi Lindberg Farias.[4] Cercado de acusações de ser "pára-quedas" e "forasteiro", sua candidatura sofreu fortes resistências, tanto de políticos de partidos adversários quanto de militantes do PT de Nova Iguaçu.[5] A sua campanha caracterizou-se por duas fases. A primeira, do desconhecimento (período que compreende desde a sua "mudança" para a cidade em 2003 até agosto de 2004), já que a população iguaçuana não o conhecia e Lindberg não havia consolidado alianças importantes para a disputa e ainda buscava estabelecer laços de pertencimento ao local e de vizinhança.[6] Já a segunda fase foi marcada pela introdução do horário gratuito de propaganda eleitoral e pelos showmícios, transformando-o em um "fenômeno" de popularidade, que mal podia sair às ruas e caminhar sozinho.

Além das propagandas e peças publicitárias, as campanhas contaram com inúmeras outras situações nas quais a relação entre candidato e eleitor foi testada. A rua, em suas múltiplas possibilidades, foi o lugar por excelência deste "teste", e o comício, o evento ideal para sua verificação. Nesse sentido, outro momento de destaque na segunda fase das campanhas na Baixada, especialmente a do PT em Nova Iguaçu, diz respeito à relação eleitor-político a partir dos eventos centralizados nos palanques.

Preparando a festa

Os comícios são objeto de diversos trabalhos acadêmicos, revelando-se eventos capitais não somente para a apreensão da relação político/eleitor, de formas de sociabilidade política, mas também por configurarem "ao mesmo tempo, os motores e os relógios (marcadores) desse 'tempo da política'", segundo (Palmeira e Heredia.[7] Constituem espetáculos à parte, compondo uma espécie de aura – juntamente com os artistas e convidados ilustres – para a "atuação" e "apresentação" do candidato, como expressa Goffman.[8]

Naquele pleito de 2004, todas as campanhas utilizaram-se dos comícios como estratégia de marketing. A de Lindberg Farias, por sua vez, ao privilegiar a realização de showmícios, evidenciou algo mais: o direcionamento do conjunto de suas ações para a "festa política".[9]

Na primeira fase da corrida eleitoral, as atenções dirigiramse para o conhecimento das demandas locais e a preparação para a construção do discurso midiático, propagado por intermédio do horário eleitoral, além do mapeamento da cidade visando definir em que lugares seria mais importante atuar e de que forma.[10] Na segunda fase, após a introdução do horário eleitoral, foi alterada a dinâmica interna de cada campanha, e redefinido o campo político a partir da interferência da mídia eletrônica.

A confecção de um mapa das cidades[11] – orientando, em um primeiro momento, a que bairros dirigir-se, com que freqüência, de que forma e com quem – foi alterada, agora sob o ângulo da "preparação da festa". Com esta expressão, refiro-me às ações e meios disponíveis para "recortar" as cidades a partir dos pontos/lugares considerados ideais para a "festa política". Não somente a extensão da área estava em questão, mas também a sua centralidade e poder de atração, ou seja, a possibilidade de concentrar com maior facilidade os eleitores, com transporte acessível, além de infra-estrutura para a montagem de palcos e camarins e para as filmagens de cenas que pudessem ser utilizadas nos programas televisionados. Desse modo, a região central de Nova Iguaçu era geralmente escolhida por disponibilizar todos esses recursos – além de simbolizar a própria "vida da cidade" –, sendo, portanto, o alvo principal das disputas e canalizando também os conflitos e as trocas de acusações durante o tempo das festas.

No contexto específico dessas eleições municipais, seria até mesmo inadequado utilizarmos a expressão comícios para definir os eventos realizados. "Showmício", de fato, parece ser um termo mais adequado. Sua organização poderia ser descrita como a de uma "festa política", preparada em cada mínimo detalhe: desde a seleção dos cantores até as exigências do tipo de público. Há os de tipo gospel, os evangélicos, os católicos, os de pagode, os sertanejos e os que congregam estilos variados de música. Sua divulgação é feita com muitos dias de antecedência e costumam contar com a presença de "estrelas" do mundo da política. Geralmente, o showmício tem início com uma atração musical, mas não a banda ou grupo considerado "atração principal"; esta é reservada ao momento posterior ao discurso dos candidatos (a prefeito e a vereador) e das personalidades políticas convidadas, garantindo assim que o público permaneça no local até o final da "festa".

A classificação nativa já operava com esta nova referência. No universo estudado, os políticos e eleitores praticamente já não usavam o termo comício. "Showmício" tornou-se um lugar-comum no vocabulário político, fundamentalmente no "tempo da política", conforme definição de Palmeira e Heredia.[12] Se, anteriormente, as grandes produções destinavam-se quase que exclusivamente às eleições majoritárias estaduais e nacionais, no pleito de 2004 os grandes shows tornaram-se critério de distinção e prestígio, sendo disputados pelos candidatos e partidos, reinventando a lógica da organização das "festas políticas".

Na Baixada, a campanha de Lindberg contou com um verdadeiro arsenal de shows, financiado pelo PT nacional e compartilhado pelos demais candidatos do partido (e aliados) às principais prefeituras de todo o país. A escolha das cidades a serem beneficiadas com essas megaproduções era feita a partir do estabelecimento de prioridades, ou seja, privilegiavam-se localidades com potencial de desenvolvimento e campanhas em fase de consolidação. Dessa forma, o Grupo de Trabalho Eleitoral "se articula com os dirigentes nos estados e ... desde o momento em que definimos para onde determinado showmício vai, já há uma decisão política", como afirmou Francisco Campos, secretário de mobilização nacional do Partido dos Trabalhadores.[13]

No caso específico do PT, artistas como Zezé di Camargo e Luciano (que chegaram a cobrar até R$ 100.000,00 por show), Leonardo, Rio Negro e Solimões e KLB, além de bandas de forró e cantores evangélicos se apresentavam (alguns pela primeira vez) a céu aberto, na cidade de Nova Iguaçu, para um público que chegou a mais de 100 mil espectadores, segundo noticiaram os jornais.

De acordo com Francisco Campos, em sua análise sobre o "fazer política" e sua relação com a condução das campanhas:

> Hoje, nas campanhas, temos de ser criativos. Não basta o PT fazer uma campanha só ideológica. Temos de levar a proposta do partido para as grandes massas. Portanto, não podemos reduzir o comício apenas às propostas petistas. O povo precisa participar das campanhas e não é atraído somente pelo conteúdo ideológico. Os 80 showmícios que foram realizados desde o dia 22 de agosto trouxeram o elemento político em combinação com o cultural ... .

> O objetivo ... é alcançar os eleitores no sentido de massificar as campanhas petistas e dos aliados. A idéia central é fazer com que esses shows mobilizem camadas do eleitorado que nós não conseguimos mobilizar apenas com o comício político: as camadas populares que têm uma identificação com o PT.... Um ato do PT que consegue mobilizar 70 mil pessoas numa cidade deixa os adversários sem dormir.[14]

Ainda segundo este mesmo secretário, desejava-se arregimentar um número cada vez maior de pessoas para esses eventos, com o intuito de que, no ambiente "familiar" da festa e descaracterizados de seu aspecto e discurso ideológicos, o candidato e sua equipe pudessem criar outras vinculações, pertencimentos e/ou formas de aproximação com a (heterogênea) população presente.

Em Nova Iguaçu, a "festa política" teve início com a montagem de um enorme palco com estrutura de ferro no final do canteiro central da Via Light.[15] O conjunto e a disposição das luzes, holofotes e caixas de som, assim como o fundo negro do cenário, conformaram o ambiente do grande espetáculo que seria realizado. Carros de som anunciando o showmício percorreram a cidade, divulgando o evento com bastante antecedência e, no dia da festa, não paravam de circular. Apesar da realização de outros shows em bairros mais afastados do centro, nenhum deles tinha a magnitude deste último. Na periferia, o estilo da apresentação seguia uma lógica mais "tradicional" da política e dos comícios, incluindo atrações locais ou bandas de menor sucesso como, por exemplo, alguns conjuntos de pagode já relativamente no ostracismo, exceção aos bairros e distritos mais populosos.

Os grandes shows eram antecedidos por um trabalho exaustivo de organização nos comitês, responsáveis também pela coordenação da distribuição de bandeiras, camisas e faixas, feita pelos cabos eleitorais. Esses eventos eram geralmente gravados para serem posteriormente utilizados como material para a propaganda televisionada. A presença da imprensa era outro fator que gerava grande expectativa, uma vez que uma cobertura favorável poderia garantir ao candidato a visibilidade (mais do que) necessária em época de campanha política.

Ainda segundo Francisco Campos, o PT demonstrou uma preocupação especial com os showmícios, "diferente em relação a partidos tradicionais", por conceber o espetáculo "como fator de mobilização das campanhas". Nesse sentido, o secretário enfatizou a laboriosa preparação dos eventos, muitas vezes coordenados e definidos em conjunto pelo Grupo de Trabalho Eleitoral, com o envolvimento dos comitês e da militância, antecedendo a sua mobilização pública. "São, portanto, atos políticos animados por shows, não apenas shows que figuram num ato político. É a cultura junto com a política para ajudar a mobilizar as campanhas petistas." Tal afirmação, presente no discurso oficial do partido (disponível e tornada pública em seu site), reflete a percepção de que a "festa" viria a reboque da política – e que estaria demonstrada, em certa medida, por meio do próprio engajamento dos atores/cantores nos eventos.[16]

Pretendo mostrar que o showmício irá reinventar a apresentação política no ritual da festa e na transfiguração do político em "estrela", o que não pressupõe necessariamente a hierarquização entre as esferas (no caso política e artística; ou política e emotiva), mas uma relação de composição e simbiose. Sendo assim, optei por fazer uma pequena etnografia de um showmício em particular: aquele considerado fundamental para a reviravolta do candidato petista nas pesquisas de intenção de voto. Desse modo, os eventos realizados pelos demais candidatos não serão aqui tratados, já que seguem o padrão mais tradicional da política,[17] não operando a transformação obtida pelo primeiro. Da mesma forma, maior ênfase será dada à campanha em Nova Iguaçu, onde pude acompanhar mais de perto o desenrolar da movimentação eleitoral. Em Duque de Caxias, Magé e outras cidades da Baixada, participei de alguns eventos, mas a observação deu-se fundamentalmente à distância, por intermédio dos meios de comunicação.

Showmício

O showmício – com a dupla sertaneja Zezé di Camargo e Luciano – ocorreu numa segunda-feira, 30 de agosto, sendo considerado uma das pedras de toque na transformação da campanha de Lindberg e no novo rumo que ela tomaria dali por diante. O local escolhido pela equipe do candidato foi a Via Light, principal via de circulação da cidade. Para a realização de um evento dessa magnitude, as principais ruas em torno da pista central deveriam, por lei, estar fechadas a partir das 17 horas. O que se verificou, no entanto, foi a permanência da circulação de veículos até muito depois desse horário, tornando o trânsito na região extremamente complicado – situação agravada pelo fato de essa via expressa dividir a cidade ao meio, sendo necessário atravessá-la para se chegar aos bairros localizados do outro lado da linha férrea. Com a reorganização do tráfego, ocorrida somente após as 20 horas – e fundamentalmente porque as pessoas já haviam tomado as ruas –, já era possível vislumbrar a dimensão que o evento assumiria. Para chegar até lá, optei pela estratégia adotada também pela maioria dos ali presentes: resolvi locomover-me de ônibus ou de van, imaginando que seria inviável tentar estacionar.

Alguns candidatos à Câmara Municipal chegaram a providenciar transporte gratuito para moradores de suas "áreas de influência", de suas bases eleitorais – essencialmente para os residentes em bairros mais periféricos. As pessoas não paravam de chegar. Os ambulantes estavam por todas as partes, vendendo bebidas e comidas diversas. A dimensão da sociabilidade, presente mais explicitamente na comensalidade, se fazia notar na relação necessária com a comida, com a bebida e com as conversas que antecediam o show. Em torno dos vendedores formavam-se verdadeiros nichos de interação, congregando pessoas que já se conheciam, mas também aquelas que acabavam de se conhecer. É importante destacar que o "público" ali presente era composto por faixas etárias, gêneros e classes sociais diversificados. Apesar de perceber uma maior presença feminina na região mais próxima ao palanque, tanto crianças, quanto homens e senhoras eram vistos por todos os lados.

Havia, de forma geral, muitas pessoas vestidas com camisas da campanha, portando fitas de cabelo com o nome de Lindberg etc., mas as munidas de faixas e bandeiras pareciam-me militantes e/ou cabo eleitorais, sobretudo por situarem-se bem próximas ao palanque – um grande palco no qual as "personalidades" da noite podiam ser vistas mesmo à longa distância – chamando as outras para ali juntarem-se, denotando uma combinação previamente estabelecida.

Nessa situação em particular, a dimensão hierárquica – dissimulada nas outras formas de interação características das campanhas (caminhadas, passeatas e carreatas) – é muito bem marcada e reflete-se em um mapa social que engloba o palco e a área destinada ao público/eleitor.

O palanque é o local por excelência deste "englobamento" candidato/eleitor. Aqui, não mais aquele palco cuja estrutura quadrangular remete ao "velho" estilo dos comícios locais: ele havia sido montado como o dos grandes shows em capitais e metrópoles, com uma abóboda, remetendo-nos ao desenho mais livre e ao mesmo tempo envolvente da concha acústica. Planejado especificamente para atender às demandas do candidato, o palanque demarca as possibilidades para a condução da interação com o público-eleitor, delimitando *o lugar de cada um*. Nessa situação, a hierarquia pode ser percebida pela distância (real e simbólica) que separa o candidato, seus convidados e os artistas que se apresentam do público, não somente devido à grande altura dos "palcos", mas também porque há freqüentemente uma barreira física (e humana, formada por seguranças) a demarcar fronteiras no interior dos showmícios.

Ao espaço destinado ao público (eleitores) não correspondia uma marcação física fortuita, mas um conjunto de referenciais simbólicos que designava os "pontos", ou seja, o lugar ocupado por cada grupo – quando assim constituído – no interior de um sistema de posições relacionais, um tabuleiro no qual quem estivesse mais próximo ao palanque poderia ter sua proximidade traduzida em termos de adesão – no caso, a uma facção específica. Quem se colocava bem ao fundo, por sua vez, poderia estar assinalando sua separação ou desvinculação política do candidato em questão, indo "apenas pra ver o show", para "conferir" o seu sucesso ou fracasso, ou ainda para passar informações à facção oposta. Sendo assim, o público presente a estes eventos deve ser enquadrado no processo mais amplo da campanha – e concebido como tão "formado" quanto o das carreatas e passeatas empreendidas.[18]

A composição dos showmícios remete-nos a um conjunto heterogêneo de pessoas mobilizadas para a participação, mas com variados graus de envolvimento, percebidos não do ponto de vista das motivações individuais – o que seria inviável dado o número expressivo de pessoas presentes nos eventos, como os realizados em Nova Iguaçu –, mas a partir da possibilidade de remeter-lhes às escolhas por shows específicos, por exemplo, feitas por cada tipo de "público".

Todo o trabalho dos cabos eleitorais e militantes durante a campanha somava esforços em direção ao clímax representado pelo comício/showmício, que, sendo positivo, alcançaria a meta de mobilizar o maior número possível de pessoas que constituiriam, a partir de então, eleitores em potencial.

De onde estava, o público presente de forma alguma limitava-se a observar os fatos, participando ativamente do evento por meio de gritos, aplausos, ou cantando o jingle da campanha – além das corriqueiras declarações apaixonadas das eleitoras-fãs de Lindberg, ou Lindoberg, como o chamavam.[19] Em cima do palanque, percebia-se a contínua concentração e dispersão dos mais diversos grupos ou "alas" de políticos. Havia um grande número de pessoas no palco: o candidato à prefeitura e seu vice Itamar Serpa (PSDB), assessores, músicos, técnicos, candidatos a vereador e demais políticos que compunham a aliança representada pela coligação Hora da Mudança, além de nomes da política local integrantes de partidos aliados.

Políticos e eleitores

O showmício pode ser pensado como uma das circunstâncias de maior visibilidade da relação entre político e eleitor. O evento narrado acima possibilitou-me a observação de um marco temporal diferenciado – um momento – dentro do horizonte mais amplo do "tempo da política".[20] É o "tempo da emoção", mais especificamente do êxtase/arrebatamento/encanto, e da "festa" propriamente dita, implicando uma experiência de aproximação e/ou contato que – diferentemente da apresentação de si nos programas gravados para a televisão ou mesmo nas caminhadas, quando a relação mantém algum distanciamento devido à própria organização desses eventos – remete-nos a um tempo sincrônico, imediatamente vivido e compartilhado.[21] O "acontecimento partilhado" refere-se ao tempo estritamente vivenciado, experimentado e efêmero, que não está presente em todo o processo eleitoral e pode ser caracterizado pela efervescência (como na experiência religiosa, em Durkheim) que realça a realidade por meio das sensações experimentadas via a associação dos discursos à música, ao aplauso etc. Tais experiências transformam a cena política em um episódio mais do que teatral, revogando do eleitor/ouvinte sua condição de mero espectador e transformando-o em parte constitutiva (e ativa) da performance ali executada. É o momento quase mágico ("o partilhado") em que o candidato transfigura-se em ídolo.

Não digo com isso que o showmício tenha, em si, propriedades específicas geradoras dessa aura mágica. Nem todo showmício marca um "acontecimento partilhado". Refiro-me, antes, às condições ali reunidas, que, somadas a outras concernentes aos próprios indivíduos (nesse caso, o carisma pessoal de Lindberg Farias), tornam possível a exacerbação da emoção. Foi justamente esse estado de inquietação, ansiedade e euforia que chamou minha atenção, levando-me a considerar cuidadosamente tal nível de interação. Parece-me que esse *estado* algo alterado que se observa em alguns showmícios guarda semelhanças com outros episódios da política nacional, como as manifestações de comoção pelo suicídio de Getúlio Vargas em 1954; as passeatas pela Diretas Já, em 1984; a movimentação popular pelo *impeachment* do presidente Fernando Collor em 1992; ou, mais recentemente, a emoção desencadeada pela eleição de Lula, durante o processo eleitoral de 2002.

Irly Barreira[22] expõe como as reações "emocionais" acabaram por integrar-se à retórica das campanhas a partir de tal pleito, devendo-se, sobretudo, à influência exercida pela campanha presidencial de Lula.[23] Se a política é normalmente tomada como o lugar da racionalidade, da estratégia e da objetividade, a incorporação da expressão das emoções e de sentimentos parece, em um primeiro momento, algo fora de ordem. Observa-se, no entanto, que na eleição municipal aqui analisada o modelo das "alusões emotivas" e da apresentação biográfica[24] ganhou a cena, integrando-se à própria composição do personagem político. Sendo assim, a "percepção das emoções e sentimentos como parte das regras sociais e jogos políticos evita pensá-los como matérias substantivas da natureza humana, atentando para os seus significados e formas de expressão, construídos e/ou incorporados à disputa eleitoral".[25]

A expressão "política se faz com festa"[26] poderia, sem dúvida, estender-se para além de seu contexto etnográfico de origem (Buritis, MG) e ser utilizada para compreendermos as configurações que a política assume sob o "clima de campanha".[27] A "festa política", neste caso o showmício, constitui o tempo da dramatização das relações sociais por meio da exploração das imagens e valores pertinentes a uma determinada concepção de mundo e de política – sendo, no caso específico de Nova Iguaçu, esperada, comparada e até mesmo cobrada por significativa parcela da população local.[28]

Nessa perspectiva, o comício sobre o qual nos falam Palmeira e Heredia[29] não seria idêntico ao ritual que ora denominamos showmício, porquanto este último acaba por subverter a ordem de precedências. Se, para os autores em questão, a festa é pensada como parte constitutiva do comício – é o que denota a frase: o "lado festivo do comício, ou para sermos mais precisos, da festa que existe *dentro* de todo comício ..." (p.77) –, no caso por mim analisado esta relação parece inverter-se.[30] Tomando os showmícios como um novo modelo de ritual político e de comunicação, não descarto todavia que alguns possam conservar o seu caráter faccional e, em grande parte, a forma típica de organização desses eventos que, ainda segundo os mesmos autores, "propiciam a oportunidade de, fazendo a festa mais bonita e mais bem organizada, demonstrarem, por antecipação, sua capacidade para realizar uma administração futura" (p.77). Destaco ainda que a estrutura geral do evento também pode ser preservada, principalmente no tocante à relação palanque/candidato/público e ao lugar por este ocupado nas campanhas eleitorais, de forma mais ampla.

> Como afirmam Palmeira e Heredia, o comício não se confunde com um ajuntamento qualquer de pessoas em torno de um candidato. Tanto em Pernambuco, quanto no Rio Grande do Sul, a população distingue cuidadosamente o comício da reunião. A reunião é dialogada; o comício, não. No comício, só fala quem está no palanque. Não há lugar para consulta. Os de fora do palanque devem limitar-se a ouvir. Na reunião, a expectativa é inversa. É o candidato quem ouve e, naturalmente, responde. As tentativas de tornar o comício dialogado, a não ser em circunstâncias muito especiais ou no caso de candidatos com muito carisma, são complicadas e podem comprometer o próprio comício. O caráter solene do comício é essencial."[31]

Entretanto, o que designei por showmício, nos moldes presenciados nos palanques do PT durante as eleições de 2004 em Nova Iguaçu, utiliza-se preponderantemente de um dos modelos abordados por Palmeira e Heredia: o que "prioriza o início do comício",[32] colocando o candidato como a "estrela entre as estrelas" (como disse Zezé di Carmargo durante o evento mencionado anteriormente),[33] enfatizando seu carisma pessoal e sua capacidade de interação com o público.[34]

A combinação de juventude, beleza e carisma do candidato, além de sua associação com o *novo*,[35] fez de Lindberg a maior estrela (em dupla acepção: símbolo do partido e ídolo) do PT na Baixada, durante todo o período eleitoral, e ainda hoje.[36] Atualizando a ação política pautada, em regra, pela secularização, Lindberg demonstrava capacidade de atração (garantindo sua visibilidade) e de condução das massas (no sentido abordado por Weber), diferenciando-se do todo (e, assim, expressando sua singularidade ou mesmo o caráter "divino" do líder, que remeteria ao tipo ideal originado da autoridade religiosa) e ligando-se ao eleitorado por intermédio de imagens, projetos e valores compartilhados.[37]

Corroborando tal construção simbólica, os artistas conferem especial conotação à "festa política" porque, além de configurarem seus personagens mais legítimos, digamos assim, operam uma demonstração de força e prestígio do candidato – como já abordado anteriormente – que poderia traduzir-se sob a ótica da *doação*. Esta obrigatoriedade de colocar-se à disposição "do povo" através da "doação" constitui um tipo específico de troca – já que não previamente acordado e não exigindo retribuição –, trazendo à tona que "está em jogo uma concepção de poder onde aquele que gasta mais dando aos outros – aos eleitores, mas não apenas a eles, o que é indicativo de seu desinteresse – mostra-se portador da generosidade necessária ao exercício do poder, ao mesmo tempo que indica a possibilidade efetiva de continuar exercendo essa generosidade numa escala ampliada, uma vez no governo".[38]

Diferentemente dos universos estudados por autores como Palmeira e Heredia ou Chaves,[39] por exemplo, Nova Iguaçu é uma cidade de quase um milhão de habitantes. Sendo assim, a estrutura dessa nova modalidade – o showmício – é bastante distinta da daqueles autores. No entanto, apesar das diferenças de escala, o showmício também configura um lugar de encontro, de relações pessoais, ao mesmo tempo em que promove a convivência e o contato com o diferente, o novo e o desconhecido. É um evento de congraçamento, mas também de conflitos em potencial.

O showmício de 30 de agosto foi apenas o primeiro de muitos que se seguiram. De setembro em diante, Lindberg enfrentou uma verdadeira maratona. A partir de outubro, em um único dia era capaz de comparecer a quatro showmícios, geralmente marcados todos para às 20 horas – e sendo, pelo menos um deles, destinado ao público evangélico. Já durante o dia, o candidato petista costumava percorrer as ruas em caminhadas ou carreatas, em busca do voto dos indecisos ou da "conversão" dos eleitores de Mário Marques.

Se na primeira fase da campanha, a falta de recursos impedia o uso de "atrações" nos eventos do PT, o PMDB não sofreu do mesmo mal, e desde o início do período eleitoral contou com recursos e com as máquinas da prefeitura e do governo do estado. Já para o candidato petista, nos dois meses iniciais, o formato dos comícios era menor, sendo conferido maior destaque ao candidato à prefeitura e a políticos com bases eleitorais em bairros ou áreas específicas da cidade. As produções maiores aconteceram a partir do fim de agosto e, essencialmente, a partir de setembro. Quanto mais próximo do dia 3 de outubro, maior o número de showmícios realizados e mais "atrações" oferecidas.[40] O acirramento da disputa no segundo turno das eleições levou a governadora Rosinha Matheus e Anthony Garotinho a se fazerem mais presentes – fundamentalmente a primeira, dedicando-se às campanhas na Baixada enquanto seu marido concentrou seu apoio aos candidatos de Campos. Os showmícios evangélicos se multiplicaram nesse período, sendo o tom do discurso da governadora essencialmente religioso – além das ameaças dirigidas aos adversários desde o início do período eleitoral.[41]

Depois de um segundo turno cheio de conflitos e acusações recíprocas, a comemoração da vitória de Lindberg Farias começou já no início da noite de 30 de outubro, após a apuração do resultado de algumas sessões eleitorais. Nas ruas cheias, praticamente tomadas – em sua maioria por jovens com rostos pintados com a estrela vermelha, em referência ao símbolo do Partido dos Trabalhadores –, carros de som tocavam funk, principalmente, além do *jingle* da campanha. Lindberg foi carregado nos ombros por militantes e ovacionado pela população. As comemorações invadiram a noite e, como verdadeiros foliões, os iguaçuanos fizeram um carnaval fora de época.

Algumas considerações finais

O espaço simbolizado pelo palanque só parece possível circunscrito a um "tempo da política". Os comícios são marcadores deste tempo singular, que é aquele das campanhas, operador de uma transformação dos espaços – transformação simbólica e efêmera relativa a modalidades de interação entre os atores sociais e áreas da cidade criadas especificamente para fins eleitorais ou reconfiguradas pela própria disputa. A política – entendida aqui como categoria nativa, ou seja, a percepção dos moradores daquela região sobre o que seria o fazer político – também remeteria, no caso da Baixada, a relações não-exclusivas às campanhas e momentos de eleição, referindo-se ao político como ator social legítimo e a práticas coletivas ligadas a tal *mundo*, como as "redes de resolução de problemas práticos."[42] Frente à sazonalidade da presença do político, seu estafe (assessores, secretários de governo etc.) é freqüentemente tomado pelos moradores como canal legítimo de mediação, do "fazer político",[43] da mesma forma como acaba ocorrendo com relação às entidades civis (majoritariamente associações de moradores/escolas/grupos culturais e ONGs). Assim, apesar de a classificação nativa na Baixada parecer não se restringir às eleições ou a seus personagens oficiais, as articulações em momento de campanha – que para os políticos profissionais não corresponde somente ao período eleitoral – transformam as relações cotidianas e podem unir atores sociais (individuais ou coletivos) antes tidos como integrantes de campos opostos ou mesmo apolíticos (Igreja e Estado; associações de moradores e prefeitura; morador e secretarias – de Saúde, Educação, Obras, Lazer etc.).[44]

No interior deste "tempo da política" e a partir da lente do palanque, o caso de Lindberg parece ser exemplar, no sentido de ter evidenciado as etapas de sua transformação de candidato em "candidato-ídolo" além do fato de que a eleição de 2004 foi a última antes das alterações impostas pela Minirreforma Eleitoral, aplicada já nas eleições de 2006, que proibiu a distribuição de brindes (como bonés, camisetas, chaveiros), assim como a realização dos showmícios.[45]

No entanto, resta-nos justamente enfatizar um dos sinais distintivos entre o (antigo) comício e o showmício, que seria a operação de uma mudança de status do próprio político, que pode virar então um "astro". Evidentemente, sem desconsiderar o carisma pessoal de Lindberg Farias, não podemos relegar a um plano secundário a construção de um aparato específico que garantiu a exploração, em toda sua amplitude, das emoções suscitadas pelo candidato, num misto de espetáculo e regozijo. A comoção não era a expressão individualizada, mas a manifestação coletiva dos sentimentos em um espaço "da política" tradicionalmente pensado como apartado das interações "emocionais" ou, quando muito, qualificado por rótulos populistas.[46]

A problemática dos sentimentos relacionada ao estudo da política e das eleições configura, como ressaltou Barreira, um "percurso sinuoso"[47] no qual o que importaria destacar seria a dimensão reveladora das emoções como formas de entendimento do real, das relações humanas, engendrando outras maneiras de olhar nossos objetos para além da mecânica da "produção marqueteira" e do discurso do político-produto alimentado pela comunicação de massa. Não se trata de desconsiderar seu apelo e suas força e eficácia simbólicas, mas de compreender o que traz consigo. A "fórmula mágica" dos marqueteiros não constitui um dado anterior, pré-configurado, sendo antes uma construção a partir do termo final, ou seja, só se sabe do sucesso após a sua proclamação. É só nesse momento que o discurso sobre si passa a incorporar novos tons, extraordinários, fantásticos. Tal percepção relativa às estratégias de marketing é fruto de um longo trabalho de criação de um *campo*, de profissionais específicos, de "intelectuais próprios", de produção técnica e bibliográfica e do engajamento dos atores sociais em questão.[48]

A discussão sobre a possibilidade de manipulação das imagens, de falas ou dos altos custos dos showmícios acabou voltando o debate para uma resposta aos escândalos de corrupção e de caixa dois oriundos das denúncias sobre o episódio que ficou conhecido por "mensalão", enquanto seu interesse sociológico foi subsumido. Ao conceber o showmício como apenas um recurso técnico (caro!) e subjugá-lo ao dispositivo legal, não se diminuiu a influência do marketing nas campanhas; o papel da televisão e do horário eleitoral não foram atenuados, e as cifras da eleição de 2006 demonstraram isso. De acordo com o TSE este fato deveu-se à "transparência" (que virou categoria explicativa!) das contas, mas a ruptura com a configuração da "apresentação política" que o showmício marcava pode ter-nos impedido de avaliar a dimensão estrutural desta modalidade e, apesar de não extinguir o instrumento ou máquina (o marketing político), dissimula a sua materialidade enquanto lugar-ideal de afirmação e consolidação do carisma (potencial) e/ou do líder carismático. A partir de então, sua exploração etnográfica acabou circunscrita a alguns fenômenos mais ou menos isolados, como por exemplo o abordado neste artigo.

O papel do marketing e das mídias quanto à "apresentação", e não estritamente à prática, política – visto que os arranjos, alianças, coligações etc. levantam outras questões que podem ser tão ou mais decisivas para o mundo da política e para pensarmos as relações de poder dependendo de contextos específicos e configurações de força – continua a impor-se aos estudiosos do tema. E, a despeito de visões como a da esterilização do debate político,[49] da irracionalidade do voto, da mídia como, de alguma forma, um algoz do pensamento político[50] ou ainda de uma nova esfera de poder – a videopolítica;[51] a despeito disso os meios de comunicação (incluindo também o marketing político) e seus atores não podem ser desconsiderados frente às tantas modalidades da "apresentação *política*". Mesmo que no caso brasileiro uma modalidade tenha sido abolida – o showmício –, a política e seus atores constantemente estão recriando e reinventando possibilidades e alternativas na construção das *personas* e de seus sistemas de visibilidade.[52] O "Lindoberg" foi apenas o caso aqui apresentado.

Notas

1. Para uma discussão sobre a composição da Baixada, suas imagens e atores sociais ver, por exemplo, A.L. Silva Enne, *Lugar, meu amigo, é minha Baixada* e A. Barreto, "Um olhar sobre a Baixada" e *Cartografia política: as faces e fases da política na Baixada Fluminense.*
2. Anthony Garotinho nasceu em Campos, onde disputou a sua primeira eleição em 1982, para a Câmara dos Vereadores, pelo PT; apesar de expressiva votação, não se elegeu porque seu partido não atingiu o coeficiente eleitoral. Em 1986, foi eleito para a Assembléia Legislativa do Estado do Rio de Janeiro, pelo PDT. Em 1988, ainda pelo PDT, lançou-se candidato à prefeitura de Campos. Foi secretário de Agricultura do estado do Rio de Janeiro entre 1993 e 1994. Neste ano, foi o candidato do PDT ao governo do estado, mas foi derrotado por Marcelo Alencar (PSDB). Em 1996, se elegeu para a prefeitura de Campos. Dois anos depois foi eleito governador do estado do Rio de Janeiro, em segundo turno, com 58% dos votos válidos, tendo como vice Benedita da Silva, do PT. Foi secretário de Segurança e de Governo durante o mandato de sua esposa Rosinha Matheus.
3. Mário Pereira Marques Filho é natural de Nova Iguaçu. Advogado, foi juiz de paz da Comarca de Nova Iguaçu entre 1967 e 1970 e secretário de Administração da Prefeitura de 1967 a 1968. Foi eleito vereador em 1970 pelo Arena e reeleito em 1972. Ainda pelo Arena, foi também suplente de deputado estadual (1974-1978). Foi reeleito vereador pela terceira vez em 1976, pelo mesmo partido. Em 1981 filiou-se ao Partido Democrático Social, onde permaneceu até 1990. Reeleito pela quarta vez em 1982, foi líder da bancada do PDS e fundador do partido (1980/1982) no município. Foi reeleito vereador em 1988. Candidatou-se à Câmara dos Deputados em 1990 pelo PTR, ficando na 5ª suplência. Reelegeu-se vereador em 1992 e

depois em 1996, já pelo PPB. Aos 63 anos, tornou-se pela primeira vez prefeito de seu município, em 2002. Perdeu a eleição de 2004 para Lindberg Faria no segundo turno e elegeu-se deputado estadual, agora pelo PSDB, em 2006.

4. Lindberg Farias nasceu em João Pessoa (PB) em 8 de dezembro de 1969. Entrou na política através do movimento estudantil e de sua filiação ao Partido Comunista do Brasil (PC do B) em 1988. Em 1992 foi eleito presidente da União Nacional dos Estudantes (UNE) e foi um dos principais líderes do movimento conhecido por "caras-pintadas", que, juntamente com outras entidades civis como a Ordem dos Advogados do Brasil (OAB), a Central Única dos Trabalhadores (CUT), a Associação Brasileira de Imprensa (ABI) e a Conferência Nacional dos Bispos do Brasil (CNBB), organizou diversas manifestações públicas de estudantes a favor do processo de *impeachment* do presidente Fernando Collor de Melo.

   Através da visibilidade nacional conseguida com o "Movimento pela Ética", liderado por Lindberg durante o movimento pelo *impeachment*, em 1994 elegeu-se o deputado federal mais votado de seu partido (PC do B), com 57.544 votos pela Frente Brasil Popular (PC do B, PT, PSB, PV e PSTU) e um discurso voltado para a área da educação e o movimento estudantil. Sua atuação durante este primeiro mandato esteve muito ligada à educação, à oposição à abolição do monopólio estatal nas telecomunicações e do petróleo e ao "provão", apoiando a posição da UNE (cf. Alzira Abreu et al., *Dicionário histórico-biográfico brasileiro pós-1930*). Em 1997, desligou-se do PC do B e se filiou ao PSTU, iniciando a fase que marcaria um recrudescimento de suas posições políticas, mas que impossibilitou a sua reeleição em 1998, apesar da expressiva votação que obteve (74.000 votos). Filiou-se ao PT no ano de 2001, colocando-se em alguns momentos contra decisões da "ala majoritária", o que implicou conflitos e até ameaças de expulsão do partido. Disputou as eleições de 2002 para a Câmara dos Deputados, saindo vitorioso com 83.468 votos, o terceiro candidato mais votado do partido no estado do Rio de Janeiro, atrás apenas de Chico Alencar (169.131 votos) e Jorge Bittar (140.848 votos) (cf. TSE).

5. Alguns membros do PT local, como um dos fundadores do partido em Nova Iguaçu, Jerry Simões, eram partidários de uma candidatura "nativa" como a de Adeilson Teles, ex-vereador, candidato na eleição de 2000 e ex-secretário de Trabalho do Rio de Janeiro.

6. Apesar de alegar residir na cidade desde abril de 2003, na casa de uma amiga, teve seu pedido de transferência de domicílio eleitoral negado em setembro de 2003 pela ex-juíza da 27ª Zona Eleitoral de Nova Iguaçu, Clara Maria Jaguaribe, e seu recurso também negado no dia 21 de janeiro de 2004 pelo juiz Joel Teixeira de Araújo, permanecendo em uma situação indefinida até 16 de junho de 2004, quando conseguiu uma liminar do TSE para a sua transferência de domicílio e assim pôde disputar a eleição em Nova Iguaçu.
7. M. Palmeira e B. Heredia, "Le temps de la politique". Consultar, entre outros, os trabalhos de M.G. Scotto, "Campanha de rua, candidatos e biografias"; K. Kuschnir, *O cotidiano da política*; A. Borges, *Tempo de Brasília*, e C.A. Chaves, *Festas da política.*
8. E. Goffman, *A representação do eu na vida cotidiana.*
9. F. de Oliveira. *A política é uma festa*; C.A. Chaves, op.cit.
10. Sobre formas de apresentação das candidaturas, construção de campanhas televisionadas e de rua ver, por exemplo, os trabalhos de S.R. Rodrigues Castilho, *O "soldado da TV" contra a "pretinha do povo"* e M.G. Scotto, op.cit..
11. Para uma problematização das definições geográficas oficiais como uma dimensão estática e delimitadora dos espaços – como os bairros – ver, por exemplo, o artigo de G.I. Cordeiro e A. Firmino da Costa, "Bairros: contexto e intersecção".
12. M. Palmeira e B. Heredia, op.cit.
13. Depoimento colhido em 10 set 2004, na página oficial do Partido dos Trabalhadores: www.pt.org.br .
14. Ibid., 15 set 2004.
15. A Via Light é uma via expressa – construída durante o governo do então prefeito Nelson Bornier (na época, PSDB), com o apoio do governador Marcello Alencar – que faz a ligação entre a cidade e outras áreas da Baixada Fluminense, mas também com a Zona Norte e o Centro do Rio de Janeiro, além de outros bairros do subúrbio carioca. Essa via foi motivo de conflitos entre os candidatos do PT e do PMDB, por situar-se na área central, de maior visibilidade e melhor acesso – além de facilitar a realização das produções maiores, como os principais showmícios das campanhas, devido a suas amplas proporções.
16. A declaração de Francisco Campos no site oficial do partido ilustra exemplarmente esta questão: "O artista também participa politicamente. Os artistas têm elogiado o governo Lula e pedem voto para o

candidato da cidade. Com os showmícios, estamos retomando uma cultura que a esquerda tem no Brasil e que o PT já tinha antes: combinar a cultura em diálogo com a política para mobilizar corações e mentes com os candidatos de esquerda e centro-esquerda, que é o nosso projeto nacional. Portanto, é um show politizado."

17. M. Palmeira e B. Heredia, "Os comícios e a política de facções".
18. Cf. idem.
19. Em matéria veiculada no Primeiro Caderno de *O Globo* de 25 out 2004, foi ressaltada a dimensão que a campanha tomara e o assédio das eleitoras/fãs a Lindberg: "Os seguranças que acompanham o candidato do PT a prefeito em Nova Iguaçu, Lindberg Farias, na campanha ganharam uma nova preocupação nesse fim de semana: o ombro direito do candidato. Eles têm orientação do próprio Lindberg para proteger o seu ombro do assédio entusiasmado dos eleitores. Nos últimos dias, ali se instalou um abscesso ... ."
20. M. Palmeira e B. Heredia, "Les temps de la politique".
21. Durante o showmício em questão, Lindberg Farias desceu do palanque para cumprimentar o público/os eleitores, beijando, tocando, dando a mão a várias pessoas, mas também acenando e fazendo sinais de carinho (mão no peito, tocando o coração, depois beijando a mão e fazendo um movimento como se lançasse algo de si ao público), denotando uma partilha de si, atualizada em gestos, assim como na expressão de emoções.
22. I. Barreira, "A expressão dos sentimentos na política".
23. A referência principal da autora, no artigo em questão, é o trabalho de M. Mauss, "A expressão obrigatória dos sentimentos" (2001 [1921]).
24. P. Bourdieu, *Razões práticas. Sobre a teoria da ação.*
25. I. Barreira, "A expressão dos sentimentos na política", in C. Costa Teixeira e C. de Alencar Chaves (orgs.), *Espaços e tempos da política*, p.68.
26. C.A. Chaves, op.cit.
27. I. Barreira, "A expressão dos sentimentos na política", in C. Costa Teixeira e C. de Alencar Chaves (orgs.), *Espaços e tempos da política*, p.68.
28. Cabe, aqui, uma referência ao entendimento da política como ação simbólica e à importância da teatralização para a compreensão da instituição estudada por Geertz em livro homônimo: o Negara. Este, assim como o objeto desta tese, também remete a um intrincado de

formas simbólicas que praticamente impossibilita a distinção entre os planos simbólico e real.

29. M. Palmeira e B. Heredia, "Os comícios e a política de facções".
30. Corroborando a análise de Palmeira e Heredia (idem), adoto o conceito de ritual tal como proposto por R. DaMatta em *Carnavais, malandros e heróis* (1979), ressaltando o seu caráter extraordinário e extracotidiano.
31. M. Palmeira e B. Heredia, "Os comícios e a política de facções", p.36.
32. M. Palmeira e B. Heredia, ibid., p.57.
33. Ainda sobre a organização das "apresentações", apesar de haver uma alternância entre os modelos que privilegiam o início ou o fim dos comícios como momentos clímax, os autores chamam a atenção para o fato de que se podem tratar de "variações de um mesmo modelo".
34. Como podemos exemplificar a partir da nota da colunista Joyce Pascowitch, surge com Lindberg uma nova figura política, a do candidato-ídolo: "Lindberg Farias, o candidato do PT à prefeitura de Nova Iguaçu, que não decolava, nunca se sentiu tão em alta – e não apenas nas pesquisas de opinião. Ele vive dias de celebridade no maior município da Baixada Fluminense. Nos shows de duplas sertanejas por conta da campanha, quem agora dá autógrafos é ele. Coisas de Nizan Guanaes" (*Revista Época*, set 2004).
35. O novo aqui está remetido a um projeto político e a uma outra imagem de Baixada e de Nova Iguaçu.
36. Com relação ao carisma, conferir o trabalho sobre tipos de dominação – especificamente a carismática – em M. Weber, *Economia y sociedad*, além da seleção de textos editados por S.N. Eisenstadt (*Max Weber: On Charisma and Institution Building*) e do livro de Charles Lindholm, inteiramente dedicado ao fenômeno (*Carisma: êxtase e perda de identidade na veneração ao líder*).
37. Ver o artigo de G. Velho sobre a vitória de Collor (in *Projeto e metamorfose*), no qual aborda algumas das questões implicadas na vitória desse candidato à Presidência da República, em 1989, e o conjunto de valores e atitudes a ela associados.
38. C.A. Chaves, op.cit.
39. M. Palmeira e B. Heredia, "Os comícios e a política de facções", p.78.
40. Um dos candidatos, Fernando Gonçalves, o sobrinho de Fábio Raunheitti, não teve o apoio da família, que se manteve oficialmente – e, ao que parece, também financeiramente – afastada da candidatu-

ra. Em sua campanha não foram realizados comícios. Os recursos disponibilizados para as atividades eleitorais também foram escassos. Fernando dispunha de carros de som precários e palanques pequenos, além de não ter contado com a participação de nomes conhecidos em seus comícios – preferencialmente voltados para a comunidade evangélica. Nesses eventos, as músicas religiosas e a presença de pastores assinalavam uma diferença em relação às demais campanhas, que produziam comícios específicos para cada "público".

41. Sobre a relação entre política e religião, consultar, fundamentalmente, o Capítulo 5 de minha tese de doutoramento, *Cartografia política*.
42. L.A. Monteiro, *Baixada Fluminense: identidade e transformações*.
43. K. Kuschnir, *Política e mediação cultural* e *O cotidiano da política*.
44. Sobre o papel dos movimentos sociais como atores políticos legítimos na história política da região, consultar A. Barreto, *Cartografia política*.
45. Consultar Resolução nº 22.158, Instrução nº 107, classe 12ª, TSE. Tais medidas exigiram que, por exemplo, as doações tivessem de ser efetuadas em cheque cruzado e nominal ou por transferência eletrônica, ficando proibida doação em dinheiro, assim como os gastos teriam que ficar disponíveis na internet em período predeterminado. As mudanças, principalmente com a proibição dos showmícios e o fato de terem sido cogitadas limitações à gravação de programas eleitorais, nos dão uma amostra da polêmica gerada a partir dos dois últimos pleitos (o presidencial, em 2002, e o municipal, em 2004).
46. Sobre populismo ver, por exemplo, F. Weffort, *O populismo na política brasileira*.
47. I. Barreira, "A expressão dos sentimentos na política", in C. Costa Teixeira e C. de Alencar Chaves (orgs.), *Espaços e tempos da política*, p.68.
48. S.R. Rodrigues Castilho, *Marketing e "política"*. Apesar de o autor utilizar a analogia entre marketing e magia em sua tese de doutoramento, prefiro optar, pelos motivos acima expostos, pela análise abordada quanto à construção do marketing como um campo profissional em busca de legitimidade.
49. R. Sennet, *O declínio do homem público*.
50. M. Novaro, "O debate contemporâneo sobre a representação política".
51. G. Sartori, "Videopolítica".
52. P. Burke, *A fabricação do rei*.

Vertigem em Nilópolis: a antropóloga e o espelho[1]

Sandra Regina Soares da Costa

Introdução

Este artigo nasce do desejo de problematizar algumas questões relativas à construção do olhar antropológico e ao desenvolvimento do trabalho de campo. Para tanto, recorro ao material etnográfico da pesquisa por mim desenvolvida (no período de 2002-2005) junto a uma rede social de músicos-professores[2] na Baixada Fluminense.[3]

Nasci em São João de Meriti, cidade que integra a região acima mencionada. Por caminhos diversos, fui, ao longo da adolescência, colecionando amigos com os quais compartilhava o gosto pela música. Não toco nenhum instrumento, não canto, mas sempre acompanhei o nascimento de novas bandas e os ensaios em estúdios da região. Ouvindo dos amigos os relatos das reclamações dos pais, dos vizinhos e, com o passar do tempo, principalmente da polícia – que não entendiam seu "estilo de vida"[4] –, eu mesma, em algumas situações, sentia na pele os efeitos dos estranhamentos provocados por minhas calças rasgadas, por um corte diferente de cabelo, ou pelo "simples fato" de ouvir um tipo de música distinto daquele que comumente tocava nas rádios e que era tido como "popular". Com o avançar dos anos, muitos amigos abandonaram a música, outros passaram a dela ocupar-se somente em tempo parcial (nos exíguos finais de semana), e alguns poucos sobreviveram às pressões da falta de dinheiro, tentando seguir, em tempo integral, uma carreira[5] de músico.

No decorrer desses quase 15 anos de contato com músicos da Baixada Fluminense, alguns eventos saltaram-me aos olhos, perturbando-me insistentemente: por que a polícia era sempre tão agressiva com aqueles jovens? Por que os pais estavam sempre tão desgostosos com o estilo de vida de seus filhos?

Nos dias de hoje, reencontrei algumas dessas pessoas desenvolvendo o que se costuma chamar de "trabalho social". A música, antes causadora de tanto sofrimento aos pais (e conseqüentemente aos filhos), passou a "salvar vidas". Entre nós, quando adolescentes, prevalecia a idéia de que em nenhum outro lugar os estilos juvenis eram tão reprimidos quanto na Baixada – isso era, de fato, algo que nos ocorria com muita freqüência. Acreditávamos que nossa condição de moradores daquela região nos acarretava mais constrangimentos do que aos jovens da cidade do Rio de Janeiro, por exemplo. Curioso notar que ainda hoje, quando realizo entrevistas, a categoria "Baixada Fluminense" aparece com a mesma força (e pelos mesmos motivos) que surgia no meu passado de estudante secundarista, embora, atualmente, ao lado das imagens "negativas" também exista um esforço em demonstrar que não existe apenas "o lado ruim" da região.

Os sentidos da Baixada

Ao entrevistar os músicos, a Baixada era acionada como categoria explicativa que justificava um certo tipo de ação. "Realizar esse tipo de trabalho, e ainda mais sendo aqui, na Baixada, é muito importante" – ter uma banda ou participar de um projeto social aparecia como um diferencial. Mas por quê?

Com uma população de origem marcadamente popular e de "pequena classe média",[6] a Baixada Fluminense nos oferece um cenário peculiar. De modo distinto ao que ocorre na cidade do Rio de Janeiro – para a qual se convencionou utilizar a dicotomia asfalto/favela, no intuito de descrever o povoamento "dividido" entre as áreas urbanizadas e aquelas de ocupação irregular –, na Baixada Fluminense tem-se a sensação de um *continuum* maior quanto à ocupação social do espaço. O adensamento populacional da região (antes, área rural basicamente) ocorreu a partir da década de 1930, quando grandes levas de migrantes, recém-chegados ao Rio de Janeiro, transferiram-se para a localidade.[7] Eram, em sua maioria, nordestinos,[8] que compraram lotes regularizados e deram matizes ao aspecto da população local. Sendo assim, ali não se observam enclaves de "brancos" ou "negros" (como nas combinações asfalto/favela), mas uma população que com freqüência se autodefine como "morena".[9]

Morei na Baixada durante os 25 primeiros anos de minha vida. Lembro que, desde muito cedo, era clara para mim a distinção entre "Baixada", "subúrbio" e "Zona Sul". A "Zona Sul" era o lugar dos "ricos"; o "subúrbio" e a "Baixada", os lugares dos "pobres". Só que nós, da Baixada, éramos também diferentes dos suburbanos.[10] Minha mãe dizia com freqüência: "Isso aqui, minha filha, nem subúrbio é..." Era uma frase recorrente que expressava as precárias condições de saneamento básico, de rede de luz elétrica, de abastecimento de água tratada e encanada, bem como a irregularidade das linhas de ônibus[11] de nossa região. Minha mãe, uma migrante – como, na época, a maioria dos moradores – assustava-se com a falta de infra-estrutura. Para nós, no "subúrbio", desde que não fosse na "favela", a vida era melhor – tinha luz, água tratada, hospitais e escolas bem mais acessíveis do que as da Baixada:

> Todas as ruas do bairro são de terra, com exceção das duas estradas principais que foram asfaltadas em 1978. Só recentemente, a Cedae ampliou sua rede de água para certas ruas do bairro que não têm também sistema de esgoto. A maioria das casas usa água de poço. Não existe telefone no bairro. Até 1978, não havia no local

> nenhum hospital público, estadual ou federal. Um posto de saúde do Inamps e uma casa de saúde particular, muito precária, serviam a população local. Em 1978, começou a ser construído um hospital estadual que, agora, funciona parcialmente. Há apenas uma escola pública e duas ou três escolas particulares. Nos bairros vizinhos, existem algumas fábricas, como a de botões, de cimento e de panelas. As casas do bairro são de alvenaria, em sua maioria. O comércio é feito em "barracas", pequenos armazéns e botequins ao mesmo tempo. Há um pequeno comércio, com lojas, um supermercado e um cinema no centro de Miguel Couto, o bairro mais próximo. As "compras" maiores, no entanto, são feitas no centro da cidade de Nova Iguaçu, que fica a uns 20km do bairro.

O trecho, citado de Maggie e Contins,[12] descreve exemplarmente a paisagem predominante durante as décadas de 1970 e 1980, e que até hoje se verifica em regiões mais distantes dos centros dos municípios. Na ocasião, as autoras ressaltaram ainda que "a Baixada Fluminense, como um todo, e o bairro estudado, especificamente, vivem uma situação de isolamento social e espacial".[13]

Pesquisas mais recentes, continuam a apontar a "precariedade" dos serviços públicos: "Nova Iguaçu é uma cidade de grandes contrastes: possui sólida vida econômica, porém existe um grande número de ruas sem asfalto e uma quantidade muito pequena de casas estão ligadas à rede de esgoto".[14]

"Aqui não tem nada!" Tal afirmação é ainda hoje repetida com freqüência pela população, que se ressente da ausência de uma rede de serviços públicos de qualidade e de opções de lazer.[15] Costuma-se acioná-la para explicar o início de uma banda de música, de um projeto social, o motivo de um crime ou até mesmo a não-realização de algum empreendimento. Durante o trabalho de campo, após ouvir insistentemente a afirmação, perguntei a um entrevistado – que, no caso, se referia às poucas opções de lazer na região – quais os motivos para esse quadro. Ele me respondeu da seguinte forma:

> Olha, não é que as pessoas não tenham dinheiro pra gastar. Tem até uma classe média forte aqui. Tem gente rica, aqui. Mas o cara que tem dinheiro prefere ir gastar na Barra.[16] Se você fizer um lugar legal, cobrar um ingresso alto, o cara vai pra Barra. Quando começam a ganhar dinheiro, vão pra onde? Pra Barra. Todos os comerciantes que conseguiram ganhar algum dinheiro, todos os políticos que mantêm uma casa aqui, né? Só pra dizer que não saíram da Baixada, mas saíram. Tá todo mundo gastando na Barra. Mesmo quem ainda mora aqui, no final de semana, prefere ir pra Barra.

Essa idéia é compartilhada também por aqueles que não são moradores. Durante o trabalho de campo, travei contato com algumas pessoas em uma universidade local, onde sempre ouvia: "Aqui as pessoas são muito carentes." Um dia, após ter ouvido reiteradas vezes essa opinião, perguntei: "Carentes de quê?" "De tudo", foi a resposta que ouvi. "De tudo o quê?" Foi preciso insistir. O professor universitário, morador de Copacabana (Zona Sul), explicou-me, então: "De oportunidades, de lazer, de qualidade de vida. Até afetivamente são carentes." Mas, por que "afetivamente"? "Não sei, mas aqui as pessoas são muito mais emotivas. É por isso que gosto de trabalhar aqui, o aluno é muito mais carinhoso, as pessoas te abraçam, te beijam. Na Zona Sul, os alunos são mais frios." Essa dimensão supostamente "mais emotiva" dos moradores da Baixada também apareceu diversas vezes durante minha pesquisa. Interessante notar que eles próprios costumam usar esse argumento para marcar uma diferença entre si e os moradores do subúrbio e da Zona Sul.[17] "Aqui as pessoas são mais próximas, mais carinhosas" é frase que pode ser ouvida com freqüência. É como se as carências estruturais (das cidades) se refletissem na dimensão emotiva de seus moradores.[18] Tal tipo de argumento procura apontar "o lado bom" da Baixada: lugar de maior solidariedade, de maior companheirismo, embora também possa figurar como produto do sentimento de "exclusão". Nas palavras de um entrevistado meu:

> Na Baixada não tem nada. Então as pessoas se unem. Não é nem que sejam mais unidas que na Zona Sul. Não é solidariedade. É por

pura necessidade mesmo. Se a gente não se unir, a gente não vai conseguir fazer nada.

Mas vejamos também outro morador e seus argumentos:

Eu não troco a minha casa grande, o meu terreno grande, por um "buraco" na Zona Sul. Tem gente que abre a boca pra dizer: "Eu moro em Copacabana." Vai ver onde ele mora! Mora num quitinete. Mora num quarto só. Ou então no pé da favela. Eu prefiro ter a minha casa, aqui, ter o meu quintal, do que viver apertado.

O argumento acima é utilizado por boa parte dos moradores para explicar sua "opção" pela Baixada. Terrenos baratos e grandes, ao invés dos apertos dos prédios bem localizados, pelos quais teriam que pagar aluguel; ou mesmo a "humilhação" da favela.[19]

Além disso, grande parte dos moradores dessa localidade é originária de regiões rurais de nosso país. Em espaços mais amplos era/é possível reproduzir, mesmo que em escalas mínimas, a antiga vida do campo: terrenos com árvores frutíferas, flores, a criação de pequenos animais (nos bairros mais afastados dos centros é possível encontrar galinhas, patos e porcos, principalmente).[20]

Para os antigos moradores, a opção pela Baixada também significava a garantia de uma vida mais segura. Essa frase pode parecer paradoxal, já que a imagem mais corriqueira (e poderosa) da Baixada Fluminense é a de um "lugar perigoso". Mas recorro à minha própria memória para explicar melhor esse ponto.

Lembro que na infância a ocupação do meu bairro e dos bairros vizinhos ainda não tinha se dado por completo. Não tínhamos favelas próximas, como as que existem agora, e havia muitos terrenos ainda não ocupados, cobertos de mato. Lembro que uma fonte de inquietação constante eram os boatos acerca dos "tarados" (estupradores). As mães preocupavam-se com suas filhas que vinham sozinhas da escola, revezando-se em grupos para garantir que as garotas sempre tivessem uma companhia adulta no retorno às casas, especialmente nos horários do final de tarde. Mesmo assim, sempre tínhamos notícias de que alguma menina havia sido "achada nos matagais", o que significava ter sido estuprada e provavelmente morta. Algumas vezes – e eu me recordo de pelo menos meia dúzia delas – os moradores localizavam o suposto "tarado", que era linchado e tinha as partes de seu corpo expostas em vários postes da região.[21] A idéia de "justiça feita com as próprias mãos", sem a intervenção do Estado – representado pela polícia – dava a tônica desses momentos de extrema dramaticidade.

De modo análogo, a região ganhou notoriedade nos noticiários televisivos nacionais e internacionais por intermédio das temidas (e admiradas) figuras dos "matadores" ou "justiceiros" locais e seus coletivos, os "esquadrões da morte" ou "grupos de extermínio". O primeiro termo – matador – era (e ainda é) o mais utilizado pela população local. De forma geral, a Baixada Fluminense ficou marcada no imaginário social do estado do Rio de Janeiro (e, em certa medida, até do país) como "violenta" e "de condições precárias". Para uma parcela considerável de sua população, no entanto, os "justiceiros", como o próprio nome indica, faziam "justiça". Sendo assim, para aqueles que se autoclassificavam como "trabalhadores", os "justiceiros" não deveriam ser temidos, e sim apoiados em seu ofício.[22]

Quando eu ainda estava delimitando os contornos do trabalho que originou este artigo, elencando suas possíveis problemáticas, não tinha nenhum interesse específico em discutir a temática da "violência"; no entanto, à medida que a pesquisa se fazia, a categoria e as representações a ela ligadas firmavam-se como uma espécie de ponto de partida. Ao realizar uma pesquisa na internet sobre o tema "Baixada Fluminense", por exemplo, depareime com uma "lista" de conversação destinada à Comunidade do Software Livre da Baixada Fluminense. Trata-se de um domínio no ciberespaço, intitulado Linux na Baixada Fluminense.[23] Seu objetivo é o de discutir a implementação de programas gratuitos para computadores. Na ocasião, lia-se no referido site: "Estamos inaugurando o novo site de Linux dedicado à comunidade software livre da Baixada Fluminense no Rio de Janeiro. Visitem!" A "lista" havia sido iniciada em 30 de junho de 2003, e qual não foi meu espanto ao ler a primeira mensagem enviada, em 5 de julho de 2003: "Pensei que lá só tivesse traficante! Hehe" (quem assinou a mensagem identificou-se como OO). No dia seguinte, veio a resposta, assinada pelo internauta Deyson Thomé:

> A Baixada Fluminense é um local como outro qualquer, que, além dos problemas sociais, tem moradores dignos, que superam as adversidades gerais, inclusive de segurança pública, e estudam, trabalham, produzem e progridem, auxiliando deste modo a si próprios e à sociedade em seu redor. O lótus floresce na lama. Estão na causa do Linux, são nossos companheiros. Lá não tem só traficante ...

Horas depois, no mesmo dia, o internauta OO pronunciou-se novamente pela "lista": "Ah, tá bom!!! Generalizei... Lá não tem só traficante... tem assaltante de banco, pivete, mendigo, travecada, putas e muitas outras coisas."

Apesar do tom jocoso do internauta OO, não devemos desprezá-lo como objeto de análise. Ele nos mostra a maneira segundo a qual uma parcela da população percebe a Baixada Fluminense. Num primeiro momento, a associação que fez referia-se ao tráfico de drogas. Provocado, estendeu-a a outros tipos socialmente desqualificados. O morador da Baixada sem dúvida sofre com as imputações desses estigmas sociais. Como contrapartida, há a resposta (de um morador? Não temos como saber) que tenta enfatizar as qualidades dessas pessoas e equiparar a região a um "lugar como outro qualquer".

A pecha de ser originário de uma região estigmatizada, sobretudo por sua imagem "violenta", obriga o morador a constantemente elaborar justificativas que respondam a esse estigma e suas implicações. A idéia de uma "terra sem lei" parece afligir sobretudo aqueles que são caracterizados como desviantes. Ao entrevistar um grupo de músicos de São João de Meriti que tem uma banda de reggae, soube que tiveram seus *dreadlocks* cortados, com facas do tipo "comando",[24] por policiais, no meio da noite. Contaram-me que voltavam de um show, a pé, quando foram abordados por policiais militares. Após a revista, os policiais – de maneira zombeteira, segundo meus informantes – diziam que "aquilo era cabelo de veado", ou então que "só podia ser coisa de maluco" e, no meio da rua e da noite, eliminaram os cachos de dois músicos negros que foram também espancados. Depois do evento – não estou afirmando que tenha sido em função disto – ambos não deixaram mais os cabelos crescer.

Na ocasião da entrevista, eu perguntei a opinião deles sobre o motivo que teria levado os policiais a cometerem aquele gesto violento, ao que eles me responderam tecendo diversas considerações a respeito dos grupos de extermínio que atuavam (e ainda atuam) na Baixada Fluminense. Tratava-se de uma prática já cristalizada entre a polícia local, a de assumir, nas ruas à noite, as figuras de "juiz, jurado e carrasco", denotando que do "esquadrão da morte" ou dos "justiceiros" não restam apenas lembranças; muitas situações semelhantes àquela vivenciada pelo grupo de músicos ainda são atribuídas a esses tipos sociais. Em recente entrevista à Rede Globo de Televisão,[25] os músicos da Banda Maria Preta, fundadores da ONG Flor de Bel, do município de Belford Roxo, alegaram como principal motivo para a realização do seu "trabalho social"[26] o desejo de "tirar os jovens das ruas para que eles não acabem mortos pelos matadores, como já ocorreu com muitos amigos nossos". Em seguida, o apresentador do programa insistiu que esse tipo de projeto seria importante para combater o crescimento do narcotráfico, oferecendo "outras possibilidades" aos jovens. A esta afirmação, o líder da banda respondeu da seguinte forma:

> Na Baixada, o nosso problema não é o tráfico. Lá, o tráfico ainda não é forte como é no Rio de Janeiro. Lá, quem ainda mata os jovens são os matadores, os justiceiros. A gente desenvolve esse trabalho porque Belford Roxo já foi conhecida como uma das cidades mais violentas do mundo, por causa dos assassinatos. A violência

> de lá não diminuiu. Foi a do Rio que aumentou. Então a imprensa não fala tanto da Baixada porque o Rio ficou pior, por causa do tráfico. Mas lá continuam matando jovens, como antes.

Os membros da ONG Flor de Bel, assim como a quase totalidade dos entrevistados de minha pesquisa, fizeram recorrentes referências aos "matadores" da região. Essa é uma das imagens "ruins" da Baixada: a da violência praticada por operadores do Estado, por aqueles que legitimamente teriam direito ao uso da força bruta – o que cria uma situação bastante paradoxal, uma vez que eles impõem medo, mas também segurança para alguns. Muitos dos entrevistados alegam que o "incipiente" desenvolvimento do tráfico de drogas na região se deve à presença, física e simbólica, dos grupos de extermínio.

O estranhamento que um indivíduo oriundo da Baixada pode causar em outras pessoas é flagrante. Durante minha vida acadêmica, como aluna do mestrado e do doutorado do Museu Nacional, por várias vezes experimentei tal situação, referente à minha condição de "aluna da Baixada". Lembro-me particularmente de um professor e de dois colegas que proferiram frases do tipo: "Ah, mas se você não me dissesse que era da Baixada, eu não saberia nunca. Nem parece." E de uma outra, que afirmou: "Eu acho muito importante termos aqui, entre nós, pessoas como você, da Baixada. Isso é muito importante." Significa dizer que existe um "lugar social para as pessoas de Baixada." Confesso que, de início, me chateei um bocado, por pura frustração. Mas depois só conseguia achar graça. Foi assim que reagi, divertindo-me, quando recebi um e-mail de uma lista de discussão de um grupo de alunos do PPGAS que debatia sobre "cotas" de bolsas de dotação para pesquisa, destinadas aos alunos. Uma estudante, contrária aos critérios vigentes, dizia não estar satisfeita com o sistema que destinava bolsas a alunos estrangeiros, deixando de contemplar "por exemplo, uma aluna da Baixada". Eu realmente não sei qual o município de origem de minha colega (talvez ela seja até mesmo da Baixada), na classificação que operou, no entanto, "uma aluna da Baixada" exprimiu o que de mais "pobre" e "necessitado" poderia haver em nossa sociedade.

A identidade da região não se constitui, no entanto, somente de traços pejorativos. Além das qualidades positivas expostas acima, nota-se, na década de 1990, um esforço por parte da mídia e da população local em substituir tais representações dominantes.[27] Na ocasião, surgem menções à Baixada como "celeiro" ou "caldeirão cultural". Trata-se de categorias que operam uma positivação da identidade social da região a partir de sua produção artística, e que são acionadas com bastante regularidade para legitimar os trabalhos desenvolvidos pelos artistas locais.

Durante o trabalho de campo, meus entrevistados sempre destacaram suas qualidades artísticas e as de seus alunos, a partir do pertencimento à Baixada Fluminense. Mais do que ressaltar as habilidades individuais, as falas nos remetem a um modelo explicativo segundo o qual seria a própria Baixada a carregar as propriedades artísticas – o talento aparece como *algo da região*. Daí o uso corrente de expressões como "celeiro cultural" e "caldeirão cultural", enfatizando o pertencimento ao *lugar*, como se fosse ele próprio, ou as condições sociais lá existentes, que fomentassem o talento de seus habitantes. "A Baixada é um grande caldeirão cultural" – tal afirmação ouvi reiteradas vezes: em entrevistas com animadores culturais, com músicos locais ou com um poeta da região.[28] Tal naturalização era freqüentemente associada à categoria "vocação":

> Cada lugar tem uma vocação. Nova Iguaçu, por exemplo, tem uma vocação para o teatro, para a poesia. Caxias também é assim. Já Belford Roxo, não. Ele tem vocação pra música. As pessoas de Belford Roxo são mais musicais.[29]

Apesar desta divisão social das competências artísticas, a idéia prevalecente – sustentada por muitos moradores que se dedicam às chamadas "atividades culturais" – é a de que a região como um todo estaria impregnada por tal "espírito" artístico. E é a partir dessa percepção que se articulam os discursos em defesa de uma imagem positivada da Baixada, visando não somente a valorização dos bens artísticos desenvolvidos na localidade, mas também o incentivo à divulgação de quaisquer manifestações de naturezas diversas:

> A vida cultural da região é uma de suas carências. Mesmo sendo rica em artistas e produtores de cultura, a região sofre com a falta de veiculação dessa produção local e também com a falta de acesso aos bens culturais que trafegam com mais desenvoltura nos grandes centros urbanos.[30]

Esses indivíduos e/ou grupos se esforçam por demonstrar que a existência na Baixada não é marcada apenas pela experiência negativa da convivência com a "violência" e com a "pobreza", mas que ali "também se produz cultura". No ano de 2002, a Escola de Samba Inocentes da Baixada teve como tema de seu carnaval o município de São João de Meriti. Um dos trechos da letra do samba dizia o seguinte: "Tem esporte, indústria e cinema/Shopping Center e acervo cultural/Saúde, educação com amor, explode aqui/São João vai sacudir." Anos antes, em 1999, o tema escolhido fora a própria Baixada: "A Via Light[31] caminho da luz/conforto e progresso que ao povo conduz/indústrias, comércio, esporte e lazer/o futuro é certo, crescer e vencer."[32] Anos depois, em 2004, para a divulgação do Prêmio Baixada, lia-se que a finalidade da premiação era a de "reconhecer os valores culturais, artísticos, históricos e sociais da Baixada ... a aqueles que de modo direto ou indireto vêm contribuindo para a divulgação do que a Baixada tem de melhor: O HOMEM, SUA CULTURA E SUA ARTE".[33]

O susto – vertigem em Nilópolis

Conheci Denise tão logo iniciei meu trabalho de campo. Eu já tinha alguns contatos com músicos da Baixada, contatos de longa data. Sendo assim, visando afastar minhas próprias pré-noções sobre o universo a ser estudado e melhor compreender as relações sociais ali existentes, busquei travar conhecimento com outros profissionais do mundo da música – com especial atenção para aqueles que se dedicam a ensiná-la. Foi ela própria, Denise, quem se apresentou a mim, o que me parece um dado extremamente relevante: sua disponibilidade em participar de uma pesquisa, na qualidade de "entrevistada". Ela soubera, "de ouvir falar", que eu realizava um trabalho sobre os músicos da Baixada e se oferecia para participar. "Em troca", ela me pedia que "ajudasse a divulgar a luta dos animadores culturais". Bem, naquela ocasião, eu não sabia o que eram os animadores cultuais... Tentei rapidamente explicar os limites do meu modesto trabalho quanto aos possíveis impactos políticos (já que o principal objetivo de Denise era o de sensibilizar a opinião pública e, em especial, o governo estadual) que ele poderia ocasionar. "Mas você vai escrever a respeito, não vai?", ela inquiriu, após alguns instantes de notória decepção. "Vou, uma tese de doutorado, algo que tem uma circulação restrita...", tentei me desculpar. "Mas vai estar escrito em algum lugar, não é?" "Com certeza." "É o que importa", ela disse e sorriu.

Depois desse contato inicial, um pouco frustrante para ela e preocupante para mim, passamos a nos ver com bastante freqüência. Quanto mais o tempo passava, maior era sua compreensão de que minha "ajuda" ao seu ofício seria infinitamente inferior àquela por ela proporcionada. Ainda assim, nos relacionávamos cada vez melhor e, acredito eu, chegamos a nos tornar amigas, de fato. Um complexo processo de empatia e de identificação foi se desenvolvendo entre nós.

A partir desse contato inicial, Denise revelou-se extremamente importante para o desenvolvimento do meu trabalho. Ela estava inserida numa rede social,[34] que foi me apresentando aos poucos, às vezes de maneira formal; outras, a partir da realização de minha "observação participante". Com o avançar de nossa convivência, pude, paulatinamente, ir conhecendo os nós desse mundo social[35] no qual Denise se inseria. Ao acompanhá-la (e a sua história de vida), pude perceber o funcionamento e a importância da formação de redes, não somente para a sua trajetória em particular, mas para a realização do tipo de ação social por ela desenvolvido.

Durante uma entrevista, ela afirmou sentir-se bastante desconfortável quanto à sua falta de formação musical. Esse desconforto dava-se principalmente por conta da atividade profissional como animadora cultural. Mas não somente: lhe era incômodo, também, não estar "estudando" música, não estar se "aperfeiçoando" naquilo que ela "mais gostava". Dizia sentir-se limitada artística e profissionalmente. Para suprir essa lacuna e desenvolver as habilidades requeridas pela carreira escolhida, Denise via como uma possibilidade o ingresso numa escola de música da rede pública.

Até entrar em contato com Denise, eu não conhecia o universo das escolas de música da rede pública da Baixada Fluminense. Foi ela própria quem me apresentou a essas alternativas:

> Tem a Escola de Música de Nilópolis; é a mais próxima da minha casa. Tem a Escola de Música de São João de Meriti; é mais longe. Tem também a Villa-Lobos, a do Rio. Mas é longe, a passagem é cara. Tem também a Escola de Música Villa-Lobos, em Paracambi. Pôxa, mas também é longe à beça. E eu vou gastar um dinheiro de ônibus e ainda tem que pegar um trem. Vou tentar a de Nilópolis.

Percebe-se a partir do relato acima, como o "campo de possibilidades"[36] de Denise para o aprendizado da música estava circunscrito por limites geográficos e financeiros. A escolha da animadora recaiu sobre a Escola Municipal de Música de Nilópolis (doravante EMMN), sendo a mais próxima e a que menos exigiria em termos de gastos com transporte – apenas uma tarifa convencional para circulação na Baixada.[37]

Como espero demonstrar a seguir, a visita a Nilópolis acabou por complexificar minhas idas a campo, configurando-se em um momento crucial para meu trabalho de pesquisa em termos metodológicos.

Acompanhei Denise quando de sua primeira ida à EMMN. Ela me fazia "retornar" a Nilópolis.[38] No ideário da população em geral e nos noticiários, Nilópolis goza de certa fama, em virtude de dois fenômenos que se complementam: o samba, representado pelo Grêmio Recreativo Escola de Samba Beija-Flor, localizado no município, e a presença dos bicheiros – contraventores, especializados no chamado "jogo do bicho" e que, por afinidade ou como forma de lavagem de dinheiro (ou os dois), são tidos (pela imprensa, pela polícia e pela população) como os grandes patrocinadores de muitas escolas de samba do Rio de Janeiro, e também da Beija-Flor de Nilópolis. A Escola, fundada em dezembro de 1948, tornou-se – e transformou Nilópolis em – uma referência nacional devido aos campeonatos conquistados no Desfile das Escolas de Samba, que ocorre anualmente no Rio de Janeiro.[39] Ainda que não seja sempre campeã (ou uma das campeãs) do Desfile, a Escola de Samba Beija-Flor de Nilópolis há anos tem conquistado seu lugar entre as primeiras colocadas.

Eu conhecia a cidade há muito tempo, desde os meus dez anos de idade mais ou menos. Lá tinha estado algumas vezes com minha mãe, para comprar alguma coisa no comércio local. Anos mais tarde, por volta de meus 20 anos (mais precisamente em 1992 e 1993), eu freqüentei assiduamente a feira municipal no centro de Nilópolis, que acontecia aos domingos pela manhã. Era uma feira grande, com muitas frutas, legumes e verduras, e confesso que me deslocava de São João de Meriti (meu município de origem) pela beleza dos alimentos ali vendidos. Fui à feira de domingo durante quase dois anos e levei quase dez para retornar ao local, por conta da observação participante que realizava. Como mencionei há pouco, o "retorno" a Nilópolis configurou um momento importante em meu trabalho de campo. Todos os lugares a que tinha me dirigido até então eram "novos" para mim. Não conhecia as áreas a que tinha sido levada por Denise. Nilópolis foi o primeiro lugar ao qual "retornei".

Quero dizer que aquele lugar tinha um *significado social* muito importante para mim. Diferente de outras localidades, eu conhecera Nilópolis em outro tempo, num outro momento de minha memória social. Num tempo em que não estava preocupada e ocupada com categorias antropológicas e de pesquisa e que costumava flanar aos domingos por um lugar que era "bonito" aos meus olhos. Em minhas memórias, Nilópolis era o lugar mais bonito da Baixada, onde eu gostaria de morar. Quando Denise me convidou para acompanhá-la até a EMMN fiquei bastante satisfeita. Voltaria a um lugar conhecido e querido, com ruas das quais gostava. Mas qual não foi a minha decepção? Nilópolis mudou ou mudei eu? Nilópolis não estava mais "bonita". Minha percepção sobre o trecho de muro da linha de trem que beira uma rua principal, ligando a EMMN à rodoviária – caminho que tive de percorrer inúmeras vezes –, foi a de um local árido, feio, sujo e perigoso. Andando pelo centro, achava as ruas esburacadas demais, irregulares demais. As construções eram velhas, decrépitas, cheias de pichações. Um caos de gente, camelôs e lojas. A alternância de ruas congestionadas com tantos transeuntes, seguidas de espaços quase "inóspitos", assustava-me. Não era aquela Nilópolis que eu esperava encontrar. Havia me animado a idéia de rever a área de que mais gostava da Baixada, pela qual mais carinho eu sentia – justamente devido à sua "beleza". E, no entanto, naquelas tardes quentes de abril de 2003, Nilópolis representou a desolação, a desordem, a sujeira e a aridez para mim.

Passei por uma experiência etnográfica de confronto – não com o *outro*, distante e mediado por uma "outra cultura" –, por uma experiência clínica totalmente interna. O confronto do meu próprio olhar, que se transformou ao longo do tempo – minhas antigas noções de "belo", "bonito", "ordenado" e, até mesmo, "civilizado", com o novo olhar que adquiri com a atividade antropológica e com os anos vividos fora da Baixada.

Antes de nos dirigirmos para a EMMN, eu e Denise fomos almoçar. Escolhemos um pequeno e modesto restaurante, situado na mesma esquina que eu havia freqüentado tantas vezes. Achei tudo muito quente, sujo e, acima de tudo, poeirento. Foi difícil comer ali, o que me deixava cada vez mais escandalizada – duplamente escandalizada: com o lugar e comigo mesma. Ao invés de me concentrar na refeição ou nas conversas que travava com minha interlocutora, eu ficava observando o entorno. Estávamos próximas da Prefeitura, uma área bastante movimentada. Muitos carros, homens engravatados e mulheres de salto alto, na tarde de sol a pino de uma quarta-feira. Poderiam ser políticos, funcionários públicos, advogados e todo o tipo de gente que gravita próximo às prefeituras e aos fóruns (há também um fórum perto dali). Onde e de que maneira eu havia perdido o referencial daquele lugar? Que ponto de vista era esse que eu assumia e que me fazia ver de maneira tão pejorativa aquelas ruas, aquelas construções que eu tanto admirei no passado? O "susto de Nilópolis" não se devia ao encontro de pré-noções com uma realidade específica. O "susto de Nilópolis" ou a "vertigem antropológica" que experimentei – em todas as vezes que voltei ao município, devo dizer – tinha sempre, como pano de fundo, o mesmo olhar ansioso que buscava reconhecer nas esquinas, praças e prédios, e até no rosto da população que transitava apressada, o antigo objeto de desejo. Era uma viagem minha, internalizada, não do choque entre "mundos distantes" – ainda que se trate apenas de diferenciações internas dentro de uma mesma sociedade ou grupo social –, mas de um conflito entre *visões* (no sentido antropológico, ou seja, interpretações) que se davam num mesmo indivíduo.

Num primeiro momento, confusa no restaurante, tendo diante de mim um prato de bife com batatas fritas, acompanhados de arroz, feijão e farofa (o que também gerava um certo desconforto, pois, por motivos de saúde, não é o que costumo comer, principalmente regado a cerveja, como era o caso), tentei engolir em seco minha angústia, gerada pelo estranhamento da situação. Não era apenas minha percepção sobre o outro que me incomodava, mas a descoberta do olhar que se olhava por e para dentro de mim. Sentia-me profundamente envergonhada: estava sendo preconceituosa, etnocêntrica, ao julgar de maneira tão negativa meu objeto de estudo. Estava clara para mim a felicidade que Denise sentia em estar almoçando comigo naquele restaurante. Ela havia me convidado e fez questão de pagar a conta. Outras pessoas também comiam bastante satisfeitas ao nosso redor: um rapaz que poderia ser um *office boy* ou, quem sabe, um advogado. A experiência do *estranhamento* dava-se em dois níveis – em um viés externo que localizava naquela ambiência algo que não me era familiar ou agradável e em meu eu, que se confundia ao examinar e contrapor àquela realidade imediata minha própria memória. Fiquei bastante ensimesmada.

Eu, que me considerava uma "local", havia desenvolvido o ponto de vista de um observador externo: a cidade e, principalmente, seu centro passaram a não se diferenciar das demais que compõem a Baixada Fluminense. Lá estavam a estria formada pela linha férrea, com seus muros cinzentos cobertos de inscrições, singrando a célula principal da cidade; a Igreja católica em posição central e a praça pouco arborizada com brinquedos quebrados. Também se faziam presentes os numerosos camelôs a vender todo tido de mercadoria contrabandeada do Paraguai, pequenos comércios de antigos proprietários, além de novas e sofisticadas lojas e um pequeno shopping. Muitos bares de esquina, uma rodoviária, e poucos prédios com mais de três andares. As igrejas evangélicas proliferam numa velocidade impressionante. A prefeitura e o fórum ficam próximos um do outro, numa espécie de centro nervoso formado pela rua Mirandela, cortada por transversais que abrigam o comércio local – tanto o oficial (dos lojistas) quanto o oficioso (da camelotagem). Durante a realização do trabalho de campo, havia várias ruas em obras na região. O chão irregular de paralelepípedos havia se tornado ainda mais esburacado, e verdadeiras crateras eram abertas para as obras de saneamento público. A poeira era intensa e misturava-se à densa nuvem de fumaça negra que os ônibus soltavam, ao passarem pelas ruas estreitas rugindo seus motores antigos. Durante os meses de abril a agosto de 2003, desloquei-me constantemente por essas ruas. Ora sozinha, nos trajetos de ida e vinda para casa, ora acompanhada – sobretudo durante o horário de almoço – pelas professoras da Escola Municipal de Música de Nilópolis.

Eis que passado algum tempo, desde o momento inicial de estranhamento, uma luz se acendeu para mim. Comecei a lembrar-me dos primeiros meses de doutorado e da questão (então teórica) que mais me afligia: como pesquisar meu próprio universo social, a Baixada Fluminense? Como construir em mim a alteridade necessária para a realização do trabalho antropológico que, no meu caso em particular, consistiria em "observar o familiar"?[40]

Se entendermos a produção da pesquisa antropológica tal como a define Geertz,[41] para quem fazer a etnografia é como tentar ler (no sentido de "construir uma leitura de") um manuscrito estranho, desbotado, cheio de elipses, incoerências, emendas suspeitas e comentários tendenciosos, escritos não com sinais convencionais do som, mas com exemplos transitórios de comportamento modelado, meu problema inicial – o excesso de identificação com o grupo a ser pesquisado – estava, portanto, (circunstancialmente) superado. Aproveitando ao máximo minha (dolorosa) experiência de estranhamento, dela poderia extrair elementos que me levassem a uma compreensão muito mais rica a respeito dos olhares produzidos sobre a Baixada Fluminense. No trabalho mencionado acima, Geertz ressalta ainda que as descrições antropológicas "devem ser encaradas em termos das interpretações às quais pessoas de uma denominação particular submetem sua experiência, uma vez que isso é o que elas professam como descrições".[42] Eu – que me considerava alguém totalmente "de dentro" da Baixada – experimentava uma relação estrangeira com aquela pequena área que forma o centro de Nilópolis. Esse "susto" nunca foi totalmente superado, e confesso que, lá no fundo, ainda não me perdôo pelo que considero uma espécie de traição.[43]

Considerações finais

Analisando o evento (que não consiste apenas em um punhado de fatos reunidos, mas em uma vivência afetiva, emocional) de um ângulo científico, pode-se dizer que tive um ganho metodológico depois que compreendi as categorias (ou os seus sentidos) que acionava para hierarquizar feio/bonito, sujo/limpo, ordenado/

caótico, seguro/perigoso. Pude, num certo sentido, "ver", interpretar, a Baixada como alguém distante dela, algo que até então me tinha sido impossível. Mergulhava dessa forma nas poderosas *representações sociais* que grande parte da população carioca (e brasileira) tem sobre a região.

Toda etnografia é fruto da memória. Uma memória que se quer sistematizada, documentada, reportada, devidamente anotada em cadernos de campo, com o objetivo de submetê-la a tratamento "científico". Quando lidamos com histórias de vida e com a história oral, procuramos exaurir o informante com perguntas acerca de suas lembranças. Conferimos datas, eventos, refazendo, incansavelmente, as trajetórias. Em meu caso, em particular, eu não contei somente com a memória de meus entrevistados – ou mesmo com a minha, mais recente; no transcurso desta pesquisa, também fui, num certo sentido, uma "informante", uma "nativa". E, perscrutando minhas próprias recordações, tentei reconstruir – afetivamente, claro, como ocorre com qualquer lembrança – as concepções de Baixada Fluminense que me ocorriam, quando eu era apenas "mais uma moradora" e não alguém com o interesse específico de realizar um trabalho acadêmico. Tal empreendimento exigiu-me um esforço de distanciamento que, tenho certeza, não foi atingido por completo. Minha dupla inserção inevitavelmente rouba parte da "espontaneidade"; ainda assim, trata-se de um risco e de um esforço necessários. Fui tecendo a trama desta narrativa, auxiliada por meu material de entrevistas e pela bibliografia sobre a região a que tive acesso. Tentando resolver as equações de empatia/distanciamento e identidade/alteridade, fui meu próprio laboratório.

Notas

1. Este artigo é uma versão reduzida de dois capítulos de minha tese de doutoramento, intitulada *Universo sonoro popular: um estudo da carreira de músico nas camadas populares.*

2. Esta é uma apropriação da categoria "músico-professor" desenvolvida inicialmente no trabalho de J.A. Salgado e Silva, *Construindo a profissão musical.*
3. A área conhecida como Baixada Fluminense, localizada na região metropolitana do Rio de Janeiro, não compõe uma região administrativa ou mesmo um espaço geográfico de definição inequívoca. Entretanto, tem-se aceitado a idéia de que é formada pelos municípios de Nova Iguaçu, Duque de Caxias, São João de Meriti, Nilópolis, Mesquita, Queimados, Japeri, Paracambi, Belford Roxo, Magé e Guapimirim. Esses 11 municípios abrigam, segundo o censo do IBGE de 2000, um contigente populacional de 3.465.371 habitantes. Ver, entre outros, I. Beloch, *Capa preta e Lurdinha*; M. Abreu, *Evolução urbana do Rio de Janeiro*; A. Enne, *Lugar, meu amigo, é minha Baixada.*
4. Ver G. Velho, "Observando o familiar".
5. Ver E. Hugues, *The Sociological Eye* e "Ciclos, carreiras e momentos críticos"; H. Becker e A. Strauss, "Careers, personality and adult socialization"; E. Goffman, *Manicômios, prisões e conventos.*
6. Ver G. Velho, *Projeto e metamorfose.*
7. O período de 1930-50 é descrito como um momento importante da migração no estado do Rio de Janeiro. M. Abreu, op.cit, p.107.
8. Também há significativa população oriunda de Minas Gerais.
9. Tal como muitas vezes me foi dito durante a realização de meu trabalho de campo.
10. Maurício Abreu, em sua análise sobre a estratificação social do Rio de Janeiro, discorrendo sobre as três primeiras décadas do século XX, caracteriza a região metropolitana da seguinte forma: "A burguesia concentra-se na Zona Sul e na Zona Norte, áreas que continuamente recebem benesses do Estado e das concessionárias de serviços públicos. O proletariado, por sua vez, espalha-se por subúrbios carentes e pelos municípios da Baixada, mais carentes ainda." M. Abreu, op.cit, p.143.
11. O drama do transporte público aparece no trabalho de Beloch: "O desenvolvimento dos transportes não acompanhou todavia a explosão demográfica. Na década de 1970, era patente sua precariedade, além de se estimar que consumissem cerca de um quarto do salário de um trabalhador" (I. Beloch, op.cit, p.27). Atualmente, como no passado descrito acima, além da escassez de algumas linhas de ônibus, o alto preço das passagens é outro problema. A tarifa de ônibus

da cidade do Rio de Janeiro, em agosto de 2004, era de R$ 1,60. Na Baixada Fluminense, a tarifa média, para ônibus que trafegassem no mesmo município, era de R$ 1,50. Entretanto, a passagem para a ligação até o município do Rio de Janeiro variava entre R$2,60 e R$ 3,50. O custo elevado do transporte, segundo alguns moradores da região, faz com que se reduzam as chances de um emprego no centro do Rio (e claro, em áreas mais distantes), já que cabe ao empregador arcar com essa despesa. Dessa forma, os moradores se sentem preteridos em relação aos cariocas.

12. Y. Maggie e M. Cotins, "Gueto cultural ou A umbanda como modo de vida", p.79. As autoras desenvolveram trabalho de campo na região, a partir de meados da década de 1970, entre os bairros de Miguel Couto e Vila de Cava, distritos de Nova Iguaçu. O objeto de estudo era a prática religiosa da umbanda entre os moradores.
13. Ibid., p.91.
14. E. Santos, *A transformação do capital fundiário em capital imobiliário na estrada de Madureira*, p.9. Embora os autores Everaldo Santos, Yvonne Maggie e Márcia Contins tenham desenvolvido trabalhos específicos sobre o município de Nova Iguaçu, é possível generalizar suas observações para toda a Baixada Fluminense.
15. Ver os trabalhos de A. Enne, *Umbanda e assistencialismo* e *Lugar, meu amigo, é minha Baixada.*
16. Bairro da Zona Oeste carioca, cujo crescimento se deu principalmente a partir de sua ocupação por "novos ricos" e/ou "emergentes".
17. É importante ressaltar que os moradores do subúrbio também comungam de uma identidade social diferente daquela normalmente atribuída aos moradores da Zona Sul carioca. Sobre a hierarquia social e os valores expressos na relação subúrbio/Zona Sul, ver M.L. Heilborn, "Corpos na cidade", para quem: "à generalidade da oposição Zona Sul/Zona Norte corresponde, grosso modo, uma maior tradicionalidade da última em relação à primeira. Trata-se, antes, de uma subsunção do formato sociológico das relações sociais na dimensão espacial, em que a menção à Zona Sul atuaria como uma espécie de metáfora condensadora da modernidade e a referência à Zona Norte/subúrbios, como metáfora de tradicionalismo. Essa oposição entre zonas espaciais da cidade tem um caráter de modelo: apreende certos traços em detrimento de outros. Nos bairros da Zona Norte/subúrbios da cidade encontram-se redes de sociabilidade mais densas, acoplando relações de vizinhança, parentesco, ami-

zade e compadrio – em suma, um ambiente de maior controle social e potencialmente de maior resistência à mudança".

18. O argumento de uma suposta "solidariedade" mais expressiva entre os mais pobres também aparece nos moradores das favelas e dos subúrbios, ao construírem uma identidade contrastiva em relação à Zona Sul. M.L. Heilborn, em sua pesquisa sobre jovens das camadas médias de um subúrbio carioca, revela que a "experiência da suburbanidade" é, por um lado, "a de um cotidiano que se depara e enfrenta esse tratamento diferencial, o da carência de serviços públicos e de opções de lazer" (*Conversas de portão*, p.17 e 21). Por outro lado, o subúrbio é também o lugar da amizade e da autenticidade das relações.
19. E. Santos, op.cit., p.40, aponta a eletrificação da estrada de ferro D. Pedro II e a construção da rodovia Presidente Dutra – que encurtaram o trajeto da região até o centro do Rio de Janeiro – como facilitadores dessa opção por morar na Baixada. No tocante a Nova Iguaçu, nos diz o autor: "A cidade passou a atrair para suas terras trabalhadores que queriam ter a sua própria moradia e não pagar mais aluguel." Quanto ao valor social e simbólico do uso residencial do espaço urbano do Rio de Janeiro, ver também G. Velho, *Utopia urbana* – estudo sobre moradores de Copacabana que capta a situação inversa: daqueles que preferem morar em lares menores –, e K. Kuschnir, *O cotidiano da política*, sobre moradores do subúrbio.
20. A descrição que faço confere com a de J. Souza, *Os grupos de extermínio em Duque de Caxias*, p.109, sua pesquisa sobre Nova Iguaçu: "Verificam-se práticas que não poderiam estar presentes em uma cidade tomada pelo asfalto: nos terrenos baldios, cavalos pastam a qualquer hora do dia; ao final da tarde houve-se o aboio de um boiadeiro urbano recolhendo o gado para um bairro mais ao interior, o Riachão; a qualquer hora, pode chegar a entrega de alguma compra em uma carroça, das muitas que têm o seu ponto no centro de Austin; esbarra-se de vez em quando em algum porco ou porca que são 'criados soltos' e que, conhecendo-se ou não seus donos, não são furtados. Em algumas famílias, as donas-de-casa mantêm criação de porcos ou de galinha, e é comum encontrar-se árvores frutíferas nos quintais, sendo as mais comuns mangueiras, coqueiros e goiabeiras; o popular vira-latas está quase sempre presente, 'dando sinal' quando alguém chama ao portão. Os muros são baixos ou inexistentes, usando-se também em algumas residências cercas com arame farpado e madeira."

21. Esse não constituiu um caso isolado de São João de Meriti. Ver o documentário *As justiceiras de Capivari* (direção de Felipe Nepomuceno, 2002, 6 min.), que versa sobre um grupo de mulheres de uma região de Duque de Caxias que se reúne com a intenção de proteger seus filhos de um estuprador.
22. Sobre os grupos de extermínio na Baixada Fluminense, ver M. Almeida, *Extermínio seletivo e limpeza social em Duque de Caxias*; J. Alves, *Baixada Fluminense* e "Violência e religião na baixada Fluminense" e J. Souza, op.cit.
23. Capturado no endereço: http://brlinux.linuxsecurity.com.br/noticias/000518.html, em 28 mai 2004.
24. Arma branca usada por forças militares especiais.
25. Entrevista exibida no programa *Ação*, apresentado por Serginho Grossman, em 9 ago 2004.
26. A referida ONG oferece oficinas de artesanato com reciclagem de jornal, de cacuriá (dança típica da região norte do país), de capoeira e de futsal, além de aulas de música.
27. Ver A. Enne, op.cit.
28. Respectivamente a animadora cultural Denise (que fez a afirmação reiteradas vezes), os músicos Rincon (da banda Maria Preta) e Cacau (vocalista da banda Baixada Brothers) e o poeta Macedo de Moraes, que utiliza a expressão no informativo *Abeu expresso*, ano 5, n. 61, 2005.
29. Segundo Denise, animadora cultural, moradora de Nova Iguaçu.
30. Extraído do informativo *Baixada fácil*, site da internet localizado no endereço www.baixadafacil.com.br, acessado em 25 jul 2004.
31. Via de acesso público.
32. Infelizmente não constam os registros dos autores dos dois sambas.
33. Tal premiação ocorreu no dia 24 jun 2004, no auditório do Centro Cultural da Secretaria de Cultura de Nilópolis. Ver: www.baixadaon.com, acessado em 28 jul 2004. As letras em caixa alta foram transcritas tal como aparecem no website.
34. De maneira geral, podemos dizer que a discussão sobre *networks* é desenvolvida por autores como E. Bott, *Família e rede social*; J. Mitchell, *Social Networks in Urban Situations*; A. Epstein, "The network and urban social organization" e "Gossip, norms and social network". No âmbito do PPGAS, alguns trabalhos em especial serviram de inspiração quanto à validade do uso do conceito para o estudo de uma realidade social específica, como a aqui apresentada. A. Enne, em *Lugar, meu*

amigo, é minha Baixada, utiliza o conceito como premissa metodológica para analisar construções de memória e identidade na mesma região compreendida por este estudo, a Baixada Fluminense. Outro trabalho bastante significativo é o de M.L. Heilborn, *Conversa de portão*, no qual são apresentadas as redes sociais de um subúrbio carioca.

35. Conforme A. Schutz, *Fenomenologia e relações sociais.*
36. Ver G. Velho, "Observando o familiar".
37. Para ser mais precisa, durante a realização da pesquisa, no ano de 2004, o valor da passagem era de R$1,40 (um real e quarenta centavos). Para se deslocar até Nilópolis, de sua residência, Denise gastaria, entre a ida e o retorno, R$2,80 e cerca de uma hora. Para freqüentar a Escola de São João de Meriti, ela gastaria o dobro desse valor, utilizando dois ônibus e cerca de duas horas no tempo total de deslocamento. Para ir a Paracambi, além do ônibus convencional, ela ainda precisaria fazer uso dos trens e gastar cinco horas em locomoção, a cada dia de aula. Para a Escola de Música Villa-Lobos, no centro do Rio, ela gastaria R$7,20 e cerca de três horas.
38. A cidade de Nilópolis é singular: pequenina em termos territoriais (se comparada a outras da região metropolitana do Grande Rio), tem apenas 19km^2 de extensão, é densamente povoada, com cerca de 153.712 habitantes segundo o censo de 2000 realizado pelo IBGE. O município fica a mais ou menos 30km de distância do centro da capital fluminense, e faz limites, além da própria cidade do Rio de Janeiro, com Nova Iguaçu e São João de Meriti. O povoado que deu origem à cidade surgiu no entorno de uma parada de trens da Estrada de Ferro Central do Brasil. Inicialmente pertencendo a Nova Iguaçu, sua emancipação ocorreu em 1947.
39. Interessante notar que no site da Prefeitura de Nilópolis, no item "Principais atrações turísticas" o que consta é "Sede da Escola de Samba Beija-Flor de Nilópolis".
40. Ver G. Velho, "Observando o familiar", e "O desafio da proximidade". Nestes trabalhos, o autor desenvolve a reflexão acerca do trabalho de campo em sociedades complexas.
41. C. Geertz, op.cit., p.20.
42. Ibid., p.25.
43. Esse não foi meu primeiro "susto". Em artigo anterior, menciono as "descobertas" relativas à minha própria identidade, junto a um grupo de jovens *rappers* e de policiais militares. Ver S.R. Soares da Costa, "Uma experiência com autoridades".

A dona da voz e a voz da dona: a trajetória de Dona Ivone Lara

Mila Burns

A história da humanidade é constituída pela história de homens e mulheres. É natural, portanto, que desde seu nascimento a antropologia colecione estudos sobre as semelhanças e diferenças entre gêneros. Ora movidos pelas notórias distinções biológicas, ora por suas manifestações socioculturais, pesquisadores encontram nesse hiato fonte interminável de buscas.

Na sociedade contemporânea, o mercado de trabalho mostra-se um viés potencialmente rico para a pesquisa de gênero. Por que determinadas carreiras são dominadas por homens e outras tantas, por mulheres? Por que encontramos hoje tantos caminhoneiros e tantas assistentes sociais? A diferença residiria simplesmente na aptidão?

A composição de músicas é uma das vertentes que costumam ser reservadas ao gênero masculino. Restam à mulher, nesse meio, as figuras de intérprete, dançarina, conselheira ou musa. No caso do samba, que representa simbolicamente a cultura popular brasileira e – como concluiu Hermano Vianna, em *O mistério do samba* – nossa unidade nacional, a situação não é diferente. Trata-se de um meio formado por diversas correntes de tradição cultural que não são simples de se perceber, tampouco de se delimitar.[1] Tal rede complexa de significados, nos termos de Clifford Geertz, envolve gênero, religião, arte, afro-descendência e brasilidade.[2]

No universo do samba, o papel do compositor é um dos principais, visto que, para desempenhá-lo, é necessário ter, além de talento, inteligência e liderança. Essa função, no entanto, está quase sempre reservada aos homens. Carmen Miranda, Araci de Almeida, Clara Nunes, Linda Batista, Beth Carvalho, Alcione e outras das maiores intérpretes brasileiras cantam samba. Mas são poucas as que dão voz a suas próprias músicas.

Entre as exceções, está Dona Ivone Lara. A compositora do Império Serrano, celeiro de mestres, começou a tornar-se conhecida do grande público em meados dos anos 1940 e, aos poucos, virou referência, sendo citada por críticos musicais e músicos profissionais como uma das maiores musicistas brasileiras de todos os tempos, entre homens e mulheres. Em sua homenagem, o pianista Leandro Braga – que a considera "uma das maiores melodistas do samba" – gravou o álbum *Primeira dama*, transformado em livro de partituras com o mesmo nome, em 2003. "Senhora da canção", do sambista Nei Lopes, foi composta em sua homenagem. Dona Ivone tornou-se a grande "diva" desse ritmo brasileiro.

Muito antes do nascimento de "Dona Ivone Lara", no entanto, a menina pobre da Zona Norte do Rio de Janeiro era Yvonne, órfã de pai e mãe ainda muito jovem que, mais tarde, tornaria-se enfermeira e assistente social para ajudar no sustento da família. Uma mulher como tantas outras. O que a teria levado, então, a alcançar o quase intangível posto de compositora? Dona Ivone tornou-se mito em um universo quase sagrado no Brasil: o do carnaval, do samba, do ritmo; mas o fez sem se encaixar em nenhum dos "tipos" mais conhecidos desse meio. Não é "tia",[3] não é passista, tampouco musa inspiradora. Ela simplesmente compõe e canta, como tantos homens.

Partindo do pressuposto de que, ao fazer uma espécie de microantropologia – debruçando-se sobre a complexa trajetória de um indivíduo em particular – é possível chegar a uma visão despretensiosa, mas edificante, de determinadas nuances da vida social, a biografia dessa diva do samba pode ser pano de fundo para a análise de manifestações culturais diversas, tidas como integrantes de nossa identidade nacional.

Tal análise abarcaria desde a luta para manter vivas tradições de uma determinada vertente afro-brasileira até a tentativa de se promover uma verdadeira renovação, uma transformação constante e dinâmica que tornasse essas mesmas tradições competitivas no mercado musical – composto por empresas, mídia e público. Tal complexidade adviria, a meu ver, não somente da trajetória singular de um indivíduo em particular, mas das relações, dos encontros entre diferentes visões de mundo e de universos que talvez sequer se tangenciassem, não fosse a mediação por ele operada.

Ao analisar a trajetória de Dona Ivone Lara, surgem pistas para se explicar o que essa senhora teria de singular a garantir seu reconhecimento – por músicos, público e crítica – como a principal compositora de samba do Brasil. Na canção "Em cada canto, uma esperança", ela afirma que o samba é "a forma mais bonita de empurrar os meus dias", mas é fácil perceber que ele é isso e muito mais.

Em primeiro lugar, é essencial tentar entender o contexto da época em que Dona Ivone emergiu como compositora. No começo do século passado, o Rio de Janeiro estava imerso em uma série de movimentos culturais. Era o local perfeito para o nascimento do gênero musical que mais tarde se tornaria um dos principais produtos culturais brasileiros, expressão maior de nossa identidade.

Em uma de suas mais famosas canções, "Feitio de oração", Noel Rosa sustenta que "o samba, na realidade, não vem do morro, nem lá da cidade". O antropólogo Hermano Vianna, por sua vez, menciona dois momentos na configuração do ritmo: o do samba maldito, perseguido, limitado aos morros cariocas e às camadas mais pobres da população; e, mais tarde, o do samba como símbolo da cultura brasileira, conquistando rádios e diversos setores da sociedade nacional.[4] Em seu livro, já mencionado, o autor dedica-se a contar essa misteriosa (e radical) mudança na percepção do gênero, delineando o contexto da época e os fatores que a teriam desencadeado.[5]

Vianna aponta o processo de interação entre o popular e o erudito – um encontro secular, contando com um impulso recíproco de intercâmbio – como um dos sustentáculos para a coroação do samba como ritmo nacional. Dona Ivone vivenciou todo esse processo. A compositora provinha de uma família de sambistas e chorões, tendo participado de rodas e festividades, mas sua formação se deu por intermédio de um método erudito de ensino da música: quando menina, ela tinha aulas de teoria musical no internato onde estudava. Dona Ivone seria, nos termos de Barth, a expressão do encontro entre diferentes correntes de tradição cultural. Na mesma época em que compunha seu primeiro samba – início da década de 1930 –, *Casa-grande & senzala* tornava-se um marco da bibliografia nacional, transformando o mestiço – até então o grande vilão nacional – em pilar da formação da cultura brasileira.

Em certa medida, Dona Ivone ilustra de maneira ímpar esse indivíduo "verdadeiramente brasileiro", tendo participado ativamente da cultura popular, mas também se utilizado de ferramentas provindas da cultura erudita para estudar teoria musical. Ela chegou até mesmo a cantar regida pelo maestro Villa-Lobos, mas só descobriu-se musicalmente quando aprendeu a tocar cavaquinho com o tio. Negra, bisneta de escravos,[6] a compositora traz em si essa indefinição de fronteiras entre os mais distintos mundos sociais.

Tomando como referência o ponto de vista de Georg Simmel – segundo o qual, na sociedade moderno-contemporânea, quanto maior é a participação do indivíduo em redes, maior a singularização e a assunção de valores individualistas –, não restam dúvidas de que tratamos, aqui, de um indivíduo extremamente complexo – ator na construção desses distintos mundos, de sua própria biografia – e fundador de novas redes a partir da mediação operada entre diferentes grupos. Não cabe aqui pensar em um indivíduo passivo, determinado pela sociedade, mas em um sujeito em constante relação, em caráter permanentemente dialético, ativo.[7]

Entre as mulheres, uma das primeiras a alcançar tal trânsito em meio ao universo musical foi Chiquinha Gonzaga, nascida no Rio de Janeiro em 1847, filha de Rosa Maria, de ascendência negra e pobre, e do militar José Basileu Gonzaga, membro de uma família tradicional.[8]

Em 1877, ela compôs sua primeira música, a polca "Atraente". Na época, fazia grande sucesso o grupo Choro do Callado – liderado por um amigo seu, o flautista Joaquim Callado –, que se apresentava com freqüência em festas particulares e saraus. Faltava ao grupo, no entanto, um pianista que tocasse de forma mais solta, permitindo improvisos, de acordo com o novo estilo que se impunha à música brasileira, com um ritmo que começava a fazer sucesso. Eram os primórdios do chorinho. Chiquinha preencheu a vaga, tornando-se a primeira mulher "pianeira" no Brasil.

Após a morte de Callado, no entanto, a compositora enfrentou graves dificuldades financeiras. Trabalhou em uma peça ou outra, para ganhar algum dinheiro, mas somente em 1885, com "A corte na roça", começou a conquistar algum reconhecimento. Sua ocupação era algo tão inusitado, que a imprensa sequer sabia qual a maneira correta de nomeá-la: maestra ou maestrina.

Chiquinha lutou contra a escravidão (compondo, inclusive, um hino em homenagem à princesa Isabel quando a Lei da Abolição foi aprovada), depois, contra a monarquia e, mais tarde ainda, contra o governo do presidente Floriano Peixoto. Chegou a receber ordem de prisão por contestação. Em 1902, viajou para a Europa, de onde voltou acompanhada de um rapaz, João Batista, que a todos apresentava como seu filho. Na verdade, Joãosinho era músico amador e os dois passaram a viver um romance – ela com 52 anos, ele com 16 – que durou até a morte da maestrina, em 1935.

Trata-se de uma mulher que impôs suas idéias, suas vontades, suas composições em um meio quase exclusivamente masculino. Entre os seus melhores amigos estavam homens influentes, que a ajudaram a conquistar espaço no meio musical – o que, naturalmente, em nada diminui seu enorme talento.

Posteriormente surgiram outras mulheres compositoras, é claro. Dolores Duran, Rosinha de Valença, Maysa, Jovelina Pérola Negra – que, como Dona Ivone, foi baiana do Império Serrano. Isso sem falar nas contemporâneas: Fátima Guedes, Joyce, Rita Lee, Angela Ro Ro, Adriana Calcanhotto, Marisa Monte e tantas outras. No universo do samba, algumas fazem bastante sucesso, atualmente. É o caso de Teresa Cristina, Telma Tavares, Ana Costa, Mart'nália e Nilze Carvalho, entre outras.

Mas até Yvonne da Silva Lara, nascida em Botafogo no dia 13 abril de 1921, tornar-se Dona Ivone Lara, um longo trajeto foi percorrido. Filha de Emerentina, uma cantora, e José, um violonista de sete cordas, que se conheceram quando se apresentavam juntos em um tradicional rancho da cidade, a menina não teve uma infância financeiramente tranqüila – especialmente após a morte do pai, quando ela tinha apenas quatro anos de idade. A partir de então, a ajuda da tia materna, Maria de Souza, passou a ser fundamental para a família.

São poucas as lembranças que Dona Ivone guarda dessa fase. Os relatos que ouviu, no entanto, referem-se à percepção de uma iminente desconstrução da família. Tal situação, no entanto, prolongou-se por pouco tempo. Alguns anos depois de ficar viúva, dona Emerentina casaria-se novamente, com Venino José da Silva.

Foi ele quem ajudou a cantora a criar a menina. Juntos, decidiram matriculá-la, aos dez anos de idade, no Colégio Municipal Orsina da Fonseca, um internato público, mantido pela prefeitura, bastante conhecido na cidade pelo rigor e pelos bons ensinamentos que transmitia às internas. Lá trabalhavam inspetoras famosas pela severidade, e também professoras com uma formação educacional de qualidade, admiradas, inclusive, pelas classes mais abastadas da cidade. No Orsina da Fonseca, Yvonne estudou até atingir a maioridade.

Durante o processo de escolarização, portanto, Yvonne não teve contato somente com meninas de sua classe social. No colégio, exclusivo para meninas, onde estudavam cerca de 300 moças, a jovem lidava com hábitos e costumes de classes sociais diferentes. Ao voltar para casa, deparava-se com a realidade das casas pobres do subúrbio do Rio de Janeiro. Yvonne convivia com negros e brancos, com pessoas de formação escolar alta e gente sem qualquer estudo.

A rotina da jovem era acompanhada de perto pelas professoras e diretoras do estabelecimento de ensino, a quem ela chamava "orientadoras educacionais". Apesar da pouca idade, todas as estudantes eram responsáveis por uma série de tarefas, mas nada disso era motivo de reclamação para Yvonne, muito pelo contrário. Ela classifica o lugar como uma espécie de "escola da moralidade", nos termos de Durkheim.[9]

> Tínhamos nossas obrigações e sabíamos que era importante cumprir com elas. No colégio interno o ambiente era muito bom. Passávamos o dia com as inspetoras, que sempre davam muitos bons conselhos, tomavam conta da gente. Aprendi a jogar vôlei, a cantar...

No Orsina da Fonseca havia aulas em período integral, além de atividades esportivas e culturais como disciplinas extracurriculares. Eram ferramentas capazes de promover ascensão social e reconhecimento àquelas que se destacassem.

Na referida instituição, que mantinha um orfeão, conferia-se à música um destaque ainda maior do que à atividade esportiva. As meninas selecionadas para integrar o coral recebiam não apenas o reconhecimento das demais, por serem consideradas as donas das vozes mais afinadas, mas a possibilidade de reafirmar sua condição, seu status, a todo o tempo – pois o conjunto se apresentava com certa freqüência no colégio, em festas e eventos na cidade. Yvonne tinha uma das melhores vozes do orfeão e confessa que seu maior orgulho era ser aluna de dona Lucília Villa-Lobos, esposa do maestro.

> Em casa, a gente sempre ouviu muito rádio e eu me lembro bem de canções de Noel Rosa e outros compositores da época. Mas acho que o gosto pela música, de verdade, começou ali mesmo, no colégio interno. Eis o motivo: tínhamos aulas e, apesar de só cantarmos hinos cívicos, aquilo mexia com a gente.

"Mexia" não apenas emocionalmente, como explica Yvonne, mas também devido ao fato de impor extrema dedicação às alunas. Para garantir o respeito das demais colegas, da professora e, é claro, para sentir-se realizada no dia-a-dia de estudante, a jovem não podia abrir mão de seu lugar no orfeão. Passava o dia pensando em música, até mesmo nos momentos de descanso, quando deixava o colégio para estar com a família, nos finais de semana. Tal imersão no meio musical deu-se de forma tão intensa que a menina foi, aos poucos, criando suas próprias melodias. "Tiê-tiê", a primeira música, foi composta quando ela tinha apenas 12 anos de idade e até hoje integra o repertório da artista.

Mas o que teria levado a menina a compor um samba, se tudo o que ela havia aprendido até então em teoria musical aplicava-se ao universo erudito? Para Yvonne, a explicação deve ser buscada em seu meio familiar: "O samba estava muito presente na minha vida desde cedo, na casa dos meus tios, dos meus pais, e não era uma coisa malvista por eles, pelo contrário. Era apreciado, respeitado, e até incentivado."

Quando tenta entender o que teria feito o samba passar de ritmo maldito a orgulho nacional, Hermano Vianna defende que não seria possível apontar um único fator como responsável por tal transformação. Menciona a comoção provocada pela obra de Gilberto Freyre, *Casa-grande & senzala*, lançada em 1933, e também a descoberta da importância do fenômeno da mestiçagem pelo autor. Vianna cita, ainda, a chamada "tendência para a sinceridade, que fez o brasileiro ser sincero num ponto de reconhecer-se penetrado pela influência negra".[10]

A narrativa de Vianna está inteiramente centrada no período que abrange a infância e a adolescência de Yvonne. Decerto, ela vivenciou o momento em que o samba era visto como caso de polícia, mas seria importante atentar para o fato de que, quando começou a compor suas próprias melodias, o ritmo já não causava vergonha, mas orgulho.

Trata-se de uma espécie de diálogo que o samba promove entre a cultura popular (*popular culture*) e a alta cultura (*high culture*), nos termos de Herbert J. Gans. Quando define esses dois tipos de cultura – tendo em mente as classes sociais mais diretamente relacionadas a cada uma dessas manifestações artísticas –, o próprio Gans, citando Dwight MacDonald, reconhece tratar-se de uma via de mão dupla. Em certas situações, uma produção de alta cultura pode ser popular, e vice-versa, sendo portanto justificável o uso do termo cultura de massas (*mass culture*). O autor prefere, então, falar em cultura de gosto (*taste culture*), aquela que "resulta da escolha, que está ligada a valores e produtos sobre os quais as pessoas têm escolha".[11] Yvonne é uma mediadora, no sentido empregado por Gilberto Velho. É um indivíduo complexo, integrante de uma sociedade diferenciada,[12] na qual há múltiplos grupos, com diferentes níveis de realidade, estilos de vida específicos e códigos particulares. A mediação se dá na medida em que a compositora interpreta esses distintos códigos e os traduz para outros domínios, levando sua vivência aos diferentes mundos dos quais participa.

Pouco mais de dois anos após a ida de Yvonne para o colégio interno, ela sofreu a segunda drástica ruptura em sua vida, da qual se lembra bastante bem: a morte precoce da mãe, que tinha apenas 33 anos e sofria de hipertensão arterial. Quando recebeu a notícia, sentiu o peso de ter apenas 12 anos, ser negra e órfã de pai e mãe.

> Isso cobrava de mim mais do que as garotas dessa idade costumam ser capazes de oferecer. Fiquei emancipada, por minha conta, mesmo. Eu que resolvia tudo, me guiava. Vou dizer uma coisa: foi muito bom, porque me fez ser como sou hoje. Tudo o que fiz, a partir daí, foi por decisão própria. Eu que resolvi o meu caso como quis.

Tudo veio da minha cabeça, sem ninguém me guiar. Lembranças tristes, às vezes vêm, mas sou guerreira. Só não fui aquilo que não quis ser. O que usufruí e usufruo até a data presente é porque eu quis e fiz por onde.

O discurso do "fiz porque quis" esteve presente em todas as conversas com Yvonne. Em diferentes momentos, ela afirmou ter tomado decisões individuais e independentes, dissonantes da sociedade e da época em que vivia, mas sempre segura de que aquilo a levaria a algum lugar. Trata-se de uma conduta claramente orientada no sentido de se atingir um objetivo específico, um projeto, nos termos de Schutz.[13]

O conceito de Henri Bérgson de "*attention à la vie*", está intimamente ligado a essa idéia de que há subuniversos integrados por cada um de nós e demandando atenções específicas, num movimento de fluxo contínuo, porém dinâmico.[14] Nesse sentido, é simples perceber o que Alfred Schutz chamou de "motivos a fim de", aqueles comportamentos escolhidos pelo indivíduo, após uma interpretação própria da realidade, com o intuito de alcançar um objetivo futuro, um projeto ainda não realizado.

Valeria a pena refletirmos, então, sobre o significado de ser uma menina, negra e órfã, na década de 1930 no Brasil. Em *Formação do Brasil contemporâneo*, Caio Prado Júnior delineou o hiato existente entre masculino e feminino quando o país ainda era uma colônia portuguesa, mostrando como permitia-se aos homens manter relações com escravas ou com qualquer outra mulher, fora do casamento.[15] Quanto às mulheres, aquelas que "tirassem a sorte grande" e conseguissem se casar só o fariam mediante o cumprimento de algumas condições. A mais importante delas: ter um bom dote para oferecer ao marido. Tratava-se, portanto, de uma situação de completa opressão social, tanto para as mulheres mais pobres – a quem, muitas vezes restava unicamente a condição de concubina – quanto para as casadas e ricas.

Em *Sobrados e mucambos*, Gilberto Freyre confirma essa tese, ressaltando que na sociedade patriarcal agrária, a diferenciação entre feminino e masculino era extremamente marcada. Havia um duplo padrão de moralidade, segundo o qual o homem era livre e a mulher, um instrumento de satisfação sexual. Cabiam – e limitavam-se – a ela, as tarefas do lar. As esposas, brancas, pertencentes às elites, deveriam ser delicadas, em oposição ao sexo masculino, forte e dominador. Os homens, por outro lado, estavam livres para usufruir de toda a diversão e do convívio social que mais lhes aprouvesse.

Yvonne, uma mulher negra, tem, como tal, antepassados que se relacionavam de maneira subordinada à família patriarcal analisada por Freyre. Esse autor nos relata que "a escassez de mulheres brancas criou zonas de confraternização entre vencedores e vencidos, entre senhores e escravos. Sem deixarem de ser relações – as dos brancos com as mulheres de cor – de 'superiores' com 'inferiores' e, no maior número de casos, de senhores desabusados e sádicos com escravas passivas".[16] A situação de opressão certamente aproximou o modo de vida europeu do ameríndio, como conclui Freyre, mas o fez de maneira a conduzir a uma relação entre oprimido (negro) e opressor (branco).

Na mesma obra, o autor conclui – a respeito da presença dos negros na formação da cultura brasileira – que "os escravos vindos das áreas de cultura negra mais adiantada foram um elemento ativo, criador, e quase que se pode acrescentar, nobre na colonização do Brasil; degradados apenas pela sua condição de escravos. Longe de terem sido apenas animais de tração e operários de enxada, a serviço da agricultura, desempenharam uma função civilizadora."[17]

Yvonne tinha como exemplo o caso de uma das professoras do colégio Orsina da Fonseca, Zaíra de Oliveira, esposa do compositor Donga. Zaíra venceu, em 1921, o concurso da Escola de Música – o mais importante da época – mas não pôde receber o prêmio, segundo relatos, por causa da cor de sua pele.[18] No caso de Yvonne, há, por um lado, a percepção de que o fato de ser negra pesou em seu tardio reconhecimento como artista, mas por outro a crença de que sua origem social e étnica proporcionou um importante legado à sua família e a seu núcleo de sociabilidade imediato.

Quando deixou o internato, a compositora foi morar com a tia, Maria, e os irmãos. Sendo assim, as despesas da casa – que já eram excessivamente altas para a minguada receita da família – cresceram ainda mais. O tio, então, chamou Yvonne para conversar e propôs a ela que procurasse um trabalho.

> Eu não queria ser operária. Pensava em trabalhar, em fazer minha independência e onde quer que eu estivesse, ajudar meus tios, que eram muito pobres; mas não queria que fosse assim. Até que um dia, eu li no jornal que estava abrindo concurso para a Escola de Enfermagem Alfredo Pinto. O curso de enfermagem era o único de graça, então escolhi esse mesmo. Não tive muita opção.

Na época, aqueles que passassem nas primeiras colocações no concurso tinham direito a uma bolsa de estudos, no valor de 60 mil réis. "Eu dava tudo o que recebia para a minha tia, que comprava meus sapatos e cobria as despesas da casa." Foram quatro anos de estudo, no total.

Entretanto, na época, seguir a carreira de enfermagem significava muito mais do que a única opção, por ser um curso gratuito. Era uma possibilidade concreta de crescimento econômico e social, de conquistar um emprego seguro, estável – e, sem dúvida, mais rentável do que o da maior parte dos familiares e amigos, que sempre tiveram parcos recursos financeiros. Remetendo à análise de Florestan Fernandes sobre a integração do negro à sociedade de classes, não devemos nos esquecer de que, se o fim da escravidão trouxe a possibilidade de ascensão social aos negros, o fez de maneira extremamente morosa, e a sociedade em que Yvonne vivia ainda ressentia-se desse fato.[19]

Ao sair formada da Escola de Enfermagem, em 1943, a jovem foi trabalhar no bloco médico-cirúrgico da Colônia Juliano Moreira. Na ocasião, passara a morar com outro irmão de sua mãe, o tio Dionísio, que era funcionário público e trabalhava como motorista de ambulâncias da rede pública de saúde. Nas horas vagas, estudava música. Segundo Yvonne, Dionísio era exímio tocador de violão de sete cordas, compunha choros e não abria mão de receber em casa amigos do meio musical. "Lembro de conhecer bem Pixinguinha, Jacob do Bandolim, esses músicos daquela época. Iam todos na casa do tio Dionísio para as rodas de choro. Cada um mostrava suas composições e nós ficávamos ouvindo. Eu prestava muita atenção, não perdia um detalhe dos arranjos, de nada."

Naquela época, Yvonne já compunha as próprias canções, mas só as mostrava a pessoas muito próximas. Não vislumbrava na atividade um futuro promissor. Ela tinha, sim, o projeto de tornar-se compositora, mas também desejava estabelecer-se como assalariada formal, com carteira assinada, garantindo para si a estabilidade financeira que poucos de seus familiares e amigos músicos viriam a ter. "Apesar de amar a música e pensar nela o tempo todo, tinha minhas responsabilidades e nunca faltava com elas", afirma. Yvonne encarava a composição como uma atividade qualquer, mas não como uma "responsabilidade", no sentido mais estrito da palavra. Costumava tirar férias no carnaval, para desfilar e ajudar o Império Serrano nos preparativos da festa; mas nada além disso.

Nessa fase de sua vida, o grau de adesão, o compromisso de Yvonne com a enfermagem é certamente bem maior do que com o samba. Tomando Hughes como referência, e pensando nesse compromisso (*commitment*) como o "processo através do qual diversos tipos de interesse se tornam ligados à preservação de determinadas linhas de conduta que lhes parecem ser formalmente afastadas" ou Becker, para quem são "mecanismos específicos que provocam constrangimentos ao comportamento do ator social",[20] nota-se que Yvonne possuía uma série de motivações para dar preferência à carreira de enfermeira, motivações essas que não se limitavam exclusivamente à desejada estabilidade financeira. Em seus relatos sobre esse momento particular de sua vida, ela aparece como um indivíduo "comprometido" com a opinião alheia e, sobretudo, com as regras do núcleo familiar em que estava inserida: trabalhar duro, ganhar dinheiro, ter segurança e fugir da chamada "malandragem".

Em *Outsiders*, Becker ressalta que, assim como aqueles que seguem as chamadas "carreiras convencionais" – como médicos ou enfermeiras –, os músicos também têm suas posições influenciadas pelo sistema de recompensas e retribuições, pela opinião de amigos e parentes com quem convivem, pela vizinhança, enfim, por esferas que constituem grupos de influência.

No caso de Yvonne, além de uma prima enfermeira, também exercia grande influência sobre ela o tio Dionísio. O motorista de ambulância tinha um grande mérito, segundo Yvonne: "botava arroz e feijão na mesa, trabalhava muito e ainda fazia música nas horas vagas." Essas ações, apesar de denotarem grande sacrifício, eram bastante admiradas pela jovem. Formava-se, assim, o principal grupo de referência para a menina, naquela época. A tia Maria, que a criou após a morte da mãe, também não estimulava a carreira de compositora. "Ela achava que isso naturalmente fosse me prejudicar. Antigamente o samba não era bem-visto, sabe? Principalmente por mulher. Mulher não podia fazer. Minha tia achava que eu, fazendo um curso de faculdade, não devia me meter nesses lugares", conclui.

Yvonne, em seguida, matriculou-se em um curso para tornar-se assistente social e, assim que concluiu os estudos, em 1947, foi contratada como funcionária do Instituto de Psiquiatria do Engenho de Dentro, onde permaneceu até aposentar-se, em 1977.

> A dra. Nise da Silveira era minha supervisora no serviço social. Minha função estava ligada a isto: eu fazia relatórios, falando do comportamento do doente em casa, com os parentes. Eram todos observados. Aprendi muito sobre as pessoas, com ela e com esse trabalho. Dra. Nise tinha uma sala grande e dizia que também precisava de gente para programar o que chamava de "dia para os doentes". Nesses dias especiais, a gente organizava alguns internos que queriam se apresentar, dançar, cantar, e eram essas as atividades

mais estimuladas pelo método da dra. Nise, que começava a ser posto em prática.

Nesse meio tempo, Yvonne continuava a dedicar-se ao carnaval. Desfilava na escola da comunidade onde vivia, a Prazer da Serrinha, e costumava freqüentar a casa de seu Alfredo Costa, presidente da agremiação. Aos 25 anos ela entraria, de fato, para a família, ao casar-se com Oscar. O eleito era filho de seu Alfredo e dona Iaiá. Na época, Yvonne ainda não se atrevia a mostrar suas composições. "Imagine: uma mulher fazendo samba! Tinha muito preconceito, sim, era muito difícil." Encontrava-se, então, em uma situação um tanto delicada: não podia tornar públicos os seus sambas, sob pena de ser rechaçada, de antemão, pelo simples fato de ser mulher. No entanto, desejava que suas músicas fossem ouvidas, ansiando pela opinião dos especialistas. Temia mostrar os sambas, mas queria que fossem apreciados.

Neste ponto, vale a pena retomar, uma vez mais, a noção de Schutz de projeto, de sujeito consciente. Yvonne, como indivíduo que utiliza seus recursos com um objetivo definido, propõe ao primo, Mestre Fuleiro, que apresente as canções que compunha como se fossem de autoria dele. Foi o que este passou a fazer sempre que a prima chegava com alguma novidade. "Era um sucesso. Ele tocava e todo mundo gostava, elogiava, perguntava de onde ele tinha tirado a idéia. Eu ficava de perto, vendo aquilo, ouvindo o que diziam, e pensando que era tudo meu. Mas não dava raiva o preconceito, não. Dava era orgulho de ver que o povo gostava."

Yvonne submetia-se, respeitando aquilo que acreditava serem "os limites naturais" para uma mulher negra. Não tinha coragem (ou "despeito", como ela prefere dizer) de impor suas canções. Coube a ela, no entanto, a decisão quanto a como, quando e por que mostrar seus sambas. Também foi sua a opção de seguir a carreira de enfermeira e deixar de lado as composições durante boa parte da vida adulta. Trata-se de um sujeito ativo, ator em sua biografia, mas também de um sujeito condicionado a operar escolhas. Para Yvonne, simplesmente não se colocava a possibilidade de esperar que a vida calmamente se encarregasse de "fazer as coisas acontecerem".

A Prazer da Serrinha deixou de existir e, em 1947, nascia o Grêmio Recreativo Escola de Samba Império Serrano, para onde migraram muitos foliões da antiga agremiação. Com o aval de ser nora de seu Alfredo e, principalmente, prima de Mestre Fuleiro – na época já reconhecido –, Yvonne foi, aos poucos, apresentando suas canções e ganhando espaço entre os compositores da agremiação. No final da década de 1940, quando as alas dos compositores de todas as escolas de samba ainda eram exclusivamente masculinas, ela tornou-se a primeira mulher a integrar – com o mesmo poder decisório dos homens – uma ala de compositores de sambas-enredo, a da verde-e-branco de Madureira.

Em 1965, Yvonne entrou para a história da música brasileira como a primeira mulher a compor um samba-enredo oficial. Em parceria com Silas de Oliveira e Bacalhau, assinou a autoria de "Cinco bailes da história do Rio". "Tomei parte nesse samba mais com a melodia, mesmo. Sobre a letra, tem o seguinte: a gente tem que seguir uma sinopse para fazer samba-enredo e nunca gostei muito disso, não. A melodia é que 'são elas'. Tem que botar uma melodia bonita, que todo mundo goste, sinta, se inspire com ela", valoriza.

Sobre esse episódio, Dona Ivone conta que Fábio Mello – na época, um dos diretores da ala dos compositores do Império Serrano – "dizia que o Império tinha nascido lançando novidades e que gostava muito de continuar trazendo coisas novas a cada carnaval. Todo ano, ele queria lançar uma coisa nova. Aquele ano, se virou para mim e disse: você vai ser a novidade. Vamos colocar uma mulher mesmo, assinando o samba ao lado dos homens." Além do vice-campeonato, a boa idéia rendeu grande repercussão à agremiação, a mais comentada no carnaval daquele ano.

No final da década de 1960, Yvonne Lara fez alguns shows históricos, com platéias repletas de figuras importantes do meio musical, entre artistas e jornalistas, muitos dos chamados "formadores de opinião". As apresentações mais importantes foram nas rodas de samba do teatro Opinião e na boate Monsieur Punjol, em Ipanema. Depois de mais de três décadas integrando a ala dos compositores do Império Serrano, Yvonne passava, a partir de então, a ser admirada também fora da comunidade do samba, durante todo o ano, e não somente durante o carnaval. "Foi aí que as pessoas começaram a me conhecer mesmo, para além de Madureira e das escolas de samba. Tinha gente de todo tipo assistindo, gente rica, pobre, jornalistas", lembra a compositora.

Em 1970, o empresário Oswaldo Sargentelli e o produtor Adelzon Alves resolveram fazer um LP reunindo os grandes nomes da música que se apresentavam na casa de shows Sambão 70. Com Clementina de Jesus e Roberto Ribeiro, Yvonne gravou seu primeiro álbum, *Sambão 70*, lançado pela gravadora Copacabana.

"O disco ficou muito bom", lembra Yvonne:

> ... mas quando ouvimos ele pronto, o Sargentelli e o Adelzon me chamaram e disseram: "Dona Ivone. De hoje em diante, o seu nome artístico é Dona Ivone Lara". Assim mesmo, sem explicar bem o porquê. Acho que só por respeito, porque gostaram do meu trabalho, mesmo. Até achei ruim. Disse: "Dona? Pra quê, Dona? Não quero isso, não; sou nova, ainda! Não tenho nem 50 anos, imaginem!", mas eles insistiram e ficou assim mesmo. E ainda resolveram mudar a grafia para ficar mais fácil para o público, entende? Foi um sucesso. A música de trabalho era "Serra dos meus sonhos dourados". Um sucesso mesmo, mas nunca cogitei querer saber se vendeu bem ou não. Isso, eu confesso que não sei.

Agora, já passando dos 80 anos de idade, Dona Ivone Lara considera-se detentora de uma sólida carreira de compositora. Aplaudida em grandes festivais internacionais, conhecida por um público variado e regularmente lançando novos discos – além de se apresentar quase semanalmente em grandes casas de espetáculo –, ela continua a nos surpreender.

Deixando de lado a árdua trajetória, repleta de desafios que a levaram a tornar-se uma grande diva do samba, considerada uma das maiores melodistas do país, Dona Ivone considera os cuidados com a estética um dos motivos de seu sucesso. Fã das cantoras da Rádio Nacional, ela defende que a preocupação com a beleza pode trazer bons resultados para a carreira de artista. Daí os longos vestidos de lantejoulas, a maquiagem carregada e a preocupação em se manter bela, em qualquer idade.

Em seu estudo sobre a Bossa Nova e a Tropicália, Santuza Cambraia Naves menciona essa tentativa de distinção, de afastamento das pessoas comuns, da platéia, como algo recorrente nos artistas das décadas de 1940 e 1950:

> Com relação à sua apresentação, era comum o cantor construir uma *persona* exuberante, recorrendo a trajes reluzentes e a uma postura teatral. O palco – principalmente o da Rádio Nacional, onde se afirmaram grandes talentos – era um espaço em que a figura do intérprete era mitificada, o que criava uma enorme distância entre o artista e o espectador.[21]

Aos 84 anos, Dona Ivone Lara não pensa em se aposentar. A relação com o palco é bem mais do que uma profissão, do que mera necessidade financeira. Ser diva, ser artista, exige dela a manutenção da forma física, da beleza, da vaidade. É no samba que ela se sente prolongando a juventude, participando da vida social exatamente como há décadas atrás.

Continuar cantando e se apresentando em exaustivas turnês pelo Brasil e pelo exterior significa para Dona Ivone – muito mais do que cansaço – a própria reafirmação da vida. Ela criou para si um pedestal a partir do qual se vê diferente dos demais, em uma posição de status finalmente alcançada, após tantos anos de estratégias e muito trabalho. Sua transformação de dona-de-casa em diva implica uma proximidade com a beleza – uso de roupas, cabelo e maquiagem especiais para a ocasião –, com a juventude – marcada em sua voz firme – e a capacidade de exibir seu corpo em passos de samba, presentes desde sua mais tenra infância e nas mais recentes apresentações.

Notas

1. Ver F. Barth, *O guru, o iniciador e outras variações antropológicas.*
2. Ver C. Geertz, *A interpretação das culturas.*
3. Uma das figuras mais populares do samba é a das "tias". A pioneira, Tia Ciata, era uma doceira baiana que costumava abrir a casa para reuniões de músicos, no começo do século XX. Foi em sua casa, dizem, que o samba foi criado. O primeiro deles, "Pelo telefone", seria um partido, tocado e repetido nas festas. Até hoje, as escolas de samba prestam homenagem a Tia Ciata com a Ala das Baianas, obrigatória em todos os desfiles. O posto de "tia" é, atualmente, ocupado por senhoras de idade, com muitos anos de agremiação e certa influência, mas não necessariamente com grande autoridade no meio do samba. Ter o "título" confere respeito à mulher – especialmente devido aos anos de dedicação à escola – mas não poder decisório. As "tias" costumam ser representantes da velha guarda.
4. Hermano Vianna nos lembra, ainda, que tal perseguição poderia abarcar inclusive a esfera legal, pois, nas primeiras décadas após o seu aparecimento, o ato de sambar poderia acarretar imputação penal, sendo considerado um ato de "perturbação da ordem pública", muitas vezes punido com a prisão do praticante.
5. Ver H. Vianna, op.cit.
6. A avó de Dona Ivone já nasceu após a lei do Ventre Livre, que determinava que todos os bebês nascidos filhos de escravos depois de sua promulgação estavam livres da obrigação de servir a seus senhores.
7. Tais conceitos perpassam toda a obra de Georg Simmel. Em *Subjective Culture*, ele torna clara a existência de um indivíduo constantemente *em relação*, tratando-o como uma categoria básica, como um construtor, mais do que um resultado da vida social. O indivíduo está presente desde o início, não como ser isolado, mas como integrante de grupos, como um sujeito humano sempre em diálogo com outros indivíduos. Se por um lado temos essa interação, também faz-se evidente a descontinuidade entre sujeito e objeto, numa relação com o exterior que jamais se esgota. Simmel concebe a arte como uma manifestação altruísta, já que, quando cria e torna pública sua obra, o artista faz com que sua individualidade seja apreendida por outros. Cf. G. Simmel, *On Individuality and Social Forms.*

   Idéia complementar está presente no artigo de Gilberto Velho "Autoria e criação artística". O antropólogo afirma que "a noção de autoria tem sido objeto de múltiplas reflexões e especulações. Certamente, está associada à percepção e à análise do desenvolvimento de valores individualistas". Cf. G. Velho, "Autoria e criação artística", p.135.

8. Para mais informações sobre a vida e a obra de Chiquinha Gonzaga, ver S. Schumaher, *Dicionário de mulheres do Brasil* e E. Diniz, *Chiquinha Gonzaga.*
9. Tendo o social como ponto de partida e a perspectiva de que as regras do grupo, da sociedade, precedem a vida do indivíduo, Durkheim define a educação como "a ação exercida pelas gerações adultas sobre as gerações que não se encontram ainda preparadas para a vida social; tem por objeto suscitar e desenvolver, na criança, certo número de estados físicos, intelectuais e morais, reclamados pela sociedade política, no seu conjunto, e pelo meio especial a que a criança, particularmente, se destine" ("A educação como processo socializador", in L. Pereira e M. Mencarini Foracchi (orgs.), *Educação e sociedade*, p.7-8). Vale ressaltar, ainda, a noção de que a sociedade não é apenas a soma de indivíduos, existindo por intermédio de sua associação (cf. E. Durkheim, *L'Éducation morale*).
10. Ver H. Vianna, op.cit., p.28.
11. H. Gans, *Popular Culture and High Culture*, p.22.
12. Nos termos de Gilberto Velho, uma das principais características das sociedades complexas é a "coexistência de diferentes estilos de vida e visões de mundo". Cf. G. Velho, *Projeto e metamorfose*, p.27.
13. Ver A. Schutz, *Fenomenologia e relações sociais.*
14. Ver H. Bergson, *La energia espiritual.*
15. Ver C. Prado Junior, *Formação do Brasil contemporâneo.*
16. G. Freyre, *Casa-grande & senzala*, p.33.
17. Ibid., p.390.
18. Ver J. Efegê, *Amneo Resedá: o rancho que foi escola.*
19. Para uma discussão mais ampla sobre a inserção e a posição do negro na sociedade brasileira, ver F. Fernandes, *A integração do negro na sociedade de classes.*
20. E. Hughes, *The Sociological Eye*, p.27; H. Becker, *Art Worlds*, p.273.
21. S. Naves, *Objeto não identificado*, p.11.

Buraco da Lacraia: interação entre raça, classe e gênero[1]

María Elvira Díaz Benítez

Em 1987, na Cinelândia, inaugurou-se uma das boates gay mais conhecidas do Rio de Janeiro. A antigamente chamada Arezzos Bar foi convertendo-se em um lugar de encontro gay devido, em parte, à sua localização em um lugar da cidade que já nos anos 1980 integrava o circuito carioca de socialização de homens que exerciam práticas homossexuais.

A praça Mahatma Gandhi, lembram vários de meus entrevistados, era um ponto crucial de cruzamentos de olhares, gestos, mudanças de lugar, contatos verbais e todas aquelas manifestações que organizam a dinâmica da prostituição de rua. Esse ritual de interação ou paquera no estilo *trottoir*[2] acompanhava simultaneamente outro tipo de flertes entre homens sem que houvesse "michetagem" de permeio. Por sua vez, o Passeio Público era um espaço no qual a interação entre homens ia além do jogo de olhares, chegando à "sarração", "chupação" e "transa".[3]

Apesar de sua localização na rua Álvaro Alvim e de sua proximidade com os lugares recém-mencionados, um dos motivos principais de o Arezzos Bar começar a ser freqüentado por homens homossexuais deveu-se às características físicas do lugar, que lhe outorgaram também o apelido de

"Buraco da Lacraia". O local funcionava em uma inacabada plataforma subterrânea que pretendia ser um dos pontos de acesso do metrô da Cinelândia. Por tal motivo os próprios clientes começaram a chamar o lugar de "buraco".

O ambiente escuro, subterrâneo, sem avisos publicitários, escondido e até clandestino, fez com que o bar ganhasse esses primeiros reflexos de território gay. Os clientes procuravam discrição e anonimato em uma época na qual a estigmatização da homossexualidade ganhou novas nuanças devido à explosão da aids e à crença de que esta era uma doença exclusiva dos homens com práticas homoeróticas. Adão Arezzos, o dono, lembra a conversa que teve com seu primeiro e assíduo cliente:

> — Adão, você quer ganhar dinheiro?
> — Claro!
> — Então deixe entrar a nossa gente!
> — E como eu faço?
> — É fácil, eu trago um amigo que traz outro e outro.
> — Sim, eu sei, mas como é que eu lido com vocês?
> — Nós não somos diferentes de ninguém. Como você gosta de ser tratado quando sai? Bem? Pois a gente também, não tem diferença. Só há duas coisas que você não pode deixar acontecer na sua casa: como todo segmento da sociedade, nós, os gays, também temos os podres, você não deixa os podres usarem droga nem fazerem baixaria.

Com "baixaria" referia-se ao ato de se fazer sexo no salão. Segundo vários de meus entrevistados, o *dark room* – que atualmente é comum em grande parte das boates gay de diversas cidades – naquela época era pouco freqüente. Quando Adão decidiu abrir para homens homossexuais, comprou um aparelho de som e contratou o DJ Mário, outro assíduo cliente e funcionário até hoje. A casa esteve na Cinelândia até 1992. Então, recordam Hélio e Adão, a zona começou a converter-se em um alvo da delinqüência e os homens homossexuais eram vítimas freqüentes de assaltos e agressões físicas e verbais. Ao chegar ao Bairro de Fátima, o estabelecimento deixou de chamar-se Arezzos Bar e passou a ser Star's Clube, nome que tem na atualidade. Não obstante, o pseudônimo Buraco da Lacraia continua sendo o preferido dos clientes.

O interesse da etnografia do Buraco da Lacraia

Quando quis me aprofundar no universo gay carioca noturno deparei-me com uma imagem comum a muitas pessoas: o Buraco da Lacraia é uma boate de negros. Li, então, no livro *Abaixo do Equador,* de Richard Parker:

> ... Os donos do Star's Clube tinham uma boate conhecida como Buraco, no meio da Cinelândia, mas ela foi fechada e eles a transferiram para uma rua próxima da Riachuelo, na subida de uma das ruas que dão acesso a Santa Teresa, chamada André Cavalcanti, onde há uma mistura muito louca de clube gay com restaurante afro-brasileiro, que é freqüentado por uma grande quantidade de negros que vêm das favelas vizinhas.[4]

Em minha dissertação de mestrado estava interessada em indagar sobre a experiência da homossexualidade de homens negros e associar tais experiências a condições de classe social de camadas populares. Percorrendo grande parte das boates de sociabilidade homossexual da cidade, comecei a perceber que quanto menos elitizado fosse o local, mais clientes negros possuía; hipótese que parecia cumprir-se nesse lugar. Em um primeiro momento escolhi o Buraco pela afluência maciça de jovens negros que provinham majoritariamente do centro e subúrbio carioca e da Baixada Fluminense, mas, paulatinamente, fui percebendo que muito do que era dito sobre o Buraco dependia da posição social do narrador. O local me pareceu também um cenário de interação de pessoas diversas quanto à cor de pele, segundo motivo de minha escolha. Da mesma maneira, embora a maioria dos clientes tenha entre 20 e 40 anos, há também os que se aproximam dos 50. Por outro lado, apesar da fama da casa, não é completamente certo que o Buraco seja uma boate exclusiva de "gente pobre", visto que é freqüentada por pessoas de classe média e média-alta. É notório também que os clientes do Buraco "fazem gênero" de diferentes maneiras a partir do uso de seus corpos. Másculos (em maioria) e afeminados convivem no local, mas entre estes diversas performances e discursividades criam outras posições de sujeito.[5] Vale a pena acentuar que na boate as mulheres lésbicas são minoria e os travestis são uma raridade. Notei ademais que muitos dos clientes têm o Buraco como o seu único e/ou preferido lugar de recreação noturna e que aí foram geradas redes de amigos e conhecidos ao longo dos anos.

Em 2004, a boate ganhou visibilidade na mídia devido aos shows de cantoras como Gretchen, Rosana, Maria Alcina, Claudia Telles, Lady Zú e Rita Cadillac. O show desta última artista, no dia 1º de outubro de 2004, foi coberto pelo jornal *O Globo* e, em 16 de julho do mesmo ano, o jornal *O Dia* dedicou uma página inteira à boate em sua seção intitulada "Cultura, diversão e estilo de vida". Segundo a matéria, o Buraco era um dos lugares prediletos de personagens do setor artístico brasileiro: Cláudia Abreu, Marisa Monte, Maria Padilha, Marco Nanini e Luiz Fernando Guimarães, por exemplo. A reportagem colocou em relevo dois aspectos da boate. De um lado, explicitou uma imagem bastante generalizada entre os entendidos e conhecedores do circuito gay noturno: o lugar é "trash" e "brega". Por outro, enfatizou que aí nem as celebridades da Globo "ficavam muito tempo no salto", querendo dizer com esta expressão que mesmo indivíduos com uma posição econômica e social elevada integravam-se com o "povão" em uma dinâmica de entendimentos igualitários.

A repórter Clarissa Monteagudo soube resumir dois fatores muito presentes no discurso de não poucos clientes da boate, seu dono e seus funcionários: "aqui todos somos família" e "aqui ninguém é mais do que ninguém". Vários dos clientes constroem esse território em contraposição a espaços que vêem como elitizados. A boate Le Boy apareceu na maioria das narrativas como um lugar despersonalizado e antagônico em todos os sentidos da palavra. Entretanto, esse discurso que advoga pela "eqüidade", questão que é evidente em muitos aspectos, não faz de todo justiça às dinâmicas de hierarquização que, embora tenham nesse caso essa boate como pano de fundo, fazem parte de uma realidade maior dos mundos homossexuais e da sociedade brasileira.

Este artigo pretende discutir o cotidiano do Buraco da Lacraia analisando a interação entre as pessoas sob os aspectos racial, econômico, etário, de gênero e capital cultural. Concentrei-me na boate em si, apontando para o fato de que a forma como ela está dividida em diferentes ambientes é capaz de gerar tipos diferentes de interação. A partir daí, procuro analisar como, em tais interações, operam hierarquias apoiadas em fatores de raça, gênero, estilo, aparência, classe e papéis sexuais.

O buraco é mais embaixo!

A rua André Cavalcanti, especialmente seu primeiro quarteirão, onde se une com a rua Riachuelo, possui um crescente movimento comercial, movimentação de pedestres e automóveis, vendedores de churrasquinho, milho, pamonha, caldo de mocotó e batidas. Por esses motivos, a André Cavalcanti tem uma aparência de bairro popular e parece ser uma extensão da Lapa, ambos os fatores influentes nos motivos pelos quais muitos dos clientes escolhem esta boate dentre as outras.

Por um lado, para muitos importa o fato de que o ambiente é redundante – em termos de Bateson[6] – para os seus contextos cotidianos; a aparência exterior da rua é simples, singela e desprovida de símbolos de riqueza ou superioridade econômica. Por outro lado, a rua é "ativa" e "fervente", como todos os arredores da Lapa, e isso é para eles uma garantia de diversão. A aparência interior da boate é simples (para alguns é de mau gosto), análoga à da rua na qual se encontra. Por isso é considerada trash, palavra que traduz "lixo, escória, refugo, rebotalho". Embora para alguns clientes o aspecto simples da boate seja justamente o atrativo, porque representa um ambiente "familiar" sem ostentações e idêntico aos espaços igualmente modestos pelos quais transitam; para outros, o trash se traduz no oposto aos gostos refinados e aos seus espaços cotidianos de socialização – é atraente justamente pelo desconhecido, porque faz a diferença, por ser "sujo" em termos nativos.

O trash que caracteriza o Buraco vai além de seu aspecto físico e do bairro no qual se encontra. Estende-se, por exemplo, aos shows que lá acontecem periodicamente e é, além disso, um nome que também serve para representar a sua clientela e que contém significantes de raça, classe e aparência. O trash é feio, é "sujo", e essa fealdade pode ser redundante para uns, exótica para outros. "Sujo", palavra muito utilizada na linguagem gay carioca, por sua vez, contém neste contexto significados que não necessariamente expressam o que se entende pela palavra se seguirmos o pensamento prático ou o sentido comum, isto é, não está denominando particularmente algo sem limpeza, imundo ou nojento. Dois testemunhos para se levar em conta, de duas pessoas diferentes:

> Há um mito de que você chega lá e sabe que só vai encontrar porteiros e mecânicos, que era o que me diziam antes de eu conhecer o lugar; aquela coisa de veado, que acha que vai encontrar só bofes, mas não no sentido positivo que isso possa assumir, mas apenas do bofe feio. É isso, as pessoas vão lá meio que buscando o povão, essa idéia de ir atrás do povão, de uma coisa meio exótica, uma coisa diferente, que não existe em outros lugares ... . A sujeira de que eu falo é essa coisa que na subcultura do gueto a gente usa para designar aquela coisa que é própria dos estratos sociais mais baixos. A gente fala: "Ah! Ela é muito suja!" Pode ser brega também, mas também tem essa coisa de classe ... . As pessoas imaginam que vão encontrar meio que o submundo do submundo, e isso passa pela cor mesmo; quem não conhece acha que o Buraco só tem negros completamente pauperizados, ou aquele cara gay pobre demais, uma coisa bem grosseira, inclusive.

> Eu tinha escutado que o Buraco da Lacraia era chamado de "navio negreiro"; eu não sei se muita gente chama desse jeito, mas eu escu-

> tei vários caras chamando-a assim. Eu não vou muito a boates, mas minha percepção é de que o Buraco está na moda porque agora os caras da Zona Sul estão de olho no suburbano. Agora até a Le Boy está enchendo do pessoal do subúrbio; aí a gente diz: "Se até aqui tem suburbano, então melhor é a gente ir até onde eles estão." Está na moda os suburbanos irem a Copacabana, a Ipanema. Você vê a Incontru's, é só suburbano, então, também está na moda o pessoal do sul [da Zona Sul] ir às boates do subúrbio.

Estes testemunhos nos permitem fazer várias leituras. A primeira e mais óbvia tem a ver com os padrões construídos historicamente como paradigmas hegemônicos em nossa sociedade. A partir deste ponto de vista, o Buraco é feio e trash porque tem gays que são negros e/ou pobres. Apesar de a heterossexualidade ter se construído como uma normatividade que se legitimou como modelo "correto" de acordo com a moral ocidental e que tem convertido as sexualidades alternativas em desvio, só o fato de ser gay não faz alusão ao feio e sujo se não estiver intersecionado com as características de cor negra e classe baixa. O negro e a "inferioridade" negra construíram-se a partir da criação do branco como modelo social e estético preponderante, e no emprego deste mesmo modelo – através de práticas de ação e ideologias sociais – na busca pela essencialização da "superioridade" branca.

Tendo em conta que por trás das palavras, dos símbolos e das imagens se escondem idéias, e que muitas das idéias ou crenças que delineiam as interações sociais estão apoiadas em prejuízos e estereótipos, o fato de que o Buraco da Lacraia tenha sido apelidado de "navio negreiro" é uma forma de fazer uma apologia direta à escravidão, a uma posição econômica e social e às idéias preconcebidas referentes às pessoas negras.

O detrimento do pobre também se lê claramente no uso dos substantivos "porteiros" e "mecânicos" e que, neste caso, funcionam melhor como adjetivos, sinônimos de "sujo", de "trash", inclusive de "suburbano", que aparece aqui como denotando qualidades e características.

Uma segunda leitura do testemunho nos mostra como tais protótipos exemplares do branco e do rico também fazem parte da forma como se pensa hegemonicamente o gay. Desde os anos 1960, com as lutas pela liberação gay, construiu-se uma imagem quase única do homem homossexual e uma normalização dos indivíduos a partir de um modelo de identificação com o gay; foram estabelecidos certos tipos de desigualdades e fomentadas hierarquizações muito explícitas. Desde o *boom* do que se chamou "identidade gay", apareceu o paradigma do gay como homem branco, liberal e de classe média, questão que torna invisível e nega que nem todos os indivíduos homossexuais possuem tais características, além de promover discriminações por procedência geográfica, cor de pele ou classe social, entre outras variáveis.[7]

Uma representação freqüente na mídia do homem homossexual exemplar é um reflexo do pensamento que guiou sua construção: ele é intelectualizado, branco, de classe média ou alta, geralmente sensível à arte, um grande consumidor, de gostos refinados, jovem e de boa aparência. O contrário desta imagem-modelo é personificado por um homem efeminado, não necessariamente jovem, com trejeitos que se aproximam do ridículo, cujas roupas ou delatam seu pouco capital econômico, ou são de mau gosto e com preocupações banais. Dessa forma, a "sujeira" do Buraco, como explica o meu entrevistado, é óbvia. A aparência, a cor, o estilo e o capital socioeconômico de grande parte de seus clientes transgridem os ideais e os paradigmas hegemônicos.[8]

A relação aparência/cor deve ser enfatizada. Embora os encontros inter-raciais aconteçam habitualmente, é de se ressaltar que, nos universos homossexuais cariocas que pesquisei (além do Buraco), os homens negros atuam como pontos de convergência de preconceitos em torno de sua aparência. Para se inserirem satisfatoriamente neles, especialmente em suas elites, os negros precisam se aproximar do padrão de beleza ideal, do seu estilo e classe. "O negro precisa ser muito mais bonito", escutei em várias ocasiões do trabalho de campo. Segundo Márcio e Bruno, dois de meus entrevistados, os negros precisam cumprir as características que descrevem em seus depoimentos:

> Negro bonito tem que ser mais claro, não pode ser aquele negro que no escuro você perde. Olhos claros, cabelos cortados, másculo mas não gordo, tem que ser musculoso, alto, bem vestido, se não está vestido com as roupas da atualidade vai ser excluído, sempre vão falar que você está cafona, que você está careta, vão perguntar qual é a marca de roupa que você usa. Tem que ter expressões mais afiladas, nariz menor, lábios mais delicados.

> Quanto mais escura for a pele, menos possibilidades de encontrar parceiro. ... Eu acho que as referências da cor, sim, influem na inserção das pessoas aí. Se você tem uma pele muito escura, tem que ter outras coisas para poder ser bem-aceito. ... Meus amigos, a maioria gosta de negro – quer dizer, "gosta"; é meio complicado. Daniel gosta de homens morenos, são pessoas negras, mas não negras-negras. Sempre chama eles de morenos para não dizer meu namorado é negro.

Estes depoimentos assinalam que, quando se fala de negro bonito, a referência feita é, principalmente, ao homem mulato, àquele cuja pele é cor de canela e cujas feições do rosto são mais "finas". Igualmente aparece o cabelo curto como uma condição para que a aceitação dos homens negros possa ser mais efetiva. É importante levar em conta que no Brasil a "boa aparência é capital simbólico e social e tem a ver diretamente com o fenótipo de uma pessoa. Neste caso, quanto mais distante da classificação do que seja negro, ou seja, quanto mais clara a cor da pele e mais liso o cabelo, mais próxima da boa aparência uma pessoa está."[9]

Pode-se fazer uma terceira leitura dos testemunhos. Quando se mencionam as palavras "porteiros" e "mecânicos", também se está fazendo referência à orientação de gênero dos indivíduos, que neste caso espera-se que seja máscula ou masculinizada. No momento em que meu entrevistado diz "só vai encontrar porteiros e mecânicos, que era o que me diziam antes de eu conhecer, aquela coisa de veado, que acha que vão encontrar só bofes", e ao mesmo tempo menciona que esperava encontrar muitos homens negros, está de alguma maneira transferindo a masculinidade outorgada simbólica e discursivamente aos bofes, no jogo das posições de sujeito hierarquizadas, a um fator de cor de pele específica.

É importante recordar que em nossa sociedade a escravização fomentou estereótipos que continuam a manifestar-se. Os trabalhos pesados aos quais se submeteram os africanos e seus descendentes foram fundamentais na construção da imagem da força como sinônimo de barbárie. Isto por um lado permite ver as origens do preconceito da inferioridade das pessoas negras e de sua aptidão para trabalhos não-qualificados, como o serviço doméstico, a coleta do lixo, o trabalho como porteiros ou cozinheiros; por outro, isto organizou uma gramática da hierarquia racial construída em torno da sexualidade. Dessa maneira, os corpos dos homens e mulheres negros e mulatos surgiram com um fetiche de superioridade e exotismo. O indivíduo negro visto como erótico está relacionado também com o primitivo, próximo à natureza; seu corpo é valorizado como sendo basicamente sexuado. Laura Moutinho[10] descreve que nas metáforas eróticas, para explicar a preferência sexual das mulheres pelos homens negros, utilizam-se diversos "superlativos". Segundo a autora, no jogo hierárquico de poder e raça, o homem branco "perde pontos" de seu poder quando aparece como um ser deserotizado ou pouco desejado sexualmente por mulheres brancas e negras. Existe então uma idéia hegemônica quanto à "identidade" sexual do homem negro. Espera-se que seja másculo, que possua um pênis grande, que seja "bárbaro" na cama; em alguns contextos se conserva um imaginário essencialista que fala de uma virilidade obrigatória. No trabalho etnográfico escutei frases como "negro e marica está fodido", "negão não deve ser marica". Em Caxias um entrevistado me disse: "Um dia eu estava no bairro de Austin com um amigo meu que é negro e muito 'pintosa'; aí passou um negão e falou para ele: porra, nego, honra a sua raça, honra a sua cor, você é preto e ainda é veado!" Nos mundos homossexuais, essa imagem da masculinidade negra, quase obrigatória, leva a que os homens negros sejam definidos preferencialmente como ativos sexuais. O mito do pênis grande recria muitas das fantasias eróticas, são freqüentes idéias como "negão tem um cacetão, tem um pênis enorme, uma ereção hiperprolongada, goza até três vezes sem tirar de dentro", como ouvi. Espera-se que o homossexual negro seja ativo; quando sai desse padrão, rompe com um universo de valores construído historicamente. É como se o verdadeiro pecado do homossexual negro fosse "dar pinta", mostrar passividade; aí o estigma da homossexualidade une-se ao da passividade e ao da raça. Fábio, entrevistado carioca, me disse: "Quando a bichinha é negra, aí ela comete duplo erro por ser negra feia e passiva, então, ninguém quer." Embora os negros efeminados, vistos como passivos, escapem da fantasia da hiperatividade e do uso desenfreado do pênis, participam daquela outra – igualmente histórica – que recria os negros, homens e mulheres, ativos e passivos, como "bons de cama". Na boate escutei com certa freqüência expressões como: "As 'pintosas' negras são mais safadas", "a travesti e a 'pintosa' negra gostam muito mais do sexo", "dão horrores".[11]

Uma quarta leitura possível – seguindo-se o testemunho que diz que assim como os suburbanos vão à Zona Sul, os da Zona Sul vão aonde vivem os suburbanos – tem a ver com reflexões básicas da antropologia urbana. A cidade recebe e produz diversos tipos de pessoas, mistura diferentes contextos socioeconômicos, experiências, *ethos* e visões de mundo. Os indivíduos, nesse contexto social, atuam como ponto de inserção de vários mundos, encontrando-se, assim, em constantes negociações, interações, coerções e reconhecimento das diferenças. Embora a cidade esteja marcada por relações desiguais de classe, raça e gênero que podem, por sua vez, delimitar o trânsito dos indivíduos, existem espaços nos quais é possível "brincar" com certas barreiras sociais, sem querer dizer com isto que as barreiras venham a desaparecer. As boates, e talvez especialmente as boates do centro da cidade, poderiam ser pensadas como espaços mediadores, na visão de Velho,[12] que conciliam algumas diferenças sem acabarem necessariamente com as hierarquias.

Interessa-me voltar para algo que mencionei em páginas anteriores. Assinalei que o ambiente do Buraco é redundante para alguns de seus clientes pela similaridade com suas casas, bairros e lugares de trânsito cotidiano, e exótico para outros, justamente porque se lhes assemelha diverso. Assim, a diferença e o exotismo são relativos e só existem dependendo de quem observa. Para muitos antigos e assíduos clientes da boate, o Buraco é trash, mas eles fazem uma leitura desta característica desde um ponto de vista da eqüidade. Domingos e Pedro, respectivamente, dizem:

> Têm boates que eu não gosto, porque as pessoas representam muito e não é o que acontece lá; no Buraco as pessoas são autênticas ... As pessoas representam pelo seguinte: às vezes, o cara está duro igual a um coco, não tem nada no bolso, só tem a entrada da boate e o dinheiro de um drinque; aí vai para as boates mais categorizadas e elitizadas, como a Le Boy. A Le Boy é um bom exemplo, porque eu estive lá duas vezes e foi suficiente para saber que não era ambiente para mim. As pessoas chegam, fazem pose e passam com o mesmo drinque quase a noite toda.

> No Buraco todos puxam assunto sem se conhecerem. É uma coisa sem glamour, ninguém te olha mal ... essa é a minha casa e eu sou feliz, sim, tenho orgulho de dizer: eu vou ao Buraco e esqueço das outras boates. ... Para que vou arriscar numa boate da Zona Sul se de repente vou ser maltratado, se vão bater cara e boca, vão me olhar de lado e eu não vou gostar?

Segundo estes testemunhos, poderíamos pensar que o que faz diferente o Buraco é justamente o seu cotidiano. As pessoas que habitam o lugar construíram uma espécie de "norma" de socialização, na qual a apresentação do *self* deve romper barreiras de classe e reger-se por parâmetros de naturalidade e cotidianidade, o código de interação lhes permite não terem que fazer simulacros de uma realidade alheia e os impede de imitarem ou reproduzirem, em certos níveis, aspectos que são valiosos no mundo gay hegemônico. Esse critério conserva-se pelo menos discursivamente, e quem o rompe é geralmente advertido, seja por meio de "desprezos silenciosos", como maus olhares ou um dar de ombros, seja um bate-boca ou, no pior dos casos, pela proibição da entrada no lugar, determinada pelo dono.

Um aspecto importante no estímulo a que as dinâmicas de interação da boate sejam, a grosso modo, de um tipo menos hierarquizado do ponto de vista da classe social é o preço do ingresso. Os valores de R$13,00 antes das 23h, R$15 até as 24h e de R$19 a partir desse horário – com direito a consumir livremente durante toda a noite cerveja, água, refrigerante e caipirinha às sextas-feiras, e cerveja, água e refrigerante aos sábados – são, se o pensarmos segundo Bruno Latour,[13] um *attachement;* aquilo que *faz fazer*, que transforma "sigilosamente" as relações e gera um contexto específico para um tipo de interação.

Na época em que a boate começou na rua André Cavalcanti, o ingresso incluía um prato de comida, além das bebidas liberadas. O jantar e o álcool, embora funcionassem como "ganchos" publicitários, também delineavam o "caráter" da boate, incitavam por um lado que grande parte de seus clientes continuasse sendo, como nos tempos da Cinelândia, pessoas de camadas populares. Por outro, desestimulavam que ocorressem dinâmicas como a michetagem ou a possibilidade de conseguir parceiros provisórios de boa posição econômica que "pagassem ou sustentassem a noite".

Não obstante o que acaba de ser relatado em relação à apresentação das características mais cotidianas dos clientes do Buraco, é indispensável pensar na boate como um palco, de acordo com Goffman,[14] onde as interações face a face estão imantadas de um cenário lúdico e onde são criadas situações diferentes daquelas dos bastidores. A performance é uma possibilidade de apresentação do self[15] que se faz presente em qualquer interação. Ver o Buraco como um palco tem sentido se pensarmos que a sociabilidade da boate possui características rituais, diferentes das que existem em outros lugares de trânsito desses indivíduos. Já disse o pesquisador Wagner de Almeida quando o entrevistei: "As noites têm armadilhas, não produzem verdadeiras formas, a gente se produz."

A boate como palco: interação e construção de si

Entendo a boate como um laboratório de performances com uma semiótica particular que faz parte de estilos de sociabilidade homossexual. As boates são lugares nos quais se articula um conjunto próprio de símbolos e códigos de comunicação verbal e não-verbal. A linguagem verbal de diferentes universos homossexuais cariocas presentes no lugar da pesquisa está imersa em sinuosidades e nuanças, os enunciados são de múltiplos sentidos e muitas das expressões estão carregadas de certo estilo *underground*.

A linguagem não-verbal, por sua vez, é um universo rico em diversidade; é mediante os gestos que nestes circuitos se organiza a experiência e se constituem sujeitos e corpos (generificados e racializados). O gesto pensado como atitude corporal é investido de diversos sentidos específicos nas relações face a face; na boate os olhares são por vezes muito mais importantes e efetivos que as palavras no curso das interações. O roçar e a dança, entre muitas outras expressões do corpo, fazem parte desse "idioma secreto dos entendidos", ao qual como investigadora tentei ter acesso.

O videoquê

O videoquê do Buraco da Lacraia cria uma dinâmica de socialização muito particular. É, a meu ver, o lugar da boate onde as performances corporais na apresentação de si mesmo possuem características mais cotidianas. O videoquê é o lugar favorito de muitas pessoas que vão à boate; alguns vão diretamente para ali, instalam-se e não transitam por nenhum outro ambiente da casa. Os intérpretes, cantem bem ou mal, quase nunca passam despercebidos; os primeiros são ovacionados, os segundos são alvo de risadas e comentários que não ultrapassam o âmbito da brincadeira. De fato, alguns cantam mal de propósito, impostando a voz, colocando-a muito aguda e desafinada. Não há lugar para o anonimato no videoquê (à diferença do *dark room*) nem para o exibicionismo do corpo (como o permite a pista de dança). Embora o videoquê possa ser pensado como uma espécie de "vitrine", como um lugar no qual é possível elaborar uma apresentação de si mesmo apoiada, por exemplo, no talento musical, o detonador das interações é a brincadeira; chamar a atenção do outro não tem necessariamente fins de flerte. Ao contrário do que acontece na pista ou no *dark room*, no videoquê as paqueras são explicitadas em outro nível, raramente começam com sarrações. O clima de "pegação" que envolve o resto da boate perde relevância no ambiente do videoquê. As pessoas construíram esse espaço para interações mais estreitas, mediadas pela amizade e pelo conhecimento prévio do outro. Assim, a fama que tem o Buraco de possuir um ambiente familiar passa por muitas das dinâmicas de socialização que encontram lugar nesse espaço da casa. São freqüentes as celebrações de aniversários de nascimento e de namoro e, ainda, os aniversários de morte de antigos amigos que se foram, muitos deles atingidos pelo vírus da aids. Demonstrações de afeto, como chorar, cantar em memória de alguém ou dedicar canções de amor, só assumem significados concretos nesse lugar da casa. De algum jeito, essas dinâmicas "anarquizam" o clima erótico e de sedução que caracteriza as boates gay, os outros ambientes do Buraco e os cenários noturnos de interação homossexual.

A participação no videoquê de pessoas diversas quanto ao capital cultural e socioeconômico e à cor de pele é também mais igualitária. O fato de que as interações não estejam marcadas pela expectativa da pegação permite "quebrantar" hierarquizações e mecanismos de escolha e exclusão comuns em âmbitos que implicam uma aproximação e um reconhecimento do corpo do outro.

Os espetáculos no videoquê e uma estética da transgressão

Os shows no Buraco geram dinâmicas de interação diferentes daquelas que ocorrem no cotidiano e levantam questões a respeito de *ethos*, gostos e estilos de vida de indivíduos homossexuais.

Por que o favoritismo nos universos homossexuais por certo tipo de cantores em detrimento de outros? O que têm em comum as cantoras que se apresentam no Buraco (Rita Cadillac, Rosana, Gretchen, Lady Zú, Claudia Telles, Maria Alcina) com atrizes como Greta Garbo e Marilyn Monroe e cantoras americanas como Madonna, Cher, Kilie Minogue, latino-americanas como Maria Conchita Alonso, Helenita Vargas, Ana Gabriel e a espanhola Paloma San Basilio, adoradas por muitos homens homossexuais provenientes de diferentes camadas sociais, diversos contextos culturais e *habitus* heterogêneos? Góngora[16] afirma que uma das principais razões pelas quais multidões gay admiram essas cantoras é porque elas representam uma imagem de "mulheres de poder". Caio, um de meus entrevistados, explica:

> A gente se espelha nas cantoras famosas, porque geralmente esses papéis femininos conseguem autonomia; elas são o que são porque quebraram padrões, desafiaram a sociedade e conseguiram sucesso e se transformam no nosso modelo. A maioria dos homossexuais sempre se espelha, e especialmente em mulheres, porque elas tiveram coragem de lutar contra o patriarcalismo e o machismo. Quando elas conseguem se destacar, são os nossos ícones. A beleza conta sim, porque todas querem ser bonitas e glamorosas, mas o que mais importa é a atitude, porque quando uma pessoa tem atitude, tem tudo; não basta ser bonita sem atitude; se a pessoa tem atitude já basta, porque a gente é abusada e gosta que a pessoa seja abusada também.

Examinando a apresentação das divas do Buraco, assim como os shows de Madonna ou das outras cantoras mencionadas, posso entender que a forma como se colocam em cena não é padrão. Quer dizer, estão imantadas por certo "excesso" que embora possa, por um lado, fazer a apologia a uma hiperfeminilidade pelo glamour e pela beleza de suas roupas, muitas vezes fantasias, pode também, por outro, significar transgressões dos papéis de gênero que tradicionalmente foram identificados com a mulher, como o caráter e os gestos doces, dóceis, delicados e até indefesos. Observo que o que essas divas têm em comum é a sua irreverência, a forma aberta como cantam sobre sexo, a força com que desafiam padrões de obediência, o mostrar que possuem uma mente aberta e o fato de incluírem em muitos de seus repertórios canções sobre "amores proibidos", discursos sobre a liberação gay, além da capacidade que têm de alegrar uma festa e, sobretudo, o uso de seu próprio corpo como transgressor da imagem de castidade da mulher, um corpo que também representa muitos dos trejeitos de alguns estilos de ser homossexual.

Apesar de os atributos físicos dessas divas serem atrativos para muitos homens homossexuais que os reverenciam e os parodiam em lugares como clubes noturnos, não poderíamos dizer que a beleza física e a imagem de juventude das cantoras sejam absolutamente relevantes em sua aceitação e preferência dentro de estilos de vida. Vemos, por exemplo, que Maria Alcina não é jovem nem é exatamente uma mulher bonita segundos os parâmetros hegemônicos; Gretchen não representa especificamente um estilo glamoroso, pelo contrário, é relacionada constantemente com uma estética brega e de mau gosto; Rosana é uma mulher que já passou dos 40 anos e, como muitos comentaram no show, exagerou nas cirurgias plásticas a ponto de ficar "como um travesti". Ou seja, as divas em "decadência", que alguma vez estiveram na mídia e que podem estar sendo rechaçadas pelos meios massivos, encontram espaço em diversos ambientes gay cariocas, mas não obrigatoriamente trash, já que também têm êxito entre pessoas e circuitos de camadas médias-altas.

Interessa-me sublinhar, então, que essas cantoras poderiam ser vistas como indivíduos mediadores (nos termos de Velho, como vimos acima), que permitem romper algumas barreiras sociais porque fazem parte do campo de possibilidades[17] e dos referentes de vários ambientes homossexuais independentemente da raça, da cor de pele, do estrato socioeconômico e do capital cultural. Tais divas transitam no imaginário de uma "identidade" gay maior, e como tal fazem parte de um repertório que pertence a muitos e que não se limita a um grupo com características sociais específicas. Nas boates o gosto por essas divas incide na forma como se estabelecem interações entre personagens diferentes e aplaina um terreno para relações que, em outro contexto e sem a mediação, é por si só mais movediço. Koestenbaum esclarece:

> Creio que os usos particulares da conduta das divas são um plano, um método de movimento dos corpos através do mundo, um estilo que nas pessoas gay, particularmente nas *drag-queens*, tende a ser essencial. Este é um estilo *camp* de resistência, de autoproteção, uma maneira de se identificar com outra gente *queer* além da individualidade e da desgraça[18]

O conceito de *camp* pode nos brindar com algumas pistas para entender a questão. A grandes pinceladas, entendo que o *camp* "constitui-se como um tipo de gosto no qual se adoram e se representam tanto divas em decadência como aquelas que ultrapassam, por excesso ou por falta, modelos de feminilidade ... O *camp* é uma espécie de estratégia de reciclagem cultural"[19] usado "pelas subculturas das classes trabalhadoras para as quais a cultura pop se converteu em uma semiótica glamorosa de aspirações e sonhos de mobilidade social".[20] Ross explica, a partir do culto que grupos gay norte-americanos exercem por divas de Hollywood, famosas ou em decadência, que o que caracterizaria esse mesmo culto seria o excesso de glamour ou o excesso do mau gosto, denominado *kitsch.*[21] O *camp* tomou o mau gosto ou *kitsch* de forma reflexiva, dando-lhe um novo significado, incorporando referentes à cultura homossexual masculina norte-americana da época.[22] A partir disso tudo, acho viável pensar no gosto *camp* como outro mediador, gosto que pode levar a que o trash do Buraco seja atrativo para pessoas de camadas sociais superiores.

A imitação das divas por *drag queens* e transformistas permite-lhes elaborar performances subversivas do corpo, levar adiante transgressões das identidades de gênero. O *camp* "brinca" com o gênero, critica a normatividade que se impõe sobre as identidades, utiliza o corpo como um meio de subversão, permite colocar em cena sujeitos dissidentes das normatividades do gênero e localizá-los em uma posição excêntrica em relação à normalidade.

O dark room

O *dark room* levantou as seguintes questões: como opera a seleção de parceiros sexuais nesse contexto? Os mecanismos de escolha de parceiro sexual permitem desvendar hierarquias? A escuridão atua como pano de fundo para uma interação na qual a aparência física – tão importante no circuito homossexual e em outros ambientes da boate, como a pista de dança – seja menos valorizada? Quais são e como atuam os "microdispositivos de organização do acaso"[23]?

O *dark room* do Buraco da Lacraia está dividido em dois espaços – penumbra e breu –, cada um deles cumprindo uma função. A penumbra permite que as pessoas que estão dentro tenham um primeiro critério de escolha. Há homens que ficam ali, observam com cautela ao seu redor as pessoas que entram e se situam no espaço. Há outros que dispensam a penumbra e entram diretamente no breu, alguns se recostam nos cantos, outros se apóiam contra as paredes, alguns transitam de um lado para o outro sem saírem da escuridão ou fazendo incursões momentâneas na penumbra. Depois de várias semanas entrando no *dark room*, passei a suspeitar que o breu, para aqueles que dispensavam completamente a penumbra, poderia ser um mecanismo para achar parceiro sexual sem ter que estar sujeito a olhares seletivos presentes nos espaços iluminados. Quer dizer, pessoas que na penumbra, na pista de dança ou no resto da boate não teriam "sucesso" ou teriam possibilidades mínimas de encontrar um parceiro podem, no breu, relacionar-se sexualmente com pessoas que em outro contexto possivelmente as excluiriam, ou com outras que se dirigem diretamente ao breu pelas mesmas razões, porque estão sendo rechaçados por causa da aparência, cor ou estilo: geralmente os considerados feios, "muito negros", muito pobres, muito gordos, muito velhos ou muito efeminados.

Minha conjectura começou a fazer sentido depois que, em uma noite, observei um homem de aproximadamente 30 anos, que se encaixaria na classificação de "bicha pintosa", ser objeto de brincadeiras e olhares ásperos na pista de dança. Ele vestia uma calça de tom claro colada/justa ao corpo e uma camisa brilhante de cor púrpura; dançava freneticamente, muito diferente da forma de dançar do resto das pernas: agitava os braços para todos os lados e saltava como se pisasse em baratas, gritava monossílabos desconexos, e começou a incomodar as pessoas que o rodeavam, que se afastaram, acomodando-se em outro lugar da pista. A performance do moço provocou escárnio, risadas e tédio. Por um lado, a hiperfeminilidade de seus gestos e seu vestuário não era bem-vista pela maioria; e por outro seus trejeitos mais que femininos eram exagerados e inapropriados naquele contexto, assimilados como ridículos ou grotescos em um espaço onde as pessoas privilegiam uma apresentação de si que exclui a afetação excessiva. Este evento corrobora que as performances de gênero podem acrescentar ou subtrair prestígio aos indivíduos, podem posicionar hierarquicamente os sujeitos nas trocas do "mercado erótico".[24]

O evento também leva a considerar o grau de álcool ou de tóxicos que algumas pessoas ingerem e que faz com que às vezes seus comportamentos ultrapassem os limites do que é bem-visto: gritar, xingar ou dançar "loucamente". Contudo, é importante ressalvar performances deliberadas para parecer embriagado sem o estar, quando parecer "doidão" ou "moderno" é também uma forma de atrair aproximações. Se dito objetivo não garante as aproximações diretamente, pelo menos conseguem disfarçar efeminização, intercalando gestos que podem ser lidos como afetados com outros próprios de pessoas sob efeito de álcool ou drogas. As variáveis da localização dos gestos são grandes; no caso de pessoas que têm um gestual muito próximo ao efeminado, pode ser lida como uma estratégia de garantir diversão sem necessariamente excluir a possibilidade sexual.

Depois encontrei aquela pessoa no *dark room*. Entrou no breu e começou a transitar. Diferente do ocorrido na pista de dança, quando foi afastado pela maioria, a julgar por comentários posteriores, aí sustentou relações sexuais com vários homens no transcurso da noite. Isto não quer dizer, entretanto, que no breu não existam mecanismos de escolha ou reconhecimento desse outro que pode ser um parceiro sexual provisório; só que esses mecanismos não estão marcados fundamentalmente pela visão. Contudo, apesar de o breu provocar uma espécie de jogo de azar na seleção do "ficante", há quem invente mecanismos de "atravessar" a penumbra até ali. Vários rapazes acendem isqueiros perto do rosto das pessoas, ou a luzinha que têm alguns relógios e celulares. O uso da luz tem como objetivo fazer uma seleção, dispensando o sorteio ou azar, do indivíduo ou indivíduos com quem se deseja entrar em um contato mais íntimo. Também pode ser uma estratégia de procurar alguém especificamente, talvez pessoas que houvessem chamado antes a sua atenção em algum outro lugar da boate, ou simplesmente é o modo de interagir na escuridão de pessoas que não desejam manter relações sexuais, mas desejam enxergar as que estão em curso.

No *dark room*, os códigos de interação pertencem a um registro no qual o tato é privilegiado. As palavras são substituídas pela linguagem do corpo, as coisas que se querem dizer ou fazer se explicam mediante os gestos, as poses e a localização no espaço. Se no resto da boate a interação permite o contato verbal, no *dark room* os contatos começam com os toques, no ato de apalpar e deixar-se apalpar pelo outro; permitir ser acariciado ou impedir uma carícia é aqui um método mais eficaz que as palavras para começar ou terminar uma interação. Os gestos que os indivíduos efetuam são essenciais para estruturar as relações, por meio deles se organizam formas particulares de negociação e distribuição dos papéis que permitem levar adiante, em bons termos, o ritual. Por isso os gestos têm uma força performativa e ilocucionária formal;[25] um ato gestual marca formalmente o começo de uma interação, desenha sua continuidade e determina seu fim.

No breu, quem não quiser fazer "*pegação* no sorteio" utiliza ferramentas de escolha como, por exemplo, permanecer encostado nas paredes e, antes de começar qualquer contato corporal estreito com quem se aproxime, tocar o cabelo do outro – o que, no mínimo, permite decifrar se o outro é branco ou negro e elaborar, assim, uma seleção de acordo com a sua preferência ou o seu desejo no momento. Tocar o corpo também está no repertório de possível seleção, eliminando, assim, aqueles que se julga não terem o corpo adequado, na maioria das vezes pessoas gordas.

Importante dizer que os homens negros, sujeitos centrais desta pesquisa, muitas vezes têm mais êxito no *dark room* do que em outros lugares de *pegação* ou em espaços como a pista de dança. A escuridão contém o anonimato, e este permite produzir novos códigos, justamente porque tudo fica no âmbito do segredo. Pessoas que gostam de indivíduos que não são os mais aceitos pela maioria, ou de práticas sexuais como o "dar", que hierarquicamente está abaixo do "comer", podem no *dark room* encontrar essa liberdade que o anonimato proporciona.

Em poucas palavras, a escuridão e o anonimato permitem que muitos privilegiem o desejo sexual além de suas preferências por um ou outro tipo físico. As interações eróticas que em outro terreno passariam por critérios de seleção mais restritivos podem ser mais facilmente negociadas no *dark room*. Neste contexto, tem, quiçá, sentido o pensamento de Michael Pollak, para quem a essência do que denominou "mercado homossexual" é a satisfação imediata de desejos sexuais onde se procura fundamentalmente uma troca de "orgasmo por orgasmo".[26] Contudo, acho que alguns cuidados devem ser tomados sobre esta citação. Jurandir Freire Costa explica que deve-se tomar cautela para não recair na expressão "mercado do orgasmo".[27] O gueto,[28] e principalmente o *dark room*, é não só o lugar da sublimação da linguagem, organizada em princípios heteroeróticos, ativo/passivo, como localização específica do desejo. Não se deve, opina o autor, esquecer a dimensão das projeções ideais: muitos compartilham da ética conjugal, desejam encontrar uma pessoa para "viver a vida". Para os homossexuais, a quem o direito à cidade é vetado, o gueto também serve como lugar para encontrar esse parceiro ideal. É um equívoco reduzi-lo à dimensão de mercado orgástico, já que a perspectiva da ética conjugal não é esquecida nem está excluída.

No *dark room* se estabelecem rituais de interação mais semelhantes aos dos locais públicos de pegação, especialmente em horários noturnos. Enquanto em outros lugares lúdicos de socialização homossexual – como as pistas de dança, os bares, os balcões das boates, os videoquês, os shows e as salas de bate-papo, entre outros – os rapazes procuram elaborar relações que, embora possam terminar no intercurso sexual, pretendem também que cheguem à amizade ou a namoros sérios, no *dark room* o encontro com o outro ou com os outros muitas vezes não ultrapassa aquelas quatro paredes. "Dentro do quarto escuro não vai encontrar o príncipe encantado, porque ali tudo é madrasta", diz Rodrigo. No entanto, acontece também que os namoros podem começar a partir do encontro na escuridão ou da pegação em locais públicos e seguir seu curso além destes contextos.

A linguagem do corpo, além da linguagem verbal, também possui códigos que expressam as preferências sexuais dos sujeitos ou, pelo menos, o que o indivíduo deseja fazer naquele instante. Por exemplo, dando atenção ao uso espacial do *dark room*, é comum observar que os que desejam ter uma relação de dois localizam-se nos cantos, diferente dos que procuram ter um "baco", e que se situam nas laterais onde é mais fácil que sejam achados.[29] Igualmente, "colocar o pênis para fora", masturbar-se ou "deixar a bunda a descoberto" são indicativos de que se deseja "comer ou dar", ou ser masturbado ou felado.

A pista de dança

Assim como muitas pessoas vão ao Buraco pelo videoquê, há turmas que se instalam desde o primeiro instante na pista de dança, e é ali, no transcurso da noite, que estabelecem suas interações. A pista funciona como uma passarela e um laboratório de performances que possui certas regras de uso do espaço e do corpo. Os rapazes que têm um corpo malhado, e quase sempre depilado, são os únicos que tiram a camisa e – a menos que estejam dançando como um casal – localizam-se nos cantos da pista. Vestem-se de forma semelhante, às vezes parecem uniformizados: calças jeans azul ajustadas às pernas e uma camisa sem mangas de malha branca ou preta.

Também nos cantos ficam os homens que estão sozinhos; é estranho ver alguém que não está acompanhado por uma outra pessoa ou uma turma dançando no centro da pista. Esses homens geralmente são os que mais circulam pelo resto da boate. Alguns rapazes solitários dirigem-se ao salão um pouco mais escuro que fica ao lado da pista, instalam-se à frente da parede forrada de espelhos, e dançam observando-se a si mesmos. A pista é o melhor lugar da casa para fazer pegação, é um espaço onde a dança, além de servir como diversão, possui a finalidade de "ser atrativo" e chamar a atenção de alguém que se deseje. Funciona como uma vitrine onde as pessoas podem mostrar-se, e como mecanismo do qual se valem para encontrar parceiro. Não obstante, essa dança tem suas normas e limites. Ela foi masculinizada, é uma manifestação da masculinização da imagem gay, obedece a certas técnicas corporais generificadas. Quem dança e se importa com essa "norma" tem que dar atenção aos limites nos movimentos do corpo para não se afastar do cânone valorizado. Quem transgride essa performance e "se solta muito" ou faz um uso do corpo que não seja basicamente masculino corre o risco de ser acusado de "esdrúxulo", ridículo a ponto da extravagância e da excentricidade, e de sair daquele cotidiano do Buraco. Então, diante da possibilidade de encontrar parceiro, a dança deve ser atrativa o suficiente para chamar a atenção, mas prudente para não estragar a possibilidade da pegação.

A paquera, quer se esteja dançando ou não, começa com os olhares, dificilmente com os toques ou sarrações. Olhar é o ponto-chave; quem está interessado em um outro olha-o sutilmente a intervalos, durante os quais bebe ou faz algum comentário ao ouvido de quem está perto. Olha insistentemente, mas guardando o limite para não parecer desesperado. Quando a outra pessoa percebe que está sendo alvo de observação, pode responder da mesma forma ou eliminar essa pessoa de seu próprio olhar, seja dirigindo-se a outro lugar da pista, seja não cruzando a vista novamente com quem começou o ritual de pegação. Uma vez que ambos mostrem interesse na interação, começam uma troca de palavras ou dançam alguma música juntos. Se o interesse progredir, podem dirigir-se ao ambiente ao lado, onde a interação passa do verbal aos contatos corporais, como o beijo e a sarração. Os espelhos que pendem do alto das paredes, além de servirem para admirar os outros e a si mesmo dançando, servem também para cruzar olhares e começar paqueras, compartilhar sinais e gestos que indiquem gosto ou desinteresse.

A oralidade na pista de dança é muito mais valorizada do que em lugares de pegação como parques ou *dark rooms*, e nem sempre uma aproximação, mesmo que desejada, culmina em sexo. Porém a oralidade na pista é menos valorizada do que no videoquê ou no bar, no caso do Buraco.

Considerações finais

Para finalizar este artigo, desejo enfatizar que no circuito pesquisado os usos do corpo, gestuais, roupas e falas operam como marcas sociais que posicionam os sujeitos nas relações face a face. Por sua vez, estas proporcionam informação acerca do indivíduo que as possui ou as exerce, distinguindo os atores sociais entre si. Ditas marcas corporais, pensadas sempre em relação a raça, classe, gênero, idade e estilos, são freqüentemente reconstruídas nas interações nas quais se corporificam. Os indivíduos podem acrescentar ou deteriorar seus capitais corporais se obedecem ou transgridem os diversos mecanismos rituais que regulam os usos do corpo e a apresentação de si.

Nas redes de intercâmbios eróticos, os indivíduos incorporam as estratégias necessárias para arranjar parceiros sexuais, aprendem os discursos e práticas regulatórias que fazem sentido nesses circuitos. O Buraco da Lacraia foi um espaço riquíssimo e complexo no qual tentei analisar gostos, *ethos*, estilos de vida, lazer, as maneiras como organizam-se redes de amizade e solidariedade, agenciam-se discursos de resistência social, aparelham-se variadas negociações de identidades e subjetividades e efetuam-se múltiplas interações e experimentações performáticas na apresentação de si. Ao mesmo tempo, pude reconhecer hierarquias, fragmentações e desigualdades existentes nos universos homossexuais.

Notas

1. Este artigo tem origem em minha dissertação de mestrado intitulada *Negros homossexuais: raça e hierarquia no Brasil e na Colômbia*, orientada pelo professor Gilberto Velho.
2. Cf. N. Perlongher, *O negócio do michê: prostituição viril em São Paulo.*
3. Utilizarei os termos com os quais os sujeitos da pesquisa fazem referência a diversas formas de contato corporal. "Sarração" refere-se ao roçar dos órgãos genitais; "chupação", ao sexo oral; e "transa" ao ato sexual no qual geralmente há penetração.
4. R. Parker, *Abaixo do Equador*, p.185.
5. Com "posições de sujeito" refiro-me a etiquetas ou classificações feitas nos circuitos homossexuais com base em diferenças de classe, aparência, papéis sexuais, gênero, estilo, raça e idade. Denominações como "bicha", "bofe", "qua qua qua", "pão com ovo", "montada", "cluber", "cacurucaia", "fashion", "barbie", "urso", "boy", "frango", "paraíba" etc. dão conta de tal diversidade. Essas etiquetas, usadas pelos

indivíduos de modo contextual, têm a capacidade de organizar as experiências, criar sujeitos e oferecer-lhes espaços específicos dentro das interações.

6. Cf. G. Bateson, *Pasos hacia una ecología de la mente.*
7. Cf. L. Bersani, *Homos.*
8. Corre-se o risco de reificar uma identidade gay que não amplie as fronteiras de grupo e que não articule raça, classe e gênero – as políticas gay nem sempre dão atenção a esses fatores, colocando equivocadamente em um mesmo patamar pessoas diversas socialmente. Beatriz Preciado ("Multitudes *queer*: notes pour un politique des 'anormeaux'") explica que diversos grupos gay, lésbicos, transexuais e transgêneros, em reação à normatização da identidade gay, têm proposto uma proliferação de diferenças de raça, classe, idade e práticas sexuais não-normativas. Sugere pensar em "multidões *queer*", apontando também o fato de que estabelecer-se como multidão e não como minoria produz outro mecanismo de estruturação de sujeito político.
9. M.C. Lucinda, *Subjetividades e fronteiras*, p.118.
10. Cf. L. Moutinho, *Razão, cor e desejo.*
11. Contudo, a outra face da moeda dessa exotização do homem negro consiste no uso que ele pode fazer dessa imagem. Por meio da atividade sexual e da virilidade, ele poderia negociar parte do poder, utilizar o estigma de sua sexualidade superior como uma estratégia de resistência e um mecanismo de inclusão social. O uso do próprio corpo a partir da percepção que têm de si mesmos como exóticos é revelado por não poucos homens negros e não apenas em ambientes gay. Por sua vez, os efeminados negros sabem que de alguma forma fazem parte de um imaginário que os exotiza e também podem tirar vantagem disso.
12. Cf. G. Velho, "Biografia, trajetória e mediação".
13. Cf. B. Latour, *Reflexão sobre o culto moderno dos deuses fe(i)tiches.*
14. Cf. E. Goffman, *A representação do eu na vida cotidiana.*
15. Idem.
16. Cf. A. Góngora, "El camp y la fascinación gay por las divas".
17. Cf. G. Velho, *Individualismo e cultura.*
18. W. Kostenbaum, "The Callas cult", apud A. Góngora et alli (orgs.), *Etnografías contemporáneas*, p.61.
19. A. Góngora et alli (orgs.), op.cit., p.62, 63.
20. A. Ross, "Uses of camp", apud A. Góngora et alli (orgs.), *Etnografías contemporáneas*, p.4.

21. Vale a pena ter em conta que catalogar algo como *kitsch*, da mesma forma que com o trash, supõe posições de poder. "O conceito de *kitsch* é uma expressão dessa tensão entre o gosto rico e sofisticado dos especialistas e o empobrecido e inseguro da sociedade de massas." (N. Elias, *La civilización de los padres y otros ensayos*, p.71.)
22. Cf. A. Góngora, op.cit.
23. Cf. N. Perlongher, op.cit., p.159.
24. Ao mesmo tempo, as trocas eróticas são, em si mesmas, "gestos generificados que podem pesar na constituição da subjetividade e corporalidade do sujeito". (L. de Oliveira, "Gestos que pesam: práticas homossexuais e performance de gênero em contexto de camadas populares.")
25. Cf. J.L. Austin, *Cómo hacer cosas con palabras.*
26. Cf. M. Pollak, "¿La homosexualidad masculina o la felicidad en el ghetto?".
27. J.Freire Costa, *A inocência e o vício.*
28. A palavra "gueto", de uso freqüente entre os sujeitos da pesquisa, refere-se aos indivíduos homossexuais, "entendidos" ou conhecedores das dinâmicas dos "mundos gay" e seus locais de socialização, como por exemplo boates, saunas, cinemas, parques. Gueto, como explica Nestor Perlongher (op.cit.), é uma área nômade, que se desloca com a população envolvida e que não possui um limite geográfico fixo, dependendo da movimentação das redes.
29. "Baco" é na definição de Luís Felipe Rios (*O feitiço de Exu*, p.94), "uma forma condensada de bacanal; refere-se ao que, em geral, se conhece como práticas sexuais (masturbação, felação, sexo anal etc.), onde duas ou mais pessoas estão envolvidas".

Mundo heavy metal no Rio de Janeiro

Pedro Alvim Leite Lopes

Eram eles. E era o negro.
JANICE CAIAFA[1]

Foi uma descoberta, ninguém imaginava que existia toda aquela galera vestida de preto.
FREJAT[2]

Três situações de campo

Número um: trash[3] alemão em um inusitado show de heavy metal na quadra de uma tradicional escola de samba carioca, com letras sobre poluição industrial e aquecimento global.[4] Número dois: uma banda da Baixada Fluminense que mistura heavy metal com a sátira de elementos da religiosidade afro-brasileira, utilizando paramentos e imagens de santos (Omolu, Pombagira, Zé Pilintra), assim como oferendas (farofa, cachaça, charutos) em sua cenografia. Número três: freqüentes shows de heavy metal em uma rua da Zona Norte – logradouro de oficinas mecânicas e motoclubes, vizinha de uma área de prostituição de população de baixa renda – apresentados em uma casa noturna underground e em um bar de temática motociclista.

As etnografias dessas três expressões do heavy metal no Rio de Janeiro foram essenciais em minha pesquisa para explicitar a interação, saraivada de tensões, dos participantes desse mundo artístico[5] com outros mundos cariocas[6]: respectivamente o show do Kreator (alemães de Essen), Dorsal Atlântica (naturais do Rio) e Korzus (paulistas) na quadra da escola de samba Estácio de Sá (o fundador da cidade), em 1992; as diversas apresentações envolvendo a banda de saravá metal[7] Gangrena Gasosa, principalmente no Garage, nos anos 1990; e o mundo noturno da rua Ceará, logradouro dessa casa de shows vizinha ao bar Heavy Duty, na praça da Bandeira, Zona Norte da cidade, durante os anos 1990 e começo dos anos 2000. Em comum a esses eventos, a temática religiosa e o questionamento ou a contestação, via arte, de inúmeros valores e símbolos sagrados – incorporadores de *ethos* e visão de mundo[8] de religiões de vulto na sociedade brasileira (como o catolicismo, o neopentecostalismo, o espiritismo e a umbanda) –, através da conversão de símbolos religiosos, principalmente aqueles representando o domínio ontológico do "mal" para essas tradições, em convenções artísticas dessacralizadas e muitas vezes positivadas, notadamente quanto a referências ao inferno, a Satã e à cifra a este associada no evangelho de João, o número da Besta 666,[9] um dos ícones ressignificados preferidos pelos *headbangers*. Boa parte das letras e da estética do mundo do heavy metal é um esforço de crítica e de alteração dos códigos da chamada "cultura bíblica" popular,[10] transformando seus valores referentes a "outro mundo" em signos de linguagem artística mundana.

Minha pesquisa sobre o mundo artístico do heavy metal – ou simplesmente metal – na cidade do Rio de Janeiro e municípios vizinhos surgiu de um processo de estranhamento do familiar e de uma reflexão sobre o desafio da proximidade.[11] Fã do gênero desde os 15 anos, e freqüentador do principal ponto de encontro dos *headbangers* do Rio, a rua Ceará, onde ficam a casa de shows Garage (que conheci em 1993) e o bar Heavy Duty (que freqüentei de 1998 a 2004), decidi mudar de área de estudos, da etnologia indígena (trabalhei com xamanismo no mestrado) para a antropologia urbana no doutorado,[12] adotando por objeto de pesquisa "nativos" classificados por muitos *outsiders* como tão ou mais "selvagens"[13] que os nativos americanos das "terras baixas da

América do Sul": os integrantes do mundo artístico do metal no Rio de Janeiro, mais especificamente os fãs desse gênero musical, chamados vulgarmente de metaleiros.[14] Boa parte utiliza as designações *headbangers* (pelo fato de acompanharem as músicas batendo as cabeças flexionando o pescoço para cima e para baixo), cabeludos ou simplesmente fãs de metal ou do metal[15] ou ainda nenhum rótulo identitário,[16] o que pode ser visto como um uso em oposição ao rótulo de "normal", questão debatida entre os fãs, que em geral postulam a inexistência da "normalidade".

Uma das principais fontes de motivação para a pesquisa foi a possibilidade de fazer um artigo, quando ainda trabalhava com etnologia indígena, sobre o encontro da banda de metal brasileira Sepultura com os Xavante da aldeia de Pimentel Barbosa, Mato Grosso, para a gravação de uma música em conjunto incorporada ao CD *Roots*,[17] de 1996. Também inspiram o início da pesquisa temas em comum caros à antropologia e às letras de heavy metal, como o canibalismo, a predação, determinados eventos e períodos históricos, a guerra (na quase totalidade letras antibeliscitas), desigualdades e mazelas sociais, o suicídio, as drogas e a dependência química, a linguagem bíblica e o demônio ou a besta, para citar apenas alguns, além de reflexões sobre identidade e alteridade (em letras como as de "Enemy within", da banda sueca Arch Enemy, ou "We who are not as others" do Sepultura), ou ainda concepções similares à *hybris* grega (por exemplo em "Unleash the beast" de Yngwie Malmsteen, ou "Motorbreath" do Metallica), e mesmo o tema da conquista das populações nativas americanas pelos europeus e seus descendentes. Além disso, a riqueza ornamental e ritual, a proliferação e as inovações, simbólicas e de subgêneros, do mundo do heavy metal em sua expressão na cidade do Rio de Janeiro (e alhures), e principalmente a conversão de símbolos religiosos muitas vezes percebidos como "do mal" e "satânicos" em convenções artísticas dessacralizadas, são um exemplo específico de como "... os símbolos e os códigos não são apenas *usados*: são também *transformados* e *reinventados*, com novas combinações e significados".[18]

Outro fator importante para o trabalho foi a quase inexistência de investigações acadêmicas sobre o tema, nas mais diversas disciplinas, no Brasil e no resto do mundo[19] – mesmo diante das dimensões do universo heavy metal, presente na quase totalidade dos países industrializados, e no caso brasileiro mesmo diante do sucesso internacional da banda de trash metal Sepultura,[20] "o Pelé da música brasileira", nos termos de Tom Leão.[21]

O trabalho de campo na rua Ceará (em 2003 e 2004), mais importante centro de lazer dos fãs de heavy metal na cidade do Rio de Janeiro, principalmente aos sábados de noite, além de me levar a desnaturalizar aquele mundo que freqüentava há alguns anos como "nativo", me impeliu a explorar suas vizinhanças, suas bordas e suas interseções com diferentes mundos vizinhos. Muitas semelhanças foram encontradas entre o mundo metal da rua Ceará, com intensa "fricção cultural" entre fãs de metal e moradores, funkeiros, seguranças ou "bandidos", freqüentadores, funcionários e funcionárias da Vila Mimosa, e o supracitado show dos alemães de Essen no grêmio recreativo da Estácio de Sá em abril de 1992 – o que resultou em uma etnografia com base nas memórias daquele show, nos relatos de fãs de metal presentes e na biografia da banda de abertura Dorsal Atlântica.[22]

Recordações de shows do Gangrena Gasosa em meados dos anos 1990, evocando uma mestiçagem de mundos artísticos e religiosos também similar à do show do Kreator no Rio de Janeiro,[23] foram igualmente usadas como material etnográfico – notadamente uma apresentação no Garage relembrada como antológica pelos freqüentadores da rua Ceará, em que integrantes de um terreiro de umbanda vizinho proibiram a banda de tocar, ou ainda o show de um conjunto de black metal[24] cuja performance quase provocou um incêndio.[25]

Etnografia do show do Kreator na quadra da Estácio

Na noite da terça-feira 14 de abril de 1992, os alemães da banda de trash metal Kreator, oriundos da cidade industrial de Essen, Vale do Ruhr, fizeram um concerto da turnê Aggression World

Tour'92 na quadra da escola de samba Estácio de Sá, que então se localizava ao lado do canal do Mangue, na avenida Presidente Vargas, próxima à antiga localização da Vila Mimosa (famosa zona de prostíbulos de população de baixa renda). Anos mais tarde esses dois lugares cederiam espaço para o atual bairro da Cidade Nova, com edifícios governamentais e de escritórios, dentre os quais o do Teleporto, que ganhou o apelido popular de Piranhão, por ter sido construído sobre o terreno antes ocupado pela Vila Mimosa. As bandas de abertura para o Kreator foram a já referida Dorsal Atlântica, carioca, e a paulista Korzus, também pertencente ao subgênero trash metal.

Então com 16 anos, fui a esse show numa caravana com amigos *headbangers* do Colégio São Vicente de Paulo (eu estudava no Aplicação da UFRJ), no Cosme Velho; era uma verdadeira aventura para jovens de classe média da Zona Sul: sair na noite de uma terça-feira num ônibus azul da linha 422, Cosme Velho-Grajaú, descer na avenida Presidente Vargas antes dos viadutos da praça da Bandeira e atravessá-la com destino a uma quadra nos arredores da Vila Mimosa.

Os encontros entre *headbangers*, ambulantes, freqüentadores e prostitutas na rua em frente à quadra, e dos primeiros com seguranças da escola de samba, bicheiros patronos da agremiação e seus convidados instalados no camarote do recinto, produziram curtos-circuitos de códigos entre pessoas com diferentes visões de mundo; o envolvimento de tais atores sociais era provavelmente inédito na cidade do Rio.

O local: uma rua próxima a um viaduto e ao canal do Mangue, com pouca iluminação, vendedores de milho, churrasquinho, bebidas, mesas com toldos na rua e freqüentadores em sua maioria não-brancos de baixa renda.

O evento: *headbangers*, muitos dos quais jovens abaixo dos 25 anos, em sua maioria brancos – mas com a presença de parcela expressiva de mestiços – de camadas médias e trajando preto desafiam o cotidiano dos freqüentadores habituais do lugar, em uma incursão a um improvável show de metal alemão na escola de samba local.

Na quadra: seguranças vestidos de camisas de botão floridas no estilo turista, "batidões" – grossos colares de ouro –, em sua maioria negros, fortes e grandes.

Nos camarotes: bicheiros brancos com roupas "de bicheiro", ostentando luxo, sentados acompanhados aparentemente de amigos, amantes, ou talvez mesmo da própria família, para assistir ao que esperavam ser um show de rock "comum".

Primeiro choque cultural: abre-se a roda de pogo[26] no começo de um dos dois shows de abertura, os seguranças acham que é uma briga, retiram um "cabeludo" da roda e o espancam num corredor próximo ao banheiro, às vistas do público, que aparentemente fica imóvel, em sua maior parte, por muito tempo durante as apresentações, temendo similar agressão. (Há relatos de outros fãs presentes que dizem que essa hesitação foi breve, e, tendo sido os seguranças informados de que a movimentação do público não era briga, durante o resto do show abriram-se rodas de pogo e foi possível "dar *mosh*" – i.e., se jogar do palco nos braços do público.) Até o final da década de 1990 era comum os seguranças estranharem as rodas de shows de metal (um dos tipos de dança desse mundo artístico, mas não considerada como tal pelos nativos) e retirarem ou baterem em seus participantes, confundindo-as com princípios de tumulto.

Segundo choque cultural, de acordo com um entrevistado: um fã alcoolizado entra em atrito com um bicheiro ou integrante de seu séqüito, e um dos seguranças adverte o acompanhante do jovem embriagado para que afaste seu amigo. Pergunta de onde eles são, diz não saber como "as coisas são" na parte da cidade de onde vêm, e que por isso relevaria as maneiras impróprias, mas que ali normalmente aquele tipo de comportamento com tal figura de autoridade (o bicheiro) "acabava na vala" (poderia ter por punição a morte).

Terceiro choque, segundo o mesmo entrevistado: ao fim do show o bicheiro comunica em tom de ameaça velada aos organizadores que iria ficar com toda a bilheteria do show, pois havia tido muito prejuízo com supostos atos de vandalismo na casa, que ele não sabia que se tratava "daquele tipo de show" e que havia aceitado realizar ali tal evento apenas por intermédio de seu sobrinho "roqueiro". Os produtores tiveram de arcar com um enorme prejuízo, não recebendo nada pelo empreendimento.

Alheios ao que ocorria na platéia, os integrantes do Kreator fizeram um show tecnicamente impecável, trajando blusas com botões claras, de manga comprida e bufantes, num estilo de roupa de *metalhead*[27] europeu bem diferente do estilo *headbanger* carioca. Sobre os alemães, conta Lopes:

> Templo do samba invadido por metaleiros, gemeu a imprensa local! O show foi produzido, no Rio, por uma "firma" carioca formada por quatro sócios esperançosos de um bom resultado final. O começo da confusão foi no trajeto do aeroporto para o hotel, porque o guitarrista alemão queria fumar maconha em público de qualquer jeito; depois insistiu em mudar de hotel, por causa de uma barata que havia escolhido um mau momento para passear e, finalmente já alojados no segundo hotel, *groupies* roubaram o relógio e o dinheiro de um deles, após provável noitada de sexo.[28]

O prejuízo, em contraste com a lotação de público do espaço, teria sido causado por seguranças e pelo diretor da quadra, que deixavam entrar quem bem entendessem – na versão oficial dos produtores. Como conseqüências, um deles desistiu de trabalhar com rock e heavy metal, enquanto outro foi obrigado a vender o carro da família e a mudar de cidade por causa das dívidas.

As minhas percepções do show puderam ser completadas com relatos e bibliografia sobre a apresentação durante a pesquisa, permitindo assim uma etnografia da memória, com acréscimos de outros pontos de vista de nativos presentes ao evento.

Choques de diferentes mundos cariocas ocorridos pela primeira vez naquele show se repetiriam anos depois no Garage da praça da Bandeira, reeditando em shows como os do Gangrena Gasosa, da Baixada Fluminense, os curtos circuitos da vinda do Kreator de Essen ao Rio de Janeiro. Um dos produtores do antológico show era o "Fábio do Garage" – que antes realizava um baile rock em Cascadura, no fim dos anos 1980 –, fundador da casa Garage (ou Garage Art Cult), no início da década de 1990.

Noite metal na rua Ceará

Sábado, pouco antes da meia-noite, praça da Bandeira, Zona Norte do Rio de Janeiro. Chegando de diversas partes da cidade, grupos de jovens de cabelos compridos em trajes negros ou escuros descem nos pontos de ônibus nos dois lados da praça. Os que vêm da Zona Norte atravessam a passarela sobre a avenida Radial Oeste e saem em frente ao muro de um quartel da Defesa Civil; os que vêm do Centro e da Zona Sul saltam do lado oposto, num ponto sob o viaduto do metrô, rodeado por ambulantes, camelôs e mototáxis; há ainda os que surgem andando, vindos da área da estação Leopoldina, situada nas proximidades.[29] Todos se dirigem para uma rua escura e escondida, limitada em suas extremidades por duas estradas de ferro, que começa debaixo dos trilhos suspensos da linha 2 do metrô e termina num trecho sem saída em frente a uma passarela por sobre uma linha de trens urbanos: a rua Ceará, ou simplesmente "a Ceará" para os freqüentadores mais antigos, ou ainda "o Garage", nome da casa noturna que inaugurou a ocupação heavy metal noturna da rua e termo usado para designar a rua inteira por freqüentadores mais novos.

A casa de shows Garage e o bar temático de motociclismo Heavy Duty Beer Club têm sido os principais pontos de encontro do mundo heavy metal no Rio de Janeiro, desde os anos 1990, e nas noites de sábado transformam a rua em uma espécie de "Baixo Metal",[30] com um intenso trânsito de jovens, em sua maior parte do sexo masculino,[31] percorrendo os inúmeros bares do quarteirão. A maior parte do meu trabalho de campo[32] foi realizada nesse complexo cultural metal.

Os fãs de heavy metal adentram a rua Ceará logo após o ponto de ônibus, de vans e de mototáxis em frente à rua, ao atravessarem o escuro portal de concreto edificado pelas pilastras que sustentam o viaduto do metrô. No início da rua, passam por um depósito da Comlurb, à esquerda, e por uma rua perpendicular, à direita, a rua Lopes de Sousa, caminho para a Vila Mimosa,[33] esta o motivo principal da presença constante de uma blitz policial na entrada da via.[34] Já nessa esquina alguns fãs de metal param no primeiro dos inúmeros botequins da rua, para comprar garrafões de vinho tinto das marcas Chapinha, São Roque ou Sagrada Família por cerca de três reais (o popular "sangue de boi"). Podem então fazer um reconhecimento da área ("dar uma volta" ou "um rolé" na rua) antes de se fixarem em algum ponto de encontro específico.

Nos primeiros metros da rua há um trecho mal iluminado, com muitos carros estacionados em frente a portas de ferro de oficinas e de lojas de peças de automóveis fechadas e a arbustos, onde alguns grupos jovens sentados no chão bebem e casais namoram encostados nas paredes ou nos carros. Em seguida há um ou mais bares improvisados em janelas ou garagens por moradores desse trecho da rua, que conta com algumas vilas e pequenos prédios residenciais de dois ou três andares entre ou sobre as oficinas. Trinta metros após o primeiro botequim, em uma área mais iluminada, com o barulho de música mecânica em alto volume e do burburinho típico das aglomerações noturnas, está localizado o alvo principal da peregrinação metal na rua Ceará, sede da meca da música pesada carioca e epicentro da atividade notívaga jovem nos arredores: o Heavy Duty e o Garage.

Ao lado do bar Heavy Duty há duas sedes de motoclubes, uma sempre fechada durante a noite, outra por vezes aberta, a do Motoclube Balaios (cujo símbolo é uma caveira com um chapéu de cangaceiro e pentes de balas cruzados sobre os ombros). Algumas motos Harley-Davidson podem ser vistas estacionadas, notadamente uma cromada bem em frente ao Heavy Duty, pertencente ao integrante do Balaios e dono do estabelecimento, Zeca Urubu, bem como um boneco feito com peças de moto, espécie de mascote do bar. As insuficientes mesas e cadeiras na calçada e na rua, repletas de garrafas de cerveja, são disputadas pelos *headbangers* freqüentadores, bem como uma mesa de sinuca na porta do estabelecimento iluminada por uma espécie de lustre, pendendo da marquise, que imita um recipiente de gelo com garrafas de cerveja norte-americana Budweiser. Ao lado do Heavy Duty há outro bar (que pertencia a uma senhora portuguesa, dona Maria, e foi recentemente vendido a comerciantes nordestinos), também com cadeiras e mesas na rua. Os dois bares disputam a clientela e a música nesse trecho, ambos permitindo que os freqüentadores coloquem CDs ou fitas de bandas de heavy metal em seus respectivos aparelhos de som. Num portão gradeado mais adiante um vendedor pendura camisetas e *patches* (adereços de pano para serem costurados aos casacos e calças) de bandas de heavy metal, grunge e punk rock. Defronte ao Heavy Duty, à esquerda da rua, na porta de uma vila e de uma oficina, moradores trabalham como ambulantes vendendo churrasquinho, cachorro-quente (o popular "podrão") e bebidas.

Logo em seguida, do lado direito da rua, pouco depois do Heavy Duty, surge o Garage, um casarão com grades e uma pequena área descoberta, com um balcão de bar à esquerda da entrada e uma escada rumo à varanda do segundo andar, onde fica a casa de shows propriamente dita. O térreo, sempre fechado, tem uma placa de ferro com a inscrição "Motoclube do Brasil", segundo freqüentadores uma oficina de motos anterior ao funcionamento da casa. Em frente, do lado oposto da rua, há uma área de terra sem calçamento com algumas árvores e veículos estacionados, e por vezes carcaças de carros (também presentes na entrada da rua), ladeada pelo muro da garagem de uma empresa de ônibus interestaduais (a rodoviária Novo Rio se encontra relativamente próxima), que ocupa todo o lado esquerdo da via até um trecho em que a rua faz uma curva. Do lado direito da rua Ceará, vizinho ao Garage, fica o "bar do morador", uma janela residencial transformada em balcão de bar, com duas rústicas mesas de madeira fixas na calçada embaixo de uma árvore, onde por vezes um conjunto, a "banda do Carlinhos", um beatlemaníaco de meia-idade freqüentador da área, toca clássicos do rock dos anos 1960 e 1970 em troca de bebida oferecida pelo morador. Em seguida há um longo trecho escuro ocupado por uma garagem ou oficina, onde muitos jovens ficam sentados em grupos encostados na parede.

Antes da curva da rua Ceará está localizado o "bar dos punks", um botequim onde os proprietários permitem que os freqüentadores (em bem menor número que no Heavy Duty), alguns com a indumentária punk característica (casacos jeans com inscrições típicas, calças rasgadas, coturnos e cabelo estilo moicano) ouçam fitas-cassete de punk rock. Em todo esse trecho, do começo da rua ao "bar dos punks", há muitos jovens andando, conversando no meio da rua, e as cadeiras dos bares ficam em sua maior parte no asfalto, o que gera engarrafamentos nos horários de maior movimento (entre 1h e 3h), principalmente de carros de freqüentadores e táxis vindos da Vila Mimosa; há relatos, raros, de atropelamentos sem maior gravidade.

Na curva para a direita da rua, em seu trecho final e mais deserto, há um hotel popular de nome Canário, uma oficina por vezes aberta à noite, um ou mais prédios residenciais, uma padaria, uma ou mais vendas com bebidas alcoólicas (semelhantes às "biroscas" encontradas em favelas), e na esquina com a rua Sotero dos Reis, novamente à direita da rua, o "bar dos grunges",[35] com uma *jukebox* dispondo de vários CDS de bandas de heavy metal e rock dos mais diversos subgêneros, máquinas de jogos eletrônicos e duas mesas de sinuca retiradas aos sábados para ceder espaço para a roda de *mosh* ou pogo aberta pelos freqüentadores – fãs de metal, mas também de rock alternativo e de rock brasileiro dos anos 1980 (chamados de grunges pelos demais freqüentadores da rua). Esses freqüentadores são mais novos que os de outros bares – alguns aparentam ser menores de idade, motivo de reportagem no jornal *O Globo*,[36] de ações constantes do juizado de menores nesse trecho e da recente presença de seguranças para controlarem o acesso ao interior do estabelecimento, que foi fechado no começo do ano de 2006 por ordem judicial, segundo freqüentadores[37] – e de camadas sociais menos favorecidas, e há uma presença maior de mestiços e negros que no Heavy Duty. No "bar dos grunges" e nas áreas vizinhas as brigas são constantes, e por um tempo, no fim dos anos 1990, um segurança (alguns *habitués* afirmam ser um morador da rua e ex-policial militar, outros o irmão de um dos donos do bar) tinha por hábito dar tiros para o alto buscando interrompê-las, ou simplesmente para desocupar a rua e manter as pessoas nas calçadas a fim de permitir o trânsito de carros saindo da Vila Mimosa (eram comuns as correrias dos freqüentadores grunges quase todo o sábado, fugindo desse bar e passando pelo Heavy Duty em direção à saída da rua, por causa de brigas ou tiros).

No trecho final da rua Ceará, após a esquina com a rua Sotero dos Reis, há um ou dois prédios residenciais, outra garagem de ônibus e o final sem saída, em frente à passarela para São Cristóvão sobre a linha do trem, entre a Estação Leopoldina e a Estação São Cristóvão. A passarela e a linha do trem são referidas como área de execução de criminosos, desordeiros e desafetos por moradores ou seguranças da Vila Mimosa, informação não confirmada mas presente no discurso de freqüentadores de ambos os espaços (a área de freqüência metal e o setor da Vila Mimosa).

Na rua Sotero dos Reis, ao lado do "bar dos grunges", há casas antigas transformadas em cortiços, datando talvez da época em que a praça da Bandeira era sede do Abatedouro da Cidade, inaugurado em 1853. Ao final dessa rua está sediada a Vila Mimosa, e o trecho limítrofe com a rua Ceará que a antecede é uma zona de indefinição entre o Baixo Metal e a área de prostituição de população menos favorecida, com uma mistura maior de público dos dois ambientes. Há *headbangers* jovens, homens e mulheres, em grande parte brancos, de cabelos longos e roupas pretas; roqueiros ainda mais jovens (não considerados *headbangers* pelos freqüentadores, mas "grunges" ou roqueiros), de menor poder aquisitivo, com maior parcela de mestiços ou negros, em geral freqüentadores do "bar dos grunges" (mais barato que o Heavy Duty); prostitutas, funkeiros, "bandidos" e "viciados" (nos termos dos moradores e freqüentadores). Há também uma maior presença policial. No grupo de freqüentadores da Vila Mimosa é grande o número de população mestiça e negra, residente em subúrbios ou favelas, e a porcentagem de população branca de camadas médias é bem menor que no Heavy Duty e no Garage.

Nessa fronteira há bares em seqüência, uns três ou quatro, inclusive um bar espaçoso com diversas mesas de sinuca, que durante o dia vende comida a quilo, na esquina com a rua Hilário Ribeiro. Tanto esse bar quanto o "dos grunges" são estabelecimentos abertos 24 horas, todos os dias da semana. As *jukebox* com CDS de rock e heavy metal no "bar dos grunges" e no bar das mesas de sinuca seguem o padrão dos minibares/prostíbulos enfileirados nas galerias da Vila Mimosa, muitos com máquinas contendo música sertaneja, samba, funk, rap, MPB e rock brasileiro dos anos 1980 (também presentes naqueles dois bares, mas em menor número). Na rua Hilário Ribeiro, transversal à Sotero dos Reis e paralela em um trecho à rua Ceará, localiza-se o bar dos Abutres, do motoclube paulista de mesmo nome. Essa rua traça uma fronteira invisível entre o trecho rock/heavy metal da Sotero dos Reis em continuidade com a rua Ceará, e o trecho seguinte, território da "VM", como é conhecida a Vila Mimosa pelos freqüentadores do Heavy Duty. Não é comum o público de um desses trechos deixar sua respectiva área e passar da zona limítrofe que as separa, mas por vezes mulheres fãs de metal pedem a amigos que as acompanhem para conhecerem a Vila Mimosa em segurança, sem serem assediadas, e "cabeludos" fãs de metal podem lá ir em grupos passear; raramente recorrem ao sexo pago, pois as prostitutas locais são consideradas pouco atraentes para a grande maioria deles.

Os fãs podem fazer todo esse trajeto pelos diferentes estabelecimentos da rua ao chegar ou ao longo da noite, para encontrarem conhecidos, "azarar" freqüentadores do sexo oposto (e recentemente, em alguns casos, do mesmo sexo, com a recente ocupação GLS de um dos bares, segundo tópico de discussão na comunidade "Heavy Duty" no site de relacionamento Orkut), retornando ao Heavy Duty. Alguns passam pelos vários locais da rua, assistem a shows no Garage, voltam ao Heavy Duty depois e no fim da noite deslocam-se para o bar 24 horas dos grunges. Outros, talvez a maioria, preferem se limitar ao Heavy Duty e ao Garage por considerarem os trechos da rua além desses limites perigosos e/ou com muitos "pirralhos", "grunges" e "new metal" entre outras classificações locais pejorativas. Uma fã de metal, branca, assídua na rua, pertencente às camadas médias da Zona Norte, reprovou minhas incursões ao "bar do final da Ceará", dizendo que não devíamos "nos misturar", referindo-se ao gosto musical, à idade e também ao poder aquisitivo inferior dos que aí passam a noite. Muitas vezes os últimos freqüentadores do Heavy Duty saem apenas com o dia claro, com o dono, Zeca Urubu, jogando a água da faxina na calçada em frente ao bar.

O aparato simbólico dos fãs de metal

Os *headbangers* da rua Ceará apresentam uma ornamentação característica: cabelos longos, camisetas pretas – podendo ou não ter estampas de capas de CDS, logotipos de bandas ou foto dos integrantes[38] (pode-se afirmar que literalmente vestem a camisa do estilo musical que ouvem)[39] –, calças jeans também negras ou em tom escuro, botas de couro (*boots,* como as chamam) e casacos ou coletes de couro ou jeans, no estilo motociclista. Alguns podem ter brincos, piercings, tatuagens, cavanhaques, braceletes de couro com pinos de metal (os "spikes"), pulseiras estilo hippie, colares com motivos característicos (místicos, medievais ou símbolos religiosos). Muitas das mulheres do grupo têm o cabelo pintado de negro ou ruivo, podendo ter mechas de cores como roxo, verde ou azul; vestem-se em tons escuros, geralmente de preto, com calças jeans, minissaias, ou saias longas, camisetas com menos destaque para ou nenhuma referência a bandas, tops, espartilhos, cintos com elementos em metal prateado (jamais dourado, tido como cafona e cor de adereços "de patricinha"), colares, brincos, pulseiras, muitos anéis, unhas com esmalte negro ou outros tons escuros, tatuagens, piercings e botas de couro. Temas medievais, símbolos orientais, egípcios, cruzes e cruzes invertidas (a chamada cruz satânica), pentagramas (tradicionais ou invertidos, estes também chamados de satânicos) e mais raramente motivos celtas ou nórdicos podem ser vistos em suas vestimentas, brincos e pingentes.

A simbologia de tradições religiosas, boa parte de origem não-cristã, presente nas roupas e adereços liga-se à estética da já citada transvaloração de símbolos religiosos das letras e da iconografia do heavy metal. As roupas usadas no cotidiano tendem a ser semelhantes às usadas nos shows e encontros do grupo – o padrão de tons escuros tende a ser seguido mesmo no trabalho ou em outros ambientes em que a estética da ornamentação do grupo seria alvo de reprovação e onde poderia ser imposto outro tipo de vestuário. A própria adoção da cor negra como predominante nas roupas e demais itens estéticos do mundo heavy metal (e sua valorização positiva) questiona a oposição cosmológica central de diversas tradições religiosas, notadamente a cristã, entre luzes e trevas, claro e escuro, em que o negro é conotado negativamente como símbolo triste, do mal, do luto e da morte. A exigência do corte dos cabelos longos por parte dos homens do grupo, no alistamento militar ou para se adequar às exigências de "boa aparência" do mercado de trabalho, causa indignação e temor entre os *headbangers*. O site alemão "Metaleros" (www.metaleros.de), sobre heavy metal latino-americano, chama a atenção para o fato de muitos *headbangers* brasileiros terem o cabelo curto devido à discriminação a homens de cabelos longos no país. A palidez tende a ser generalizada, em virtude de o hábito de ir à praia não ser valorizado, e mesmo conotado negativamente pelo grupo, ao contrário de boa parte dos outros habitantes da cidade do Rio de

Janeiro, sobretudo os jovens de camadas médias e médias altas da Zona Sul.

Heavy Duty Beer Club

A primeira casa noturna aberta na rua Ceará voltada para o público heavy metal foi o Garage, no fim dos anos 1980 ou começo dos 1990, por Fábio Costa, mas atualmente o principal atrativo do local é o bar Heavy Duty. Aberto em 1997 por Zeca Urubu, o bar apresenta decoração temática de motociclismo, oferece bebidas e sanduíches a baixo preço (o X-Tudo custava R$ 1,00 até 2004), vídeos de heavy metal e a possibilidade de os fãs deixarem CDs no começo da noite no balcão para serem tocados no som do bar. Mesas para os fregueses e a mesa de sinuca ficam na rua e na calçada. Dentro do bar, decorado com luzes de neon vermelho, há um balcão com três ou quatro bancos frente a um espelho, à esquerda, onde são afixados cartazes de shows e encontros de motociclismo, algumas camisas para serem vendidas, à direita, e durante certa época uma pequena motocicleta para ser rifada, atrás de uma ou duas mesas. O balcão do bar propriamente dito fica atrás das camisas, com o caixa de frente para a rua, e se estende até a porta da cozinha ao fundo. À esquerda do caixa os fregueses retiram seus pedidos e levam-nos para as mesas ou consomem-nos *in loco*. No fundo do salão, há uma janela da cozinha onde são feitas frituras, em frente à fila do banheiro feminino – motivo de reclamação constante das freqüentadoras, que temem que os cabelos fiquem com cheiro de gordura. Ao lado fica o banheiro masculino, um vão sem porta com um mictório, em frente a uma escada, à esquerda, que conduz ao segundo andar, antiga sinuca atualmente fechada. Por último, ao fundo, fica a despensa com engradados de bebida. Nas paredes que vão do espelho até a escada e no interior do balcão estão afixadas peças de motos, recortes de matérias de jornal sobre o estabelecimento e sobre motociclismo, fotos de Zeca Urubu em sua moto e dos integrantes do Balaios; na geladeira há diversos ímãs e adesivos com escudos de motoclubes de todo o país. O logotipo do Heavy Duty simula o da fábrica de motocicletas norte-americana Harley-Davidson, e as iniciais com as letras HD remetem à mesma marca.

O atendimento do Heavy Duty é descrito por Zeca Urubu como "o pior do Rio", palavras que ele mesmo grita ao microfone conectado às caixas de som, usado para anunciar os pedidos prontos. Interrompe as músicas com gritos, imitados pelos *habitués*, de "X-tudo pronto, porra!" e "batata porra!", intercalados por berros roucos e agudos no estilo dos vocalistas de power metal, ou ainda por pedidos nem sempre educados para que proprietários de veículos estacionados em frente a garagens de residências vizinhas os retirem de lá. Por vezes, ao limpar o balcão do bar, Zeca Urubu derrama álcool e coloca fogo sobre a placa de pedra, cujas chamas rapidamente se extinguem. No fim da madrugada, depois de 3h, é comum Zeca pedir, gritando ao microfone, que os presentes consumam mais, dizendo que tem contas para pagar e que vai falir, aos berros de "Venham, venham!" e "Bebam, bebam!".

São raras as brigas, pois a presença de integrantes do motoclube inibe qualquer iniciativa desse gênero, e porque os freqüentadores em sua maioria vão para ouvir heavy metal, beber, conversar com apreciadores desse gênero musical, e os solteiros para "azarar" ou "ficar". As conversas e apresentações entre desconhecidos se dão com naturalidade, assim como as cantadas não-agressivas a mulheres visivelmente desacompanhadas (as acompanhadas são mais respeitadas que em outros bares da noite do Rio que freqüentei, e mais de uma freqüentadora diz que se sente bem no bar com a ausência de "playboys" e "pitboys", comuns na noite carioca, que fazem abordagens agressivas, mesmo a mulheres acompanhadas, puxando os cabelos, o braço e usando expressões de baixo calão). Algumas freqüentadoras chamam seus desafetos de "Maria Xampu", acusando-as de não apreciarem a música heavy metal e irem ao local apenas para "caçarem cabeludos". Outra acusação entre os fãs de metal presentes é a de *poser*. Há um grupo de fãs de hard-rock e metal farofa, de aspecto andrógino (com maquiagem e roupas consideradas pouco masculinas pelos demais *headbangers*), chamados pejorativamente de "os posers do Heavy Duty", que por vezes monopolizam o som do bar, despertando a fúria dos demais presentes, admiradores de estilos de heavy metal mais pesados e "menos comerciais" no seu entender. Uma antiga versão para a acusação de *poser* por vezes ainda usada é a de que se trata de falso metal. Em oposição há a qualificação de "true", usado em expressões como "fulano é 'true'", significando que é um autêntico fã e integrante da cena, mas também dita de forma irônica para ridicularizar os fãs mais radicais. Uma acusação mais recente é a de "emo" – fãs de emocore, que ouvem rock romântico e sentimental. Há muitos integrantes de bandas de heavy metal, e as conversas sobre música, instrumentos e shows, bem como sobre a história do heavy metal no Rio e no resto do mundo, são uma constante (com lembranças de shows de cinco, dez ou vinte anos atrás). Alguns freqüentadores passam sua noite de sábado – que pode se estender das 23h30 até as 5h ou 6h de domingo (horários muitas vezes considerados mais seguros para se chegar e sair de ônibus) – entre conversas, sentados nas mesas ou em pé no Heavy Duty, em shows no Garage e, mais raramente, em incursões aos outros bares da rua.

Garage

O Garage é a casa de shows underground mais tradicional do Rio. Onde se formou a geração do metal dos anos 1990 segundo Lopes.[40] Além de apresentações de heavy metal – como o show de estréia dos paulistas do Angra (banda consagrada internacionalmente, em especial no Japão) com abertura dos cariocas do Killing Vice (conjunto de funcionários da loja especializada Hard'n'Heavy), em 1995, e o show dos americanos do Exodus (da tradicional área da baía de São Francisco, berço do trash metal), no começo dos anos 2000, a casa também abrigou exibições de bandas de outros mundos artísticos, como Planet Hemp, Los

Hermanos (no fim dos anos 1990) ou ainda apresentações de grupos punk e hardcore, como os brasileiros do Cólera e os norte-americanos do Agnostic Front.

A casa abriu em 1987 com o nome de Garage Art Cult, exibindo vídeos de heavy metal e rock, e no começo dos anos 1990 foi realizado o primeiro show, anunciado como de heavy metal, mas com a banda de rock gaúcha De Falla, precursora do funk metal, gênero que mistura metal e rap, com sonoridade próxima à de bandas como o Planet Hemp. O próprio Planet Hemp faria ali seu primeiro show, em 1991, que presenciei. O vocalista da banda, Marcelo D2, chegou a morar no Garage.

Dois eventos já referidos são sintomáticos da atmosfera da casa de shows, e ilustrações da mistura de diferentes tradições culturais – do rock e do heavy metal com as tradições religiosas locais – e da crítica religiosa incisiva presente em grande parte dos diferentes subgêneros de heavy metal. Em primeiro lugar destaco um show de black metal, lembrado por muitos freqüentadores, em que uma das bandas pendurou e incendiou um crucifixo de madeira na viga do teto sobre o palco, como manifestação contrária ao cristianismo através da combustão de seu maior símbolo sagrado. O fogo ateado à cruz subiu pela corda e quase queimou a viga e o forro do teto, ambos de madeira, causando pânico no público e no dono da casa. Aspectos teatrais como este são comuns em shows desse subgênero de metal (e em outros também): os músicos de black metal podem usar uma maquiagem de base branca com olhos e boca envoltos em negro, chamada de "*corpse paint*", braceletes e pulseiras de couro com longos pinos de metal, muitos pentagramas invertidos nas roupas e colares, muita fumaça cênica; mais raramente podem depositar no palco objetos remetendo a símbolos religiosos e adereços típicos de missas negras de filmes de terror, como presenciei em um show da banda Blood Thirsty, da Ilha do Governador, no Festival Todas as Tribos, no Kremlin de Olaria.

Outra célebre história alçada à lenda pelo público do Garage foi a referida proibição dos shows de saravá metal do Gangrena

Gasosa por um terreiro de umbanda vizinho, pois, segundo os fãs presentes, os participantes do culto reclamavam que "só baixavam exus" quando a banda se apresentava. O Gangrena Gasosa fazia shows satirizando diversas tradições religiosas brasileiras. Provenientes da Baixada Fluminense e do subúrbio carioca, os integrantes cantavam paramentados com roupas e símbolos de entidades de umbanda: os vocalistas Chorão e Paulão trajavam, um, capa e cartola pretas, outro, um entrelaçado de palha indo da cabeça aos pés, remetendo respectivamente a Exu ou Zé Pilintra e a Omolu; o guitarrista usava um vestido vermelho e cabelos longos, "incorporando" uma Pombagira; outros integrantes tinham figurinos similares. No palco depositavam estátuas e despachos de umbanda que, dizem alguns fãs, retiravam de encruzilhadas a caminho dos shows. Quase sempre chamavam uma outra banda para, literalmente, "dar uma canja" para o público junto com eles no bis, jogando pratos de canja, farofa e outros alimentos presentes nos despachos de umbanda sobre as cabeças da audiência.

Cabe ainda mencionar um personagem presente na saída de quase todos os shows no Garage – folclórico no mundo do rock underground carioca e que sintetiza a mescla de mundos das camadas populares e do metal cariocas, num caso singular de multipertencimento: o ambulante vendedor do sorvete Mother Fucker Ice Cream, apelidado de Mother Fucker por seus fregueses, é um senhor negro de cabelos brancos, que mistura algumas palavras em inglês para anunciar os produtos que oferece e seus preços (tais como "Two reais, três por five"), ou ainda termos sexuais em inglês em referência à anatomia feminina intercalados ao sabores disponíveis.[41]

Gangrena Gasosa: uma análise de caso

As letras do CD "Smells like a tenda spírita" (trocadilho com o hit da banda grunge de Seattle Nirvana, "Smells like teen spirit") satirizam a religiosidade do subúrbio carioca natal dos integrantes, em letras como a de "Centro do Pica-Pau Amarelo":

> Na caverna da Cuca/ Se trabalha pro mal/ Uma porta para o inferno/ No Sítio do Pica-Pau/ Mãe Cuca é feiticeira/ Um demônio encarnado/ Esse lagarto é a danação/ Pior que o diabo/ Olha a maldição/ Do Rompe-Mato e Curupira/ O mal tá entranhado/ Nesse inferno caipira/ Ela tem um capeta no seu caldeirão/ E um Demônio aprisionado dentro de um garrafão/ Sacrifica o Rabicó em nome de Omolu/ Emília Pombagira é uma boneca de vodu/ Anastácia é poderosa nos trabalhos de umbanda/ E nas macumbas mais sinistras/ É vovó Benta quem manda/ Beber marafo num chifre tirado do Minotauro/ E queimar numa fogueira o Sabugo que é viado/ E quem vem lá no bambuzal?/ É o moleque Pererê/ Matar Pedrinho e Narizinho/ Eles vão virar Erê/ Na cabana do Barnabé/ Todos vão se consultar/ Sob as cores do arco-íris Satanás foi habitar.

No encarte, uma nota afirma: "Em tempo: o Terreiro Universal do Reino de Deus foi criado em homenagem aos cariocas que confiam nos santos e depositam suas vidas em terreiros de macumba, onde trocam um cristo de braços abertos por um satanás de braços cruzados (a estátua que representa todas as favelas e morros do Rio de Janeiro)."

A letra de "Surf Iemanjá" fala da praia da Macumba; "Terreiro do desmanche" de um terreiro que serve de fachada para o tráfico internacional de órgãos humanos; "Matou a galinha e foi ao cinema" brinca com título de filme; "Benzer até morrer" satiriza o hit do Ratos de Porão "Beber até morrer". Na música "Headbanger Voice"', parodiam a sessão de correspondência da revista especializada em heavy metal *Rock Brigade*, simulando a carta de um fã de metal extremo (como é considerado o black metal citado mais acima) criticando o Gangrena Gasosa. Essa letra é precursora do humor em cima de estereótipos de *headbangers* característico do "Massacration" – banda dos humoristas responsáveis pelo programa "Hermes e Renato", com clips de metal na MTV nos fins de semana, o "Total Massacration":

> Caros amigos da *Brigade*/ Escrevo para protestar/ Contra certos imbecis/ Que só querem deturpar/ O verdadeiro heavy metal/ Fazendo um monte de misturas/ Eu não concordo com essa porra/ Isso é boiolice pura/ E se não bastasse o funk'o metal veio para completar/ Essa mistura com macumba, esse tal de Saravá .... Antes de acabar a carta, um recado aos companheiros/ Quero me corresponder apenas com os fãs do verdadeiro/ Deathnoisegrindblackmetalsplattercore/ Não me escrevam os cabeludos pós-Hollywood Rock/ Eu curto Impaled Nazarene, Burzum, Behemot e Samael/ O puro suco da maldade que vem lá do fundo do hell.

E em "Protesto concreto" encerram o CD com uma crítica à indústria da construção civil carioca:

> Precisamos de serventes e pedreiros/ E damos preferência/ pra quem chegar primeiro/ Traga um documento, traga um retrato/ quem não for alérgico/ a cimento e mau-trato/ Vamos construir tomara que não caia/ Vamos nos destruir/ pra edificar os Niemeyers/ Vamos construir tomara que não caia/ Vamos botar conchinha/ no prédio do Sérgio Naya/ E aproveite pra usufruir/ Desde agora e já/ Porque depois de pronto/ Você não vai poder entrar/ Antes que me esqueça, uma observação: Traga sua marmita/ pois não damos refeição/ RONALDO/ Ronaldo Chorão vai te jogar um ebó/ Então irmão de santo/ Passa a bola e não esqueça/ É a Gangrena Gasosa/ Raspando a sua cabeça[42]!!!/ Arroz, feijão,/ Macarrão, salada/ Prato de peão,/ prato da rapaziada.

O site da banda (www.gangrenagasosa.com.br), cujo portal apresenta o desenho de um cemitério com o letreiro "Terreiro Virtual Gangrena Gasosa", adverte aos "praticantes ou simpatizantes de religiões afro-brasileiras" que possam sentir-se ofendidos com o conteúdo do site para que não entrem – clicando no desenho de um anjinho com a frase "Eu me importo...", que permite sair da página. Para entrar deve-se clicar num diabinho legendado com "Foda-se".

Incidentes relatados por fãs da banda são a morte da namorada de um dos integrantes devido a uma queda de skate, atribuída por alguns ao fato de "estarem mexendo com o que não deviam", com o além, ao satirizarem símbolos sagrados das religiões afro-brasileiras (os dois vocalistas, e mais carismáticos integrantes da banda, tinham ascendência africana); e a ameaça, seguida de uma surra, feita por integrantes de um centro ou associação umbandista que lhes teria proibido trajar roupas com referências a essa religião. Alguns fãs dizem que sete umbandistas ameaçaram e "juntaram" um dos músicos próximo a uma linha de trem na Baixada Fluminense, o que acrescenta elementos quase míticos ao relato. O fato é que hoje em dia a banda, ainda na ativa, se apresenta de bermudas e camisetas, sem a cenografia com tigelas, estátuas, charutos e garrafas de cachaça de despachos de umbanda, e um dos vocalistas originais deixou a formação.[43] O desrespeito, a dessacralização, a iconoclastia literal de símbolos religiosos (carro-chefe de muitos subgêneros de metal) promovidos pelo Gangrena Gasosa seriam, para parte dos que conhecem a banda, causa de represálias por parte de representantes das religiões afro-brasileiras, desse e de outros mundos (não obrigatoriamente artísticos ou religiosos).

É interessante notar que a sátira do Gangrena Gasosa se dirige não somente ao mundo das religiões mais representativas no subúrbio carioca, mas também a radicalismos de alguns integrantes do mundo artístico do heavy metal (para a maior parte dos fãs de metal o Gangrena não seria uma banda pertencente ao gênero). Isto inclui o ícone-mor do metal brasileiro, o Sepultura, através da paródia "Troops of Olodum", com direito a batidas características das músicas do conjunto de Salvador no clássico do Sepultura "Troops of Doom". Há *headbangers* que afirmam ter sido essa mistura de metal com símbolos de umbanda e de música afro-brasileira que inspirou o Sepultura a gravar o CD *Roots*, com as participações de Carlinhos Brown[44] e dos Xavante de Pimentel Barbosa, e com forte influência de percussão afro-brasileira na bateria, que revolucionaria o heavy metal em nível mundial.

A justificativa para a criação do saravá metal, dada pelos músicos do Gangrena Gasosa em entrevistas à imprensa, era a de que sempre ouviam músicas heavy metal com referências a seres do além de outras paragens, da mitologia européia, e que decidiram mudar essa temática em suas composições remetendo-as às assombrações e ao além característicos do Brasil, principalmente concepções de sobrenatural da umbanda e do neopentecostalismo. Tanto no caso das bandas primevas do heavy metal europeu quanto no caso do saravá metal, a temática religiosa é abordada de forma crítica, gerando temor e deduções de punição sobrenatural aos músicos "infratores". De certa forma as letras do Gangrena Gasosa parecem expressar que as religiões não são para serem levadas a sério; o que – para alguns fãs e/ou críticos da banda – as supostas retaliações sobrenaturais e as ameaças e punições efetivas de religiosos de carne e osso parecem desmentir. Crítica às religiões similar, mas apresentada de forma mais agressiva e radical, é a que une as bandas de black metal – como a que queimou um crucifixo no Garage –, o mais extremo subgênero de metal.

Entre Garage e Rock Night

Após um dos inúmeros fechamentos do Garage por dívidas ou problemas com alvarás de funcionamento e outras pendências legais, o dono e criador da casa, Fábio Costa, foi substituído em 2001 pelo dono de um bar na rua Ceará, conhecido como Roque, que deu à casa o novo nome de Rock Night, que duraria até 2002. Os integrantes de bandas reclamavam das taxas que eram cobradas por Roque para que pudessem se apresentar na casa, o perfil de shows mudou, com poucas bandas conhecidas e com o público se submetendo às novas condições. O público heavy metal da rua – antes já acusado por músicos da "cena" de não a fortalecer ao se recusarem a entrar no Garage, preferindo gastar o dinheiro bebendo no vizinho Heavy Duty – passou cada vez mais a não freqüentar a casa e a se concentrar apenas no vizinho. Durante esse período, no início dos anos 2000, a rua teve alguns dos mais altos números de freqüentadores, com matérias no caderno "Tijuca" do jornal *O Globo* e em outros veículos – matérias que foram enquadradas e penduradas nas paredes do Heavy Duty. Houve mesmo a contratação, em conjunto por Zeca Urubu e Roque, de seguranças uniformizados, por vezes muito violentos, para vigiarem a rua; entre os contratados havia brancos, de cabelos longos e integrantes de motoclubes ou conhecidos destes, e negros ligados ao dono do Rock Night, provavelmente freqüentadores do mundo funk carioca, segundo *headbangers* que afirmam que Roque era funkeiro. Uma das atribuições dos seguranças era não permitir que os notívagos trouxessem garrafas de bebida de vidro consigo, para impedir que fossem quebradas e deixassem cacos de vidro nas calçadas, permitindo apenas o porte dos cascos de vidro reutilizáveis dos bares locais.

Esse período de mudança da casa de shows de Garage para Rock Night gerou primeiro uma escassez de shows de heavy metal no Rio de Janeiro, devido às mudanças na casa não aprovadas por fãs e músicos, mas em seguida provocou uma pulverização de shows, locais novos para apresentações e festivais de heavy metal e estilos de rock alternativo não-comercial (como o hardcore, o punk rock, o rock grunge de Seattle e o new metal), principalmente nos subúrbios da cidade e em municípios vizinhos. Citamos aqui, a título de ilustração, a primeira iniciativa desse gênero, a Casa da Zorra, no Engenho de Dentro, a uns 15 minutos de carro do Garage; alguns shows na boate Nautilus, no Catete (atual Marun); os shows no Bar do Blues, no município de São Gonçalo; festivais no Florença Rock Clube, em Vila Kosmos/ Vila da Penha; o Tomarock, no Casarão Show Beer, e os festivais no Clube Belém, em Duque de Caxias; os shows no bar Dom Chopp, no Méier; as apresentações nas lonas culturais da prefeitura do Rio de Janeiro em Vista Alegre, Realengo, Bangu, Campo Grande e Guadalupe; o festival "Todas as Tribos", no Kremlin de Olaria e atualmente no Farol da Ilha do Governador; e o festival Rato no Rio, originalmente no Clube Cassino Bangu e hoje itinerante, tendo passado por Campo Grande, pela Lona de Guadalupe e pelo próprio Garage.

Grande parte desses festivais não apresenta exclusivamente heavy metal, abrindo espaço para o rock dos mais diversos estilos, mas é quase sempre nos shows de heavy metal que as maiores platéias comparecem. Alguns shows misturam bandas de heavy metal com grupos de outros gêneros, mas é de praxe não fazê-lo numa mesma noite, e mesmo subgêneros antagônicos de heavy metal não devem ser misturados, pois o exigente público pode não comparecer por não apreciar um dos estilos escalados, retirar-se durante as apresentações das bandas que não aprecia ou manifestar-se contra ela. As bandas e o público dos subgêneros mais extremos (death e black metal) não costumam apresentar-se com outros, mas subgêneros menos pesados aceitam mais freqüentemente a mistura no mesmo show com bandas de outros subgêneros de metal e de rock não-comercial (por exemplo power metal junto com bandas de rock de Seattle/grunge, ou de new metal). O público desses shows tende a ser o mesmo que vai ao Garage, no entanto com maior concentração de moradores dos bairros onde são realizados e adjacências, enquanto a rua Ceará é freqüentada por pessoas de todo o Grande Rio.[45]

Outros empreendedores assumiram a direção do Garage quando o Rock Night foi desativado: o freqüentador da rua conhecido como Grão, que reformou e rebatizou a casa com o nome original, e um casal que transferiu para o Garage os shows que organizava numa sinuca na rua Mem de Sá, Lapa, chamada de Casarão do Rock.

Se nos sábados o público *headbanger* predomina na rua Ceará, às quintas-feiras há shows intermitentes de rock (raramente heavy metal) no Garage, e o Heavy Duty fecha mais cedo, por volta de 3h, com menos freqüentadores e muitos motociclistas entre estes. Às sextas-feiras há shows de punk rock, hardcore e outros gêneros de rock no Garage, e na calçada em frente ao Heavy Duty há apresentações gratuitas de uma banda composta por freqüentadores tocando clássicos do rock dos anos 1970 (por exemplo Jimi Hendrix, Janis Joplin) e do metal (Black Sabbath, Iron Maiden, Metallica entre outros). O público das sextas-feiras é composto por fãs de metal mais velhos e por muitos casais. E nos domingo há por vezes matinês punk no Garage e churrascos de tarde e no começo da noite no Heavy Duty. Um freqüentador afirmou, em tom temeroso, que, afora os sábados, nos outros dias, além dos poucos freqüentadores das duas casas principais, só há, no resto do quarteirão, "traficantes, prostitutas, seqüestradores, ladrões de banco e assaltantes".

Considerações finais

Um conhecido de minha rede de relações, guitarrista de uma banda de metal extremo, fez a clássica observação, em tom de brincadeira, de que o antropólogo iria estudar o seu conjunto "como se fossem formigas", durante uma excursão a um show em um festival no município de Tanguá. A recepção da pesquisa por parte dos fãs de metal (bem como de organizadores de shows e integrantes de bandas, de lojas e da imprensa especializada) sempre foi muito calorosa, principalmente por esse gênero de música ser, na perspectiva dos fãs, discriminado, invisibilizado socialmente, vítima de inúmeras acusações pela imprensa, autoridades e religiosos entre outros, em suma, considerado um mundo artístico tabu (essa discriminação também é apontada por inúmeros não-fãs e corroborada pelas conclusões da minha pesquisa de doutorado). Finalmente alguém (e alguém de dentro do mundo artístico, "nativo") estava tomando a cena metal como digna de interesse para pesquisa acadêmica, e não para críticas infundadas ou reprovações moralistas. Grande parte dos fãs de metal que entrevistei era formada ou estava em vias de se formar no ensino médio ou universitário, e assim tinha conhecimento sobre pesquisas em antropologia, disciplina que lhes era de certa forma familiar.

O estranhamento do cotidiano metal da rua Ceará me levou a shows de subgêneros que não conhecia ou não apreciava, e a apresentações nos mais diversos subúrbios do Grande Rio, onde o familiar e o "exótico" se mesclavam em localidades distantes geograficamente. Levou-me também às bordas da área metal, na vizinhança da rua Ceará: ao "bar dos grunges", à área limítrofe próxima à Vila Mimosa (assim como à própria) – áreas antes evitadas e percebidas, por mim e pelos demais fãs de metal, como violentas e perigosas.[46] No início da pesquisa, eu experimentava um forte sentimento de medo quando atravessava as fronteiras aproximadas entre as diferentes regiões do complexo da rua Ceará, medo agravado posteriormente durante alguns momentos em que me vi sem compreender ou ainda não dominando determinados signos e regras de comportamento, o que poderia gerar mal-entendidos e suspeição por parte dos "nativos" de fora dos limites do "Baixo Metal".

Foi crucial na pesquisa o ponto de vista nativo do mundo metal do Rio de Janeiro sobre a discriminação[47] de que se sentiam alvo, pois foi a partir dele que pude formular a hipótese central da minha tese, que postula que o metal promove uma operação de dessacralização de símbolos religiosos através da conversão destes em convenções artísticas com novos valores. Isso seria a principal causa da incompreensão e rejeição social desse mundo artístico. E foi a partir dos pontos de vista dos mundos com que o metal se defronta, e com os quais muitas vezes entra em conflito, foi a partir da diferença entre esses pontos de vista sobre o outro que pude buscar entender os motivos das acusações e da percepção social negativa do gênero musical em questão. Essa perspectiva pode ser explicitada na afirmação de Lévi-Strauss de que "a antropologia não lida com objetos, mas com diferenças", reiterando a sobrevivência da antropologia à hipotética extinção das sociedades ditas primitivas que estuda, devido ao interesse da disciplina não por um objeto concreto, mas pela diferença entre grupos de pessoas.[48]

A percepção sobre o trabalho do antropólogo que mais me chamou atenção foi a de alguns fãs de metal (ou ainda dos grunges e roqueiros) mais jovens do "bar dos grunges", dos seguranças deste estabelecimento e de alguns freqüentadores e comerciantes da área limítrofe à Vila Mimosa. A curiosidade e a observação minuciosa do ponto de vista do antropólogo foram muitas vezes encaradas como ameaças, dos mais diversos gêneros, e no mínimo consideradas impróprias para os códigos de etiqueta locais. Assim, um participante da pesquisa e funcionário de um botequim próximo ao "bar dos grunges" afirmou em tom de confissão e ao mesmo tempo de alerta – após um diálogo no qual disse ter percebido que eu era "uma pessoa de bom coração" – que havia inicialmente suspeitado de minha conduta, pois ouvira um boato na área da Vila Mimosa e adjacências de que eu seria policial, devido ao meu casaco de couro (apesar de essa ser uma vestimenta comum na área metal e entre os motociclistas da rua), ao meu olhar investigativo e principalmente ao número de vezes que eu percorria a área, percebido por ele e outros nativos como "andar demais", e talvez também olhar, observar e perguntar demais para os códigos de uma área de prostituição e outras atividades consideradas contravenções ou ilegais. (Essa conduta, no entanto, é perfeitamente legítima na parte metal da rua.) Já em uma blitz policial no "bar dos grunges" em horário de pouco movimento, todos os presentes foram revistados menos eu, provavelmente por ser o mais branco, além de estar vestido da maneira menos "suspeita"[49] dentre os presentes.

Assim, a experiência de campo na rua Ceará me pôs diante de um mundo do qual era nativo, que tive de estranhar e desnaturalizar, mas, ao fazê-lo, me defrontei em suas bordas com os vizinhos mundos da prostituição e da boemia de camadas de baixa renda, cujos códigos eu desconhecia e estranhava, mas que de certa forma tive de "naturalizar", me colocando no lugar do outro, tentando adotar sua perspectiva, para apreendê-los. Ou seja, frente a situações em que, em parte, "o que sempre *vemos* e *encontramos* pode ser *familiar*, mas não é necessariamente *conhecido*, e o que não *vemos* e *encontramos* pode ser *exótico* mas, até certo ponto, *conhecido*".[50] Algumas dessas situações exigiram a rápida decifração de códigos para evitar possíveis conflitos e riscos, em momentos de tensão similares aos dos duelos de enigmas entre os pré-socráticos parafraseados na citação acima. Outras permitiram, pela observação e pela análise de conflitos,[51] evidenciar os interesses, os valores, em suma, as diferenças de perspectivas com relação a um determinado mundo artístico e a valores religiosos majoritários entre grupos[52] em uma distribuição hierarquizada de espaços contíguos correspondendo a diferentes posições na hierarquia social.

Notas

1. J. Caiafa, *Movimento punk na cidade*, p.131.
2. Vocalista da banda de rock Barão Vermelho, sobre o público metal no Rock in Rio I, de 1985. *Jornal do Brasil*, revista *Domingo*, n.1.499, 23 jan 2005, p.12.
3. O "metagênero" heavy metal, ou mais comumente apenas metal (nesse caso pronuncia-se como em português), apresenta inúmeros subgêneros como o trash metal, o power metal ou metal melódico, o black metal, o gothic metal, o doom metal, o death metal, o prog metal e o new metal, entre outros, com públicos e características musicais, temáticas e estéticas distintos em sua maior parte. São muitas vezes designados apenas pela primeira parte do nome, sem o complemento "metal".
4. Exemplos de letras com essa temática: "Toxic trace" e "When the sun burns red", dos álbuns *Terrible certainty* (1987) e *Coma of souls* (1990), disponíveis em www.darklyrics.com .
5. H. Becker, *Art Worlds*.
6. Como por exemplo os mundos do samba, do funk, de áreas de lazer de camadas populares e das diversas formas de religiosidade presentes na cidade do Rio de Janeiro.
7. Saravá metal é uma criação e auto-intitulação do Gangrena Gasosa, gênero do qual são provavelmente os únicos expoentes. Ver www.gangrenagasosa.com.br.
8. C. Geertz, "'*Ethos*', visão de mundo e símbolos sagrados".
9. "Aquele que tem entendimento, calcule o número da besta; porque é o número de um homem, e o seu número é seiscentos e sessenta

e seis" (Apocalipse 13:16-18). Essa sentença abre a música do Iron Maiden "The number of the beast", narrada em inglês por um locutor com voz semelhante ao ator de filmes de terror Vincent Price, e consagrou o número entre os fãs do gênero. A música se assemelha a um conto de terror e foi inspirada no filme *A profecia*, e fez os integrantes da banda serem acusados de satanistas – enquanto o baterista é católico praticante. O 666 recorrente como convenção artística aparece, por exemplo, na camiseta do programa brasileiro de TV virtual *Stay heavy*, em comunidades do site de relacionamento Orkut, ou ainda na letra do Gangrena Gasosa "Se Deus é 10, Satanás é 666".

10. O. Velho, *Besta-fera*, p.15-6.
11. G. Velho, *Individualismo e cultura*, p.131, e *Pesquisas urbanas*, p.11-9.
12. Defendi a dissertação *As metamorfoses do corpo: os xamanismos araweté, bororo e tukano à luz do perspectivismo* em março de 2001 (PPGAS, Museu Nacional/UFRJ, sob orientação da prof. Aparecida Vilaça) e a tese de doutorado *Heavy metal no Rio de Janeiro e dessacralização de símbolos religiosos: a música do demônio na cidade de São Sebastião das Terras de Vera Cruz* em agosto de 2006 (PPGAS, Museu Nacional/UFRJ, sob a orientação do prof. Gilberto Velho). A hipótese central desta última é a conversão de símbolos religiosos muitas vezes percebidos como "do mal" ou "satânicos" em convenções artísticas dessacralizadas.
13. A letra de "Savage", dos alemães do Helloween, tematiza a visão preconceituosa de muitos não-nativos sobre os *headbangers*. Letras sobre o extermínio das populações indígenas das Américas ou em defesa ou homenagem a estas são freqüentes no metal. Cito as principais: "Run to the hills", do Iron Maiden; "Indians", do Anthrax; "Itsári" ("raízes", em xavante), gravação em conjunto do Sepultura com os Xavante, com letra no idioma indígena, de uma canção para ritual de cura, "Datsi Awawere", segundo o encarte do CD *Roots*; ou ainda "Creek Mary's blood", dos finladeses do Nightwish, com trecho em idioma de índios norte-americanos (no mesmo CD, *Once*, há também uma letra em finlandês, "Kuolema tekee taiteilijan"; as demais são em inglês, língua franca do heavy metal).
14. "Metaleiros" é termo pejorativo para a maior parte dos fãs do gênero. Considerado uma criação da TV Globo em cobertura denegrindo esse mundo artístico no Rock in Rio I, em 1985, é usado pelos outsiders, pelos não-nativos, muitas vezes de forma discriminadora.

Alguns fãs dizem que "metaleiro é quem faz panela, quem ouve metal é *headbanger*". Ou ainda, segundo o usuário Charlie da comunidade do Orkut "Entendendo o metal...", no tópico "Precisa usar preto p (sic) ser metaleiro?": "... e esquece isso de 'metaleiro'. você OUVE metal, você não é metal. Mas se quiser ser isso, entenda como quiser".

15. O termo "heavy" para definir os fãs de metal nos anos 1980, usado por J. Caiafa, op.cit., caiu em desuso.
16. Presente na letra do Sepultura "We who are not as others", do álbum *Chaos A.D.* (1993). Ver a declaração de usuário do Orkut na nota 14.
17. *Roots* (1996), clássico e recorde de vendas no Brasil e no exterior da banda, misturando Carlinhos Brown, viola caipira e cantos xavante ao heavy metal brasileiro. Um dos Xavante de Pimentel Barbosa comparou o Sepultura aos índios em termos de discriminação pela sociedade envolvente, por, assim como eles, terem cabelos vermelhos (as mechas de Max Cavalera) e a pele pintada (tatuagens), usando o idioma da corporalidade, característico das cosmologias dos ameríndios e da relação destes com os brancos. A. Vilaça, "O que significa tornar-se outro?".
18. G. Velho, *Individualismo e cultura*, p.107.
19. A única tese de doutorado de que tenho conhecimento sobre heavy metal no Brasil é a de J. Janotti, *Heavy metal e mídia*. J. Caiafa, op.cit. descreve os contatos e influências mútuas entre punks e "heavies", e H. Vianna, *O mundo funk carioca*, faz breve comparação entre funkeiros e fãs de metal.

   Dentre a escassa bibliografia acadêmica sobre heavy metal estrangeira podem ser citados H. Berger, *Metal, Rock and Jazz*; F. Hein, *Hard Rock, Heavy Metal, Metal*; B. Roccor, "Heavy metal"; R. Walser, *Running with the devil*; e D. Weinstein, *Heavy Metal*.
20. Oliven afirma que, apenas entre fevereiro e março do ano de 1996, a banda Sepultura vendeu mais de 500.000 cópias do CD *Roots*, um dos mais vendidos na Europa nesse período, superando nas paradas britânicas Madonna e Michael Jackson. R. Oliven, "Cultura brasileira e identidade nacional", p.38.
21. "... o Sepultura tornou-se o equivalente musical ao Pelé nos esportes". T. Leão, *Heavy metal*, p.202.
22. C. Lopes, *Guerrilha*.
23. Mistura parecida caracteriza o CD *Roots* e a família Cavalera, dos irmãos fundadores do Sepultura, filhos de um imigrante italiano (A. Barcinsky & S. Gomes, *Sepultura*) e da mineira Vânia Cavalera,

mãe-de-santo de candomblé, e que empresta o nome à famosa grife Cavalera, fundada por Igor Cavalera e sócios.

24. Black metal: subgênero considerado o mais extremo do heavy metal, originário da Noruega e Suécia, apresenta grande número de referências a temas satânicos e de críticas agressivas ao cristianismo. Flerta por vezes com nacionalismos de extrema direita, característica oposta ao posicionamento da maior parte das bandas de heavy metal, em geral à "esquerda" do espectro político. F. Hein, op.cit. Autores como I. Dunn & S. McFadyen, *Metal History*, afirmam que o radicalismo de algumas bandas de black metal dizem mais respeito a questões sociais e religiosas dos países nórdicos que ao mundo artístico do heavy metal.
25. Coincidentemente foram incêndios de seculares igrejas de madeira da Noruega que tornaram o black metal conhecido mundialmente, mas no caso do Garage o princípio de incêndio não foi proposital.
26. Dança do público metal que seria originária do movimento punk, em que os participantes dançam sem uniformidade, indo de um lado ao outro, e se chocam, na maior parte das vezes sem intenção de machucarem os demais. É interessante notar que em Recife a roda dos shows de metal é feita em um movimento circular simultâneo de todos os seus integrantes, talvez por influência das tradições locais. Em inglês a roda é chamada de *moshpit*, mas no Brasil *mosh* acabou designando o inglês *stage-diving*, o salto de fãs, a partir do palco, nos braços da platéia.
27. Outra designação para fã de metal em inglês.
28. C. Lopes, op.cit., 92.
29. Tanto a passarela quanto o trecho deserto entre esta e a Estação Leopoldina são locais de constantes assaltos aos fãs de metal, como explicitado em tópicos sobre violência nas comunidades virtuais da rua Ceará, do Garage e do Heavy Duty no site de relacionamento Orkut.
30. "Baixo" é termo usado para áreas de grande concentração de público em busca de entretenimento noturno, como o Baixo Leblon, o Baixo Gávea e o Baixo Méier, em bairros homônimos, ou o antigo Baixo Gay em Botafogo.
31. Em média mais de mil jovens, com idades entre os 17 e os 30 anos, freqüentam a rua Ceará a cada noite de sábado.
32. O trabalho de campo na rua Ceará e arredores foi efetuado entre o final de 2002 e junho de 2004 (período ao qual se refere a presente descrição etnográfica), e nos diversos shows em vários bairros da

cidade, principalmente das zonas Norte e Oeste, bem como em municípios do Grande Rio, de 2003 até 2006.

33. Área de concentração de casas de prostituição freqüentada por população de baixa renda na rua Sotero dos Reis, que faz esquina com a rua Ceará em sua extremidade final.
34. Uma funcionária da Vila Mimosa, após ser revistada na rua Ceará, em um trecho limítrofe entre as duas áreas, ficou indignada dizendo que uma quantia alta de dinheiro era paga à polícia pela área de prostituição para que não fossem alvo de batidas policiais. Há relatos de freqüentadores afirmando que tal quantia é paga para que a blitz seja mantida no começo da rua como forma de proteção à Vila Mimosa.
35. Que no final dos anos 1990 era conhecido como "bar do reggae", com decoração temática rastafari e música reggae como trilha sonora.
36. S. Schmidt, *O Globo*, 30 mai 2004, p.24.
37. Um novo bar em frente parece ter abrigado os antigos freqüentadores do "bar dos grunges".
38. O Helloween era uma das bandas que se via em maior número de camisetas à época do trabalho de campo, junto com o Iron Maiden e, mais recentemente, a banda de black metal Cradle of Filth. A venda de camisetas e CDs pelas bandas em turnê ainda é uma importante fonte de renda e de divulgação.
39. Em uma comunidade do Orkut chamada "Odeio metaleiros", há diversos estereótipos, mas uma frase aí presente – "não ouvem música, torcem por um estilo musical" – descreve bem os fãs e a semelhança desse mundo artístico com as partidas e as torcidas de futebol.
40. C. Lopes, op.cit., p.44.
41. Há uma página na internet em homenagem a esse sorvete e seu vendedor (www.geocities.com/freakloko/mutha.html) e uma comunidade no Orkut, e houve pelo menos duas edições do Tributo ao Motherfucker Ice Cream no Garage, cujo ingresso incluía sorvetes do Mother Fucker oferecidos pelos organizadores.
42. Os últimos três versos são referência à letra do Planet Hemp "Fazendo a sua cabeça" (CD *Usuário*, 1995).
43. Paulão, atualmente MC Paulão, em carreira solo e tocando com B Negão e os Seletores de Freqüência (B Negão é ex-Funk Fuckers e Planet Hemp). Paulão foi substituído por Ângelo, que participou da banda de heavy metal carioca Dorsal Atlântica como baixista, à épo-

ca com cabelos longos, pela qual gravou o CD *Straight* na Inglaterra, no fim dos anos 1990.

44. A música "Ratamahatta", de Carlinhos Brown com o Sepultura no CD *Roots*, cantada por ele e Max Cavalera, tem em sua letra em português diversos elementos também presentes no cruzamento do mundo metal com o de camadas populares da rua Ceará: "maloca, bocada, fubanga/ favela, garagem, biboca, porra! /Zé do Caixão, Zumbi, Lampião ..."
45. Há um tópico na comunidade "Heavy Duty" do Orkut com os bairros de origem de uma centena de freqüentadores, a maior parte da Zona Norte e de municípios da Baixada Fluminense.
46. Sobre a percepção do perigo no trabalho de campo pelos nativos, ver F. Piccolo, "Particularidades e generalizações", p.55-67.
47. Questão também apontada por I. Dunn & S. McFadyen, op.cit.; F. Hein, op.cit.; B. Roccor, op.cit.; e D. Weinstein, op.cit.
48. Apud M. Peirano, "Otherness in context".
49. Similar à situação vivida por Sandra Regina Soares da Costa durante trabalho de campo nas proximidades de uma favela; cf. S. Costa, "Uma experiência com autoridades", p.139-55.
50. G. Velho, *Individualismo e cultura*, p.126.
51. Para o processo de estranhar o familiar, "o estudo de conflitos, disputas, acusações, momentos de descontinuidades em geral é particularmente útil, pois ao se focalizarem situações de drama social, podem-se registrar os contornos de diferentes grupos, ideologias, interesses, subculturas etc., permitindo remapeamentos da sociedade". Ibid., p.131-2.
52. Diferenças essas que podem gerar também alianças, como as citadas entre os mundos do metal e da religiosidade afro-brasileira.

Camelôs cariocas

Patrícia Delgado Mafra

O aumento contínuo da prática do comércio de rua tem se colocado como um fenômeno proeminente nas cidades brasileiras. No Rio de Janeiro, em todo e qualquer lugar onde circule ou para onde convirja uma grande quantidade de pessoas, os camelôs estão presentes, oferecendo diversos tipos de mercadoria. É possível encontrá-los cotidianamente nas calçadas das principais ruas da cidade, no interior dos transportes coletivos, nas saídas das estações de trem e metrô, nas beiradas das feiras, nos locais de maior fluxo de pessoas e em muitas outras situações, como nos eventos públicos, engarrafamentos, sinais de trânsito etc. O fenômeno da camelotagem, na proporção em que se encontra no Rio de Janeiro, do ponto de vista do poder público e da sociedade em geral, se define basicamente como um problema ligado ao desemprego e ao uso do espaço urbano.

No caso fluminense, a administração tem adotado políticas de contenção do problema da camelotagem a partir de medidas que enfatizam a ordenação do espaço urbano, criando locais específicos para o estabelecimento dos camelôs e reprimindo a sua fixação fora desses espaços. Pode-se afirmar que ao longo dos últimos 20 anos, desde o momento em que a camelotagem emergiu como problema na cidade do Rio de Janeiro, no início dos anos 1980, as medidas tomadas foram de caráter paliativo, sem implicação direta na diminuição da entrada de trabalhadores nesse mercado, sendo a repressão policial a mais recorrente. O saldo final da conjugação dessas medidas é a ocorrência de embates violentos entre guardas e camelôs nas principais ruas de comércio da cidade, noticiados nas páginas dos principais jornais.[1]

No decorrer da pesquisa que empreendi no mestrado sobre a camelotagem no Rio de Janeiro, constatei que todos os camelôs, de alguma maneira, na tentativa de se manter nesse mercado, precisam lançar mão de estratégias, legais e ilegais. De fato, existe uma ampla rede de corrupção que envolve uso e partilha ilegal dos espaços públicos, desvio de carga, contrabando e falsificação de mercadorias. Contudo, não se pode ignorar uma multidão de pessoas que encontra na camelotagem uma alternativa de trabalho e/ou de consumo.

Para realizar a etnografia concentrei a abordagem no Camelódromo da rua Uruguaiana, localizado no Centro do Rio de Janeiro. Durante cerca de dez meses freqüentei assiduamente uma área específica no interior desse camelódromo – um canto peculiar que conjugava bar, salão de cabeleireiro, boxes de caça-níqueis, assistência técnica de telefones celulares e relógios, e diversos pontos de comerciantes atacadistas, com os quais os camelôs que vendem nas ruas adquiriam suas mercadorias. Nesse lugar específico todos se conheciam, inclusive os fregueses e os freqüentadores mais assíduos, e principalmente camelôs que vendem nas ruas e fazem do camelódromo o seu ponto de apoio no Centro da cidade.

Em momentos de pouco movimento comercial os vendedores dos boxes, camelôs e outros freqüentadores costumavam se reunir entre o bar e o salão de cabeleireiro para conversar. Passei várias tardes e noites entre eles, participando dessas conversas e brincadeiras, e as relações que estabeleci ali me inseriram numa rede de pessoas ligadas às atividades da camelotagem, dentro e fora do camelódromo. Sob essa perspectiva, logo foi possível identificar uma divisão nativa da prática da camelotagem, onde há os camelôs "da pista" e os camelôs "do camelódromo".

O panorama etnográfico

A rua Uruguaiana é o eixo de uma área comercial do Centro da cidade marcada por um caráter dinâmico e popular. A densidade é a marca dessa área, e pode ser experimentada no dia-a-dia de suas principais ruas e avenidas transversais e paralelas, como as avenidas Presidente Vargas e Rio Branco, as ruas Sete de Setembro, Ouvidor, Rosário, Buenos Aires e Alfândega. Além de serem ocupadas por estabelecimentos comerciais, instituições financeiras, órgãos públicos, estação de metrô, terminais, universidades, igrejas e edificações públicas, as imediações da rua Uruguaiana, por sua qualidade e vitalidade em termos de povoamento e atribuições, são citadas como o lugar referencial da camelotagem no Centro. O comércio varejista predomina. Além dos estabelecimentos em galerias, há a Saara[2] e o Camelódromo da Uruguaiana compondo um extenso mercado conhecido por oferecer diversidade e possibilidade de consumo a preços acessíveis.

A forte presença de seguranças particulares contratados pelos lojistas, de "olheiros" a serviço dos camelôs e de guardas municipais representando o poder municipal revela uma atmosfera de violência latente e a possibilidade iminente de tumulto. De modo semelhante ao que acontece nos bazares marroquinos descritos por Clifford Geertz,[3] uma espécie de *fear of nefra*[4] adeja toda a área. A qualquer momento pode acontecer um confronto entre camelôs e guardas municipais nessas imediações. Aqueles que freqüentam a região conhecem a precariedade da ordem nessas ocasiões e percebem que não há mecanismo de controle da violência que não revele ainda mais a sua iminência. Mesmo aqueles que nunca viram de perto uma contenda envolvendo guardas e camelôs sabem da sua possibilidade. A imprensa da cidade, por sua vez, se encarrega de relatar em detalhes os confrontos ocorridos, e, nessas notícias, a rua Uruguaiana aparece como a arena principal, como o local onde "acaba a civilidade".[5]

Entre o vaivém dos passantes, nas ruas estreitas das imediações da Uruguaiana, os camelôs buscam, afoitos, pontos movimentados para se instalar durante os momentos de ausência da Guarda Municipal. Apreensivos, querem expor a todo custo o que trazem para vender. Carregam os produtos em suas mãos ou montam frágeis bancas de caixa de papelão, forram-nas rapidamente com tecido e espalham as mercadorias. Com euforia e um certo nervosismo, apregoam suas ofertas em meio aos passantes, até ser dado o alerta da volta dos guardas municipais.[6]

A ação da Guarda, pelo que pude observar, segue uma lógica que varia de acordo com o calendário e áreas comerciais da cidade. O calendário comercial está relacionado com os rituais da sociedade como um todo: do ápice no Natal, passando pelos ciclos promovidos pelo "dia de pagamento", até a sexta-feira, que celebra o fim da semana de trabalho. Essas ocasiões dinamizam as compras e geram uma maior incidência de investidas da Guarda nos locais mais movimentados.

A maior parte dessas investidas não gera grandes confrontos; os vendedores conseguem escapar, graças a seus sistemas de comunicação. Essas situações foram cotidianizadas pelos próprios camelôs e guardas, que passaram a chamá-las de "gato e rato". A maneira como a Guarda exerce seu poder pode ser um dos fatores que potencializa a probabilidade de um confronto mais sério. No trabalho de campo, pude notar que algumas ações de repressão realizadas pela Guarda Municipal são consideradas exageradas e geram revoltas e mobilização de recursos para o enfrentamento. Há ocasiões em que alguns camelôs reagem individualmente à ação da Guarda, e o próprio tumulto se encarrega de sorver quem está de fora. Em outras circunstâncias, os camelôs fogem, se organizam, se munem de paus e pedras, e retornam momentos depois para uma revanche. Em geral, as lojas cerram as portas, e seguranças particulares e policiais militares se envolvem na contenda. Em meio à confusão, algumas vezes, ouvem-se tiros de origem indefinida e estouros de morteiros. Assustados, os passantes correm em todas as direções, buscando refúgio em lojas e galerias, e os camelôs, em grande parte, se refugiam no interior do camelódromo da Uruguaiana.

O camelódromo[7] foi instalado em 1994, como uma iniciativa do poder público municipal em acordo com o governo do Estado para o remanejo dos camelôs que ocupavam as calçadas destas imediações desde o final da década de 1980. Seus 10.000 metros quadrados divididos em quatro quadras – denominadas A, B, C e D – atualmente têm cobertura e são ocupados por cerca de 1.600 boxes de comércio atacadista e varejista de diversos tipos de mercadoria, desde vestuário, artigos eletrônicos até bares e salões de cabeleireiro. O camelódromo é bastante freqüentado e é visto como um mercado conveniente às necessidades de consumo e de trabalho, tendo nas camadas mais populares o seu maior público. O camelódromo oferece infinita variedade de artigos e utensílios, e na cena *happy hour* do Centro do Rio, por exemplo, o camelódromo e a rua Uruguaiana são referenciais para os encontros. Ao mesmo tempo é visto como "receptáculo de mercadorias ilícitas" e paraíso do contrabando e da pirataria.

Há no camelódromo um bulício contínuo, com *hits* da música pop internacional e ruídos estridentes dos jogos eletrônicos e dos caça-níqueis, que sobressaem no rumor do ambiente, alterando-se de acordo com os tipos de mercadoria e o fluxo de pessoas no mercado. Nas primeiras horas da manhã, o camelódromo chega a ser um lugar sossegado: poucos boxes estão abertos, e o único movimento que se vê, dentro e fora do mercado, é o de trabalhadores sonolentos ou apressados chegando para o trabalho. Os primeiros boxes a abrir são os de sucos e lanches. Com o passar das horas, cresce o fluxo de pedestres na rua, e o movimento no mercado se intensifica. Entre meio-dia e duas horas da tarde, o movimento comercial atinge o seu auge, para depois retomar o ritmo a partir das 18h, na *happy hour,* até por volta das 23h.

A rua Uruguaiana e as ruas do seu entorno compõem um espaço altamente valorizado do ponto de vista comercial e fortemente controlado pela Prefeitura. Há, nesse mercado, uma complexa divisão do trabalho comercial em lojas e na camelotagem, que vai do vendedor varejista ao distribuidor, e os graus de adesão aos procedimentos oficiais ou ilegais no desempenho da atividade são relativos. Na camelotagem, especificamente, o trabalho como vendedor se coloca de duas maneiras gerais: vendedor "da pista" e "de camelódromo".

Os camelôs da pista são, na grande maioria, homens entre as idades de 17 e 40 anos, que se definem como "desempregados". A atividade deles é bastante heterogênea e de um modo geral se baseia em adquirir a mercadoria com algum atacadista e vendê-la nas ruas. Para isso, costumam se inteirar dos produtos que têm demanda comercial e se posicionar nos locais mais movimentados, em momentos de ausência da guarda, a fim de realizar o maior número possível de vendas às milhares de pessoas que passam. Eles não utilizam barracas, e sim tabuleiros, mostruários aramados, caixas de papelão, ou quaisquer outros apetrechos que ofereçam liberdade de movimento para as situações de fuga. Esses camelôs não possuem autorização da Prefeitura, e o único mecanismo de controle do espaço do qual dispõem é mesmo a sua mobilidade. Chamei-os "da pista" utilizando um termo empregado por eles mesmos, com muita propriedade, pois realizam um circuito, como numa pista, percorrendo diariamente diversos pontos de diferentes áreas do Centro da cidade.

Os camelôs do camelódromo trabalham em boxes, como o nome já diz, no interior dos camelódromos. À sua semelhança, há ainda os barraqueiros, que se posicionam em pontos fixos, mas geralmente em ruas secundárias, ao ar livre. Essas duas maneiras de desempenhar a camelotagem são semelhantes e utilizam os mesmos procedimentos gerais de aquisição de pontos comerciais e de mercadorias. Um dos métodos usados para aquisição do ponto comercial é preencher os critérios de concessão estabelecidos pela lei municipal. Entretanto, independentemente da pontuação atingida, segundo os critérios do município, o candidato deve entrar numa fila de espera, pois estão suspensas as concessões para o bairro do Centro.[8] A outra maneira é fazer contato com o presidente da associação de camelôs da área almejada (na rua ou no interior do camelódromo) para se estabelecer, a fim de alugar ou comprar o ponto – a prática mais utilizada, embora proibida pela legislação que rege a camelotagem no Rio de Janeiro.[9]

De um modo geral, os camelôs – homens, mulheres e crianças que vivem do comércio de rua e que não dispõem de recursos para se fixarem em barracas ou no camelódromo – são vistos como transgressores. Além da repressão policial, é possível enumerar uma série de acusações feitas em jornais contra esses atores: eles são classificados como desordeiros, receptores de mercadorias ilícitas e recalcitrantes. Para realizar a pesquisa abstive-me de descobrir os meandros dos acordos velados dessa rede de atos ilegais e procurei conhecer aquilo que é obscuro para o senso comum: as situações vivenciadas pelos camelôs no dia-a-dia nas ruas. Nessa perspectiva, a camelotagem aparece como "trabalho".

Carreiras na camelotagem carioca

Uma temática recorrente nas conversas dos camelôs é o próprio trabalho e a questão das condições da sua realização. A carreira de camelô está envolvida em ciclos, ritmos e problemas típicos, que variam de acordo com a posição que o sujeito detém no grupo ocupacional.[10] Como em qualquer outra ocupação, na camelotagem também se desenvolvem padrões culturais, estilos de vida peculiares, códigos e linguagens próprias. Deve-se lembrar que a camelotagem, tal como se pratica nas ruas do Centro da cidade, diante da legislação e da ação da Guarda Municipal, é uma infração e portanto possui um status na sociedade que marca, de forma pejorativa, a imagem de quem a desempenha.[11]

Comparando as possibilidades de exercício da ocupação de camelô na cidade, busquei identificar, na etnografia, os tipos de carreira que podem ser desenvolvidas na camelotagem carioca, e para este texto destaquei dois personagens centrais: Adriano, camelô da pista, e Lucinha, camelô do camelódromo. Também faço referência a outras pessoas, cujas trajetórias podem ajudar a perceber a diversidade desse universo e a entender as variadas formas que os indivíduos encontram de elaborar suas identidades ao longo de suas carreiras na camelotagem. Trata-se dos amigos de Adriano e dos colegas de Lucinha.[12]

Na pista

De segunda a sexta-feira, Adriano sai de Nilópolis, município fronteiriço à cidade do Rio de Janeiro, para trabalhar no Centro. Chegando por volta das 9h/10h, ele entra no camelódromo da Uruguaiana para tomar seu café da manhã – uma tigela de açaí com granola –, depois passa no boxe onde ficam guardados os CD-ROMs, pega seu mostruário – um aramado com as fotocópias das embalagens dos programas – e vai para o seu ponto de venda. Ali, em meio à confusão de passantes e compradores, Adriano ocasionalmente anuncia sua mercadoria: "Vai aí? Corel, Autocad, Norton, Office? Tem dicionário: inglês, português, alemão, francês! Vai?" Sempre muito atento, ele sabe o que fazer. Quando o freguês se interessa pelo produto, ele olha ao redor, para ver se Reinaldo, seu fornecedor, está por perto, e, se não o avista, ele mesmo vai pegar a mercadoria, pedindo ao Jéferson ou ao Roberto, outros camelôs, para tomar conta do seu mostruário. Essa estratégia de deixar o mostruário sob os cuidados de um colega serve para "segurar o freguês" nas ocasiões em que ele precisa se ausentar, o que é relativamente freqüente, pois ele não pode portar a mercadoria por se tratar de produto ilegal e ficar sujeito ao flagrante do delito. Ele então vai pegar o CD, tudo muito ligeiro, e em segundos está de volta. Ele entrega o CD, pega o dinheiro, e já tem que atender outro comprador. O movimento é intenso, e há compradores para os três.

Adriano é sempre o primeiro a chegar e é mais assíduo que os outros. Jéferson e Roberto costumam chegar mais tarde, e às vezes nem aparecem. Reparei que, quando não há colegas no ponto, Adriano vende sem o aramado que sustenta o mostruário; ele apenas anuncia os produtos e mostra, num papel dobrado, as fotocópias das capas dos programas. Perguntei a ele como é lidar com a repressão. Ele me respondeu que é preciso "ficar ligado" o tempo todo, pois a qualquer momento pode ser preciso sair correndo da Guarda Municipal: "Não enfrento esses guardas não. Pra enfrentar eles, só com ferro, pra valer. Camelô e Guarda Municipal é igual a traficante e PM... Só que com pedra e pau." Ele disse que todos os dias precisa fugir, e com maior freqüência por volta da hora do almoço, justamente no momento de maior fluxo de pessoas nas ruas do Centro. Disse também que, quando a repressão está intensa, já encontra os guardas ao chegar, pela manhã, na esquina: "Aí não dá pra fazer nada. Tem gente que fica revoltado. Eu fico também, mas não vou fazer nada. Foi como eu te disse: se eu tiver que fazer, vai ser pra valer. Aí, espero eles sair; alguma hora eles têm que sair. Aí a gente volta." Nessas ocasiões, Adriano costuma se refugiar no camelódromo: "É muito raro a Guarda entrar aqui atrás de camelô. Eles não entram, porque sabem que aqui tem o pessoal da segurança, que não deixa ter confusão."

Com 28 anos de idade, seu domínio da situação é próprio de quem trabalha como camelô no Centro do Rio. Adriano mora com a filha de nove anos e com a mãe. A aposentadoria da mãe e o que ele ganha com suas vendas são as únicas fontes de renda da família. Ele se diz o "chefe da casa", pois, se não fossem os seus rendimentos, a mãe e a filha estariam "passando por necessidades". Começou a vender cópias de programas de computador há dois anos. Antes, "vendia de tudo": vinha para o Centro, passava no camelódromo da Central ou da Uruguaiana e decidia o que ia vender. Assim, vinha sustentando sua mãe e sua filha. Certo dia, no Centro, encontrou Jéferson, a quem conhecia do lugar onde ambos moram, e este, camelô de *software*, o recomendou a seu primo, que é fornecedor da mercadoria. Adriano, se referindo às cópias, me disse que não gosta de trabalhar com "pirataria" por se tratar de mercadoria ilícita, e me relatou que, no tempo em que prestava serviços ao comércio ilegal de drogas estabelecido na área onde mora, passou por situações difíceis. Ao escapar dessas situações, prometeu à sua mãe que trabalharia de forma "honesta" e não se envolveria mais em atividades arriscadas. Segundo Adriano, o trabalho do camelô, "mesmo sendo a maior pedreira, não é tão perigoso quanto o tráfico. É melhor do que sair por aí roubando. Sendo camelô, não preciso mexer com arma. Na rua, sempre dá pra levar algum dinheiro pra casa. Por isso, resolvi ser camelô, e há oito anos tô aqui".

É interessante notar que a ocupação de camelô tem um status que é constantemente negociado.[13] Não se deve esquecer que se trata de uma carreira de difícil aceitação social, embora represente, para boa parte de seus integrantes, uma forma "digna" e "honesta" de sobrevivência. Se, por um lado, o exercício da camelotagem tem uma imagem que estigmatiza, por outro, é um artifício usado na defesa contra outras acusações, como a de "ser ladrão", por exemplo.

Ao conhecer Reinaldo, primo de Jéferson e fornecedor de CDs, Adriano viu a possibilidade de "mexer com informática" e de obter maiores ganhos comercializando as cópias de *software*, pois esse negócio oferece vantagens, mesmo envolvendo a venda de mercadoria ilegal.[14] Segundo Adriano, sem essa oportunidade, não seria possível criar sua filha nem cuidar de sua mãe de maneira satisfatória. Ele calcula que, num emprego formal, ganharia no máximo R$ 500,00 por mês, o que inviabilizaria o sustento de sua família. Como camelô de outras mercadorias, não conseguia tirar um bom lucro nas vendas, pois trabalhava com artigos de baixo valor, como balas, canetas, pilhas etc. Depois que começou a comercializar *software*, aprendeu com Reinaldo e Jéferson "muita coisa de computação" e, de acordo com seus cálculos, sua renda melhorou. Adriano tira em média, por dia, entre R$ 50,00 e R$ 100,00, o que possibilita a manutenção do plano de saúde de sua mãe e a educação de sua filha. Segundo ele, ainda "sobra algum pra tomar uma cerveja".

Adriano pega a mercadoria em consignação, ou seja, paga apenas pela mercadoria vendida. Ele me revelou que "a maior parte desses camelôs que a gente vê aí faz desse jeito. Ninguém quer empatar dinheiro. Só aquele que quer vender no atacado. Aí sim, vale a pena, porque já tem os camelôs certos que vendem pra eles aí na pista." Depois de ter vendido drogas e bugigangas, Adriano se sente "mais correto" e "honrado" por lidar com uma mercadoria que, apesar de ilícita, "não faz mal pra ninguém" e rende lucros satisfatórios, além de se tratar de um tipo de produto que lhe ofereceu a possibilidade de se familiarizar com "computação".

No camelódromo

Lucinha é uma comerciante estabelecida no camelódromo há oito anos. É uma pessoa muito comunicativa e espirituosa. Em seu boxe de roupas esportivas, oferece relativo conforto e garantias aos fregueses. Dispõe de provador com espelho, aceita cartão de crédito e garante a troca em caso de problemas com a mercadoria. Lucinha mora no bairro do Cachambi, tem 34 anos e "sempre mexeu com comércio". Com o ensino médio completo, trabalhou em diversas lojas e butiques do Shopping Rio Sul e em outras lojas da Zona Sul da cidade. Seu marido, Alex, tem um boxe de óculos escuros e relógios no atacado, também no camelódromo. Eles se conheceram no bairro onde nasceram e onde moram até hoje. Antes de ser transferido para o camelódromo, Alex tinha uma barraca de "importados" no Largo da Carioca, em frente à rua Uruguaiana. Nessa época, Lucinha trabalhava na Redley,[15] das 16h às 22h. Na parte da manhã, ficava na barraca do Largo da Carioca, para que seu namorado – na época eles não eram casados – pudesse freqüentar o curso de direito que fazia numa universidade particular. Dois anos depois de Alex ter sido transferido para o camelódromo e ter abandonado a faculdade, Lucinha saiu do emprego e conseguiu um ponto próximo ao dele.

Ao longo desses oito anos que trabalham juntos no camelódromo, Lucinha e Alex se casaram e ampliaram os negócios; hoje, estão construindo uma casa em Maricá. Lucinha adora crianças, mas não pode ter filhos. Alex não gosta muito de conversar, mas Lucinha adora. Está sempre entre os vizinhos de boxe. Sua lojinha é interessante, toda feita de ripas de madeira, com *spots* embutidos no teto e araras com as roupas organizadas por tamanho e cor. Na parede, tem uma cortiça, onde coloca as fotos dos amigos, dos parentes e das farras entre os colegas do camelódromo. Tudo isso em meio a recortes de revista, com surfistas descendo ondas enormes e paisagens paradisíacas, e ao som de reggae, que ela sempre coloca "pra dar o clima das roupas", como ela mesma diz.

Verifica-se, na atitude de Lucinha em relação ao "clima" que cria no seu boxe, um grau elevado de comprometimento com o seu trabalho e de esforço em manter uma autonomia relativa sobre suas condições. Essa é uma das tensões que caracterizam as ocupações em que a prestação de serviço a pessoas "de fora", a uma clientela, é central.[16]

Comparando as trajetórias de Lucinha e de Adriano, é possível perceber as diferentes dimensões de elaboração do *ethos* na camelotagem, em função de suas carreiras e das condições de sua realização nessa ocupação. Adriano é um camelô da pista que passa diariamente pela situação degradante de fugir da polícia. Lucinha foi camelô da pista e também fugia da fiscalização, mas há oito anos tem uma lojinha no camelódromo, possuindo estabilidade relativa em seu ponto e ocupação. Através desse trabalho, ela realiza boa parte de suas aspirações. Ela e seu marido estão construindo uma casa em Maricá e pretendem "pegar uma criança pra criar" futuramente. Adriano mora numa favela no município de Nilópolis, precisa sustentar mãe e filha, não estudou, nunca trabalhou com "carteira assinada", e também não faz muitos planos para o futuro. Ao ser indagado sobre seus projetos, Adriano mostrava não ir muito longe nas suas aspirações; ele pretende poder continuar cuidando de sua mãe e de sua filha e se divertir quando "sobrar algum para a cerveja". Lucinha já trabalhou em lojas e butiques de shopping centers. Adriano, por outro lado, já teve a sua carreira no tráfico de drogas e viu na camelotagem uma maneira de sobreviver e de sair de uma atividade ainda mais degradante e perigosa. Lucinha viu na camelotagem uma possibilidade de ascender economicamente.

Os projetos de Adriano e Lucinha, portanto, são formulações inseridas num campo de possibilidades e delimitadas por ele. Ou seja, os indivíduos têm de se movimentar dentro de um processo econômico, histórico e cultural que demarca as alternativas possíveis de ação e realização de seus projetos.[17] Nessas trajetórias, é interessante observar, especialmente, que as carreiras não são lineares; elas são extremamente dinâmicas e acompanham os indivíduos em seus deslocamentos e subjetividades. Desse modo, são elaboradas no conjunto de sua vida, em meio aos dramas sociais e dilemas individuais.

Uma carreira desviante?

De longe, a face mais evidente da camelotagem é justamente a que tangencia as atividades ilegais e criminosas. Todavia, é preciso levar em conta que trata-se de um universo muito heterogêneo e que possui níveis variados de adesão às atividades ilegais. De um modo geral, a realização de uma carreira na camelotagem, portanto, passa pela elaboração de uma carreira moral,[18] em que o sujeito desenvolve uma atividade desviante.[19]

A maneira como Becker e Goffman lidam com as noções de desvio e estigma revela que a dinâmica da vida social é um processo complexo e contraditório, no qual toda imposição de regras está ligada a uma relação de poder político e econômico. Vista dessa forma, a problemática do desvio pressupõe a diversidade de modos de concepção da realidade. Segundo Becker, "uma sociedade tem muitos grupos, cada qual com o seu repertório de regras, e as pessoas pertencem a muitos grupos simultaneamente. Uma pessoa quebra as regras de um grupo através de diversos atos aceitos pelas regras de outro grupo. Essa pessoa seria então um desviante?"[20]

O desvio é criado pelos grupos sociais quando eles estabelecem normas. Sendo assim, ele não deve ser entendido como a qualidade de uma ação, e sim como o resultado de um processo de acusação que *estigmatiza* quem transgride as normas. Becker afirma que "desvio é uma qualidade que repousa não no comportamento em si, mas na interação entre a pessoa que comete um ato e aqueles que reagem a ele".[21] Partindo dessas noções, é possível refletir sobre a conduta dos camelôs e sobre o modo como a camelotagem se tornou uma atividade transgressora, passando a ser vista como "caso de polícia".

Se tomarmos a cidade moderna, tal como vista por Robert Park, como uma "conveniência de comércio que deve a sua existência à praça de mercado em volta da qual foi erigida",[22] a figura do mercador ou do vendedor revela-se fundamental para a compreensão da emergência da cidade como fenômeno antropológico. O comércio de rua no Rio de Janeiro é um fato que remonta aos primórdios da formação urbana da cidade. Os escravos de ganho, os mascates ou os ambulantes são retratados na extensa iconografia e literatura sobre a cidade. Embora os ambulantes tenham sido personagens recorrentes na elaboração de um caráter urbano propriamente carioca,[23] a figura do camelô representa, hoje, uma ameaça ao ideal de ordem urbana estabelecido na cidade.

Becker afirma que toda atitude desviante passa por etapas de acusação, até ser interpretada como tal.[24] No caso dos camelôs da cidade do Rio de Janeiro, há um longo processo de acusação dessa atividade, cujos antecedentes podem ser encontrados nos ideais de civilidade do início do século XX, em nome dos quais Pereira Passos perseguiu as "pequenas profissões", usando a proposta de "saneamento" como base do discurso de repressão.[25]

Porém a repressão à camelotagem, tal como se apresenta hoje na cidade, tem, a meu ver, uma história recente. No decorrer da etnografia, lidei com reportagens publicadas na imprensa carioca sobre o processo de contenção da camelotagem. Esse processo foi posto em prática, ao longo dos últimos 20 anos, por meio da implantação de camelódromos na cidade a da criação de uma guarda especial para a repressão dos camelôs "irregulares". Essa reportagem oferece-me a possibilidade de identificar algumas etapas desse processo de acusação.

Em 1984, os camelôs eram controlados por fiscais da Prefeitura, e somente em casos excepcionais a Polícia Militar entrava em ação. Com a implantação de camelódromos na cidade e reformas urbanísticas, o poder público passou a operar com a justificativa de que não havia mais motivo para o uso de locais impróprios e ilegais, sobretudo nos espaços "revitalizados", legitimando assim a repressão àqueles que usassem as ruas para o comércio ambulante.[26]

Com a criação da Guarda Municipal e da Lei nº 1.867, de 1992, que regulamenta a camelotagem, e com a implantação do camelódromo da Uruguaiana, em 1994, a repressão aos camelôs tomou novas proporções. A figura do fiscal – o "rapa" – começou a ser substituída pela do guarda municipal. Nesse quadro, encontramos uma cruzada moral empreendida pelos criadores e os aplicadores das regras, além da acusação pública, cristalizada nos confrontos entre guardas e camelôs em pleno Centro da cidade, e na sua divulgação pela imprensa.[27]

Em resumo, as políticas adotadas ao longo dos últimos 20 anos, baseadas em ações de controle e segregação do espaço urbano e de acusação pública da figura do camelô, geraram conseqüências desastrosas para a vida na cidade. Além do acirramento da violência e da formação de uma opinião pública a partir dos estereótipos que estigmatizam os sujeitos, o discurso de acusação encobre os matizes que envolvem a prática em questão.

A partir do olhar antropológico, baseado na observação participante e orientado pela noção de "carreiras", foi possível ver que a camelotagem se configura numa atividade de trabalho e de geração de renda – e, por esse ângulo, ela se coloca como a panacéia de um problema mais amplo, ligado às desigualdades sociais e à crise estrutural que atinge as relações de trabalho e o mercado de empregos. Nesse sentido, compreender o processo acusatório acionado contra a atividade do camelô na cidade do Rio de Janeiro é uma forma de reagir às abordagens e julgamentos que sustentam políticas públicas arbitrárias que obscurecem a complexidade do fenômeno.

Notas

1. P. Mafra, *A 'pista' e o 'camelódromo'*, p.59-74.
2. Trata-se de um complexo de 11 ruas que recebe diariamente um fluxo de milhares de pessoas. Fundada em 1962 pelos comerciantes da região, tornou-se de tal maneira popular que passou a identificar todo esse trecho do Centro do Rio. Para saber mais sobre a Saara, ver P. Ribeiro, *Saara*, e S. Worcman, *Saara*.
3. C. Geertz, "Suq: the bazar economy in Sefrou".
4. Uma atmosfera de interação febril e possibilidades de divergências que favorecem a "explosão". Ibid., p.196.
5. A reportagem intitulada "Cuidado, você está no Centro" (*Jornal do Brasil*, 21 dez 2003) é um exemplo.
6. Normalmente, o alerta é dado, por meio de radiotransmissores, para alguns camelôs, que avisam os demais. Uma outra forma de alertar sobre a chegada dos fiscais, da polícia ou da Guarda Municipal é a utilização de fogos de artifício. Porém o mais comum dos alertas é mesmo o grito "Ó o rapa!".
7. Mesmo sendo oficialmente denominado Mercado Popular da Uruguaiana, o local é conhecido como "camelódromo da Uruguaiana".
8. Para mais detalhes sobre os critérios de concessão e o número de camelôs em ponto fixo por região administrativa, ver a Lei Municipal nº 1.867/92, ou P. Mafra, op.cit., p.33-8 e 69-74.
9. Os camelôs donos de barracas ou boxes não sofrem repressão policial por parte da Guarda Municipal, mas são constantemente fiscalizados por agentes da Polícia Federal para averiguação sobre a origem e conteúdo das mercadorias, a fim de reprimir a venda de produtos contrabandeados ou falsificados.

10. E. Hughes, *The Sociological Eye*, p.124.
11. Ibid., p.133.
12. Cf. P. Mafra, op.cit., cap. III, em que explicito o perfil desses personagens.
13. H. Becker e A. Strauss, "Careers, personality and adult socialization".
14. Segundo Reinaldo, essas mercadorias têm baixo custo de produção e muita procura no mercado. Adriano disse que vende, em média, de 20 a 30 CDs por dia. O fornecedor vende a mercadoria – por R$5,00 à vista e R$7,00 em consignação – para diversos camelôs, que a comercializam por R$10,00 nas ruas do Centro. O custo de produção da mídia não chega a R$2,00 por CD, já contando com o custo da embalagem. Sendo assim, esse negócio é bastante lucrativo, principalmente para o fornecedor.
15. Loja especializada em roupas do tipo *surfwear* e uma das mais falsificadas no mercado da camelotagem carioca.
16. H. Becker e A. Strauss, op.cit., p.245.
17. G. Velho, *Individualismo e cultura.*
18. E. Goffman, *Manicômios, prisões e conventos.*
19. H. Becker, *Outsiders.*
20. Ibid., p.8.
21. Ibid., p.14.
22. R. Park. "A cidade: sugestões para investigação do comportamento humano no meio urbano", p.32.
23. L. Edmundo, *O Rio de Janeiro do meu tempo.*
24. H. Becker, *Outsiders*, p.9.
25. P. Mafra, op.cit., p.23-5.
26. "O prefeito acredita que, com essa medida, estará solucionado o problema dos camelôs: 'Vamos criar uma alternativa de oferta de trabalho e, a partir daí, poderemos cumprir a lei em relação aos camelôs que estiverem instalados em locais impróprios.'", *Jornal do Brasil*, 3 mai 1984.
27. H. Becker, *Outsiders.*

Referências bibliográficas

ABREU, Alzira et al. *Dicionário histórico-biográfico brasileiro pós-1930*. Rio de Janeiro, FGV/CPDOC, 2001.

ABREU, Mauricio de Almeida. *Evolução urbana do Rio de Janeiro*. Rio de Janeiro, IplanRio, 1997.

ALBIN, Ricardo Cravo. *MPB – a história de um século*. Rio de Janeiro, Funarte, 1998.

ALENCAR, Edigar de. *O carnaval carioca através da música*. Rio de Janeiro, Livraria Freitas Bastos, 1965.

____. *Nosso Sinhô do samba*. Rio de Janeiro, Funarte, 1981.

ALMEIDA, Marcos Farias de. *Extermínio seletivo e limpeza social em Duque de Caxias: a sociedade brasileira e os indesejáveis*. Campinas, dissertação de mestrado apresentada ao Programa de Pós-Graduação em Antropologia Social/Unicamp, 1998.

ALVES, Andréa Moraes. *A dama e o cavalheiro: um estudo antropológico sobre envelhecimento, gênero e sociabilidade*. Rio de Janeiro, FGV, 2004.

____. "Família, sexualidade e velhice feminina", in Maria Luiza Heilborn, Luiz Fernando Dias Duarte, Clarice Peixoto e Myriam Lins de Barros (orgs.). *Sexualidade, família e ethos religioso*. Rio de Janeiro, Garamond Universitária, 2005.

ALVES, José Cláudio Souza. *Baixada Fluminense: a violência na construção do poder*. São Paulo, tese de doutorado apresentada ao Programa de Pós-Graduação em Sociologia/USP, 1998.

____. "Violência e religião na Baixada Fluminense: uma proposta teórico-metodológica". *Revista Rio de Janeiro*, n.8, set-dez 2002, p.59-82.

ALVITO, Marcos. *As cores de Acari: uma favela carioca*. Rio de Janeiro, FGV, 2001.

AUSTIN, John Langshaw. *Cómo hacer cosas con palabras*. Buenos Aires, Paidós, 2003 [1962].

BARBOSA, Antônio Carlos Rafael. *Um abraço para todos os amigos: algumas considerações sobre o tráfico de drogas no Rio de Janeiro*. Niterói, UFF, 1998.

BARCELLOS, Caco. *Abusado*. Rio de Janeiro, Record, 2003.

BARCINSKY, André e Silvio GOMES. *Sepultura: toda a história.* São Paulo, Editora 34, 1999.

BARREIRA, Irlys. "A expressão dos sentimentos na política", in Carla Costa Teixeira e Christine de Alencar Chaves (orgs.). *Espaços e tempos da política.* Rio de Janeiro, Relume-Dumará/NuAP-UFRJ, 2004.

BARRETO, Alessandra. "Um olhar sobre a Baixada: usos e representações sobre o poder local e seus atores", *Campos*, vol.5, n.2, 2004, p.45-64.

____. *Cartografia política: as faces e fases da política na Baixada Fluminense.* Rio de Janeiro, tese de doutorado apresentada ao programa de Pós-Graduação em Antropologia Social do Museu Nacional/UFRJ, 2006.

BARRETO, Flavia de Oliveira. *A política é uma festa: estudo sobre relações políticas no meio rural. Rio de Janeiro.* Rio de Janeiro, dissertação de mestrado apresentada ao programa de Pós-Graduação em Sociologia e Antropologia do Instituto de Filosofia e Ciências Sociais/UFRJ, 1992.

BARTH, Fredrik. "Grupos étnicos e suas fronteiras", in Philippe Poutignat e Jocelyne Streiff-Fenart (orgs.). *Teorias da etnicidade.* São Paulo, Unesp, 1998, p.185-250.

____. *O guru, o iniciador e outras variações antropológicas.* Rio de Janeiro, ContraCapa, 2000.

____. "A análise da cultura nas sociedades complexas", in *O guru, o iniciador e outras variações antropológicas.* Rio de Janeiro, ContraCapa, 2000, p.107-40. ("The analysis of culture in complex societies". *Ethos.* Suécia, v.54, n.III-VI, 1989, p.120-42.)

BATESON, Gregory. *Pasos hacia una ecología de la mente.* Buenos Aires, Editores Carlos Lohlé, 1991.

BERSANI, Leo. *Homos.* Buenos Aires, Editorial Manantial, 1998.

BUTLER, Judith. *El género en disputa.* México, Paidós, 2001 [1990].

BECKER, Howard S. *Outsiders: Studies in the Sociology of Deviance.* Nova York, The Free Press, 1963.

____ e Anselm STRAUSS. "Careers, personality and adult socialization", in *Sociological Work: Method and Substance.* Chicago, Aldine Publisshing Company, 1970, p.245-60.

____. "Mundos artísticos e tipos sociais", in Gilberto Velho (org.). *Arte e sociedade, ensaios de sociologia da arte.* Rio de Janeiro, Zahar, 1977, p.9-26.

____. *Uma teoria da ação coletiva.* Rio de Janeiro, Zahar, 1977.

____. *Art Worlds*. Berkeley/Los Angeles, University of California Press, 1982.

BELOCH, Israel. *Capa preta e Lurdinha: Tenório Cavalcanti e o povo da Baixada*. Rio de Janeiro, Record, 1986.

BERGER, Harris. *Metal, Rock, and Jazz: Perception and the Phenomenology of Musical Experience*. Connecticut, Wesleyan University Press, 1999.

BERGSON, Henri. *La energia espiritual*. Madrid, Editora Espasa Calpe, 1996.

BLANC, Aldir, Hugo SUKMAN e Luiz Fernando VIANNA. *Heranças do samba*. Rio de Janeiro, Casa da Palavra, 2004.

BORGES, Antonádia. *Tempo de Brasília. Etnografando lugares-eventos da política*. Rio de Janeiro, Relume-Dumará/NuAP-UFRJ, 2003.

BOURDIEU, Pierre. *O poder simbólico*. São Paulo, Difel, 1989.

____. *Razões práticas. Sobre a teoria da ação*. Campinas, Papirus, 1997.

BOTT, Elisabeth. *Família e rede social*. Rio de Janeiro, Francisco Alves, 1976.

BRAGA, Leandro. *Primeira dama: a música de Dona Ivone Lara. Livro de partituras*. Rio de Janeiro, Gryphus, 2003.

BULMER, Martin. *The Chicago School of Sociology: Institutionalization, Diversity and the Rise of Sociological Research*. Chicago, The University of Chicago Press, 1984.

BURKE, Peter. *A fabricação do rei*. Rio de Janeiro, Jorge Zahar, 1994.

CABRAL, Sérgio. *As escolas de samba do Rio de Janeiro*. Rio de Janeiro, Lumiar, 1996.

CAIAFA, Janice. *Movimento punk na cidade: a invasão dos bandos sub*. Rio de Janeiro, Jorge Zahar, 1985.

CARVALHO, Rejane Accioly. "A máquina fabulatória da mídia e o reencantamento da política: a estrutura mítica das campanhas eleitorais". *Caderno CRH*, n.1, 1995, p.114-37.

CASTILHO, Sérgio Ricardo Rodrigues. *O "soldado da TV" contra a "pretinha do povo": a propaganda eleitoral televisiva de César Maia e Benedita da Silva*. Rio de Janeiro, dissertação de mestrado apresentada ao programa de Pós-Graduação em Sociologia e Antropologia do Instituto de Filosofia e Ciências Sociais/UFRJ, 1994.

____. *Marketing e "política": a construção social do "mercado eleitoral" no Brasil*. Rio de Janeiro, tese de doutorado apresentada ao Programa de Pós-Graduação em Antropologia Social do Museu Nacional/UFRJ, 2000.

CASCUDO, Luís da Câmara. *Dicionário do folclore brasileiro.* Vol.2, Rio de Janeiro, MEC/INL, 1962.

CASTRO, Ruy. *Chega de saudade: a história e as histórias da bossa nova.* São Paulo, Companhia das Letras, 1990.

____. *Carmen: uma biografia.* São Paulo, Companhia das Letras, 2005.

CAVALCANTI, Maria Laura Viveiros de Castro. *Carnaval carioca: dos bastidores ao desfile.* Rio de Janeiro, Funarte/UFRJ, 1994.

CECCHETTO, Fátima Regina. "As galeras *funk* cariocas: entre o lúdico e o violento", in Hermano Vianna (org.). *Galeras cariocas: territórios de conflitos e encontros culturais.* Rio de Janeiro, UFRJ, 1997, p.95-118.

____. "Galeras *funk* cariocas: os bailes e a constituição do *ethos* guerreiro", in Alba Zaluar e Marcos Alvito (orgs.) *Um século de favela.* Rio de Janeiro, FGV, 1998, p.145-65.

CHAVES, Christine de Alencar. *Festas da política: uma etnografia da modernidade no sertão (Buritis, MG).* Rio de Janeiro, Relume-Dumará/NuAP/UFRJ, 2003.

COELHO, Maria Cláudia. *A experiência da fama.* Rio de Janeiro, FGV, 1999.

CORDEIRO, Graça Índias e António Firmino da COSTA. "Bairros: contexto e intersecção", in Gilberto Velho (org.). *Antropologia urbana – cultura e sociedade no Brasil e em Portugal.* Rio de Janeiro, Jorge Zahar, 3ª ed., 2006, p.58-79.

FREIRE COSTA, Jurandir. *A inocência e o vício. Estudos sobre o homoerotismo.* Rio de Janeiro, Relume-Dumará, 1992.

COSTA, Sandra Regina Soares. "Uma experiência com autoridade: pequena etnografia de contato com o *hip hop* e a polícia num morro carioca", in Gilberto Velho e Karina Kushnir (orgs.). *Pesquisas urbanas: desafios do trabalho antropológico.* Rio de Janeiro, Jorge Zahar, 2003, p.139-55.

____. *Universo sonoro popular: um estudo da carreira de músico nas camadas populares.* Rio de Janeiro, tese de doutorado apresentada ao Programa de Pós-Graduação em Antropologia Social do Museu Nacional/UFRJ, 2006.

CUNHA, Eugênia Vasconcellos Paim. *Viva a nossa comunidade: um estudo de fé e política na Rua Jordão.* Rio de Janeiro, dissertação de mestrado apresentada ao Programa de Pós-Graduação em Sociologia e Antropologia do Instituto de Filosofia e Ciências Sociais/UFRJ, 1991.

CUNHA, Olívia Maria Gomes. "Bonde do mal: notas sobre território, cor, violência e juventude numa favela do subúrbio carioca", in Yvonne

Maggie e Claudia Rezende (orgs.). *Raça como retórica: a construção da diferença*. Rio de Janeiro, Civilização Brasileira, 2001, p.83 153.

DA MATTA, Roberto Augusto. *Carnavais, malandros e heróis. Para uma sociologia do dilema brasileiro*. Rio de Janeiro, Zahar, 1979.

____. *A casa e a rua: espaço, cidadania, mulher e morte no Brasil*. São Paulo, Brasiliense, 1985.

DÍAZ, María Elvira Benitez. *Negros homossexuais: raça e hierarquia no Brasil e na Colômbia*. Rio de Janeiro, dissertação de mestrado apresentada ao programa de Pós-Graduação em Antropologia Social do Museu Nacional/UFRJ, 2005.

DINIZ, Edinha. *Chiquinha Gonzaga: uma história de vida*. Rio de Janeiro, Codecri, 1984.

DUMONT, Louis. *Essais sur l'individualisme: une perspective anthropologique sur l'idéologie moderne*. Paris, Esprit/Seuil, 1983.

DUNN, Ian e Scot MC FADYEN. *Metal history: a headbanger's journey*. S/l. Warner, 2006. Documentário. 2 DVDs.

DURHAM, Eunice. "Família e reprodução humana", in Bruna Franchetto, Maria Laura Cavalcanti e Maria Luiza Heilborn (orgs.). *Perspectivas antropológicas da mulher*. Vol.3, Rio de Janeiro, Zahar, 1983.

DURKHEIM, Émile. *L'Éducation morale*. Paris, PUF, 1963.

____. "A educação como processo socializador: função homogeneizadora e função diferenciadora", in Luiz Pereira e Marialice Mencarini Foracchi (orgs.). *Educação e sociedade – leituras de sociologia da educação*. São Paulo, Companhia Editora Nacional, 1971.

DURKHEIM, Émile. *As formas elementares da vida religiosa: o sistema totêmico na Austrália*. São Paulo, Paulinas, 1989.

ECKERT, Cornélia e Ana Luisa ROCHA. *O tempo e a cidade*. Porto Alegre, UFRGS Editora, 2005.

EDMUNDO, Luiz. *O Rio de Janeiro do meu tempo*. Rio de Janeiro, Imprensa Nacional, 1938.

EFEGÊ, Jota. *Ameno Resedá: o rancho que foi escola*. Rio de Janeiro, Letras e Artes, 1965.

EISENSTADT, S.N. (org.). *Max Weber. On Charisma and Institution Building*. Selected Papers. Chicago/London, University of Chicago Press, 1968.

ELIAS, Norbert. *Mozart: sociologia de um gênio*. Rio de Janeiro, Jorge Zahar, 1995.

____. *La civilización de los padres y otros ensayos*. Bogotá, Editorial Norma, 1998.

ENNE, Ana Lucia Silva. *Umbanda e assistencialismo: um estudo sobre representação e identidade em uma instituição da Baixada Fluminense.* Rio de Janeiro, dissertação de mestrado apresentada ao Programa de Pós-Graduação em Antropologia Social do Museu Nacional/UFRJ, 1995.

____. *Lugar, meu amigo, é minha Baixada: memória, representações sociais e identidades.* Rio de Janeiro, tese de doutorado apresentada ao Programa de Pós-Graduação em Antropologia Social do Museu Nacional/UFRJ, 2002.

____. "Imprensa e Baixada Fluminense: múltiplas representações". *Revista Ciberlegenda*, n.14, 2004 (disponível no site www.uff.br/mesticii/enne1.htm).

EPSTEIN, Arnold Leonard. "The network and urban social organization", in J.C. Mitchel (org.). *Social Networks in Urban Situations.* Manchester, Manchester University Press, 1969.

____. "Gossip, norms and social network", in J.C. Mitchel (org.). *Social Networks in Urban Situations.* Manchester, Manchester University Press, 1969.

FAORO, Raymundo. *Os donos do poder.* Rio de Janeiro, Globo, 2001 [1958].

FERNANDES, Florestan. *A integração do negro na sociedade de classes.* São Paulo, Dominus/USP, 1965.

____. e Roger BASTIDE. *Brancos e negros em São Paulo.* São Paulo, Cia. Editora Nacional, 1971.

FERREIRA, Angela Cristina e Paulo ARMEL. *Eternamente rainha, Emilinha Borba.* Rio de Janeiro, Triângulo Design e Produções Gráficas, 2005.

FERREIRA, Marieta de Moraes. "A fusão do Rio de Janeiro, a ditadura militar e a transição política", in Alzira Abreu (org.). *A democratização no Brasil.* Rio de Janeiro, FGV, 2006, p.163-203.

FIGARI, Carlos. *Los(as) otros(as) cariocas: interperlaciones, experiencias e identidades homoeróticas en Rio de Janeiro (siglo XVII y XX).* Rio de Janeiro, tese de doutorado apresentada ao Centro de Pesquisas e Ensino de Pós-Graduação em Ciências Sociais (Iuperj)/Universidade Cândido Mendes, Rio de Janeiro, 2003.

FIRTH, Raymond et al. *Families and Their Relatives.* Nova York, Humanities Press, 1970.

FORTES, Meyer. "Age, generation and social structure", in D. Kertzer e J. Keith (orgs.). *Age and Anthropological Theory.* Ithaca, Cornell University Press, 1984.

FOUCAULT, Michel. *História da sexualidade*. Vol.I, Rio de Janeiro, Graal, 1982.

FREJAT. Entrevista, in Renato Lemos. "Rock in Rio 20 anos", *Revista Domingo, Jornal do Brasil*, Rio de Janeiro, 23 jan 2005, p.12-17.

FREYRE, Gilberto. *Sobrados e Mucambos: decadência do patriarcado rural e desenvolvimento urbano*. São Paulo, Global, 2003 [1936].

____. *Casa-grande & senzala: formação da família brasileira sob o regime da economia patriarcal*. São Paulo, Global, 2005 [1933].

FRIEDRICH, Paul. "The political middleman", in M.J. Swart (org.). *Local-Level Politics: Social and Cultural Perspectives*. Chicago, Aldine, 1968, p.69-91.

GANS, Herbert J. *Popular Culture and High Culture*. Nova York, Basic Books Inc. Publishers, 1974.

GEERTZ, Clifford. "'*Ethos*', visão de mundo e símbolos sagrados." In Clifford Geertz. *A interpretação das culturas*. Rio de Janeiro, Zahar, 1978, p.143-59.

GEERTZ, Clifford. "Suq: The Bazar Economy in Sefrou", in *Meaning and order in Marroccan society*. Cambridge, Cambridge University Press, 1979.

____. *A interpretação das culturas*. Rio de Janeiro, LTC, 1989.

____. *Negara: o Estado teatro no século XIX*. Lisboa/Rio de Janeiro, Difel/Bertrand Brasil, 1991.

GEIGER, Pedro Pinchas. *Evolução da rede urbana brasileira*. Rio de Janeiro, Centro Brasileiro de Pesquisas Educacionais, 1963.

____ e Ruth Lira SANTOS. *Notas sobre a evolução da ocupação humana da Baixada Fluminense*. Rio de Janeiro, IBGE, 1956.

GOFFMAN, Erving. *A representação do eu na vida cotidiana*. Rio de Janeiro, Vozes, 1985.

____. *Estigma: notas sobre a manipulação da identidade deteriorada*. Rio de Janeiro, Guanabara, 1988.

____. *Manicômios, prisões e conventos*. São Paulo, Perspectiva, 2001. [1961]

GOLDENBERG, Miriam. *De perto ninguém é normal: estudos sobre corpo, sexualidade, gênero e desvio na cultura brasileira*. Rio de Janeiro, Record, 2005.

GÔNGORA, Andrés. "El camp y la fascinación gay por las divas", in Gôngora et alli, (orgs.). *Etnografías contemporáneas*. Bogotá, Universidad Nacional de Colômbia, 2004.

GOTTMAN, Jean. *Megalopolis: The Urbanized Northeastern Seabord of the United States.* Cambridge/Mass, The M.I.T. Press/The Twentieth Century Fund, 1967.

HAMBURGUER, Esther. *O Brasil antenado. A sociedade da novela.* Rio de Janeiro, Jorge Zahar, 2005.

HASENBALG, Carlos A. "A pesquisa sobre migrações, urbanização, relações raciais e pobreza no Brasil: 1970/1990", in Sérgio Miceli (org.). *Temas e problemas da pesquisa em ciências sociais.* São Paulo/Rio de Janeiro, Fapesp/Fundação Ford, 1992, p.21-9.

____. "Entre o mito e os fatos: racismo e relações raciais no Brasil", in Marcos Chor Maio e Ricardo Ventura Santos (orgs.). *Raça, ciência e sociedade.* Rio de Janeiro, Fiocruz, 1996, p.235-49.

HEILBORN, Maria Luiza. *Conversa de portão: juventude e sociabilidade em um subúrbio carioca.* Rio de Janeiro, dissertação de mestrado apresentada ao Programa de Pós-Graduação em Antropologia Social do Museu Nacional/UFRJ, 1984.

____. "Corpos na cidade: sedução e sexualidade", in Gilberto Velho. *Antropologia urbana – cultura e sociedade no Brasil e em Portugal.* Rio de Janeiro, Jorge Zahar, 2006, p.98-108.

HEILBORN, Maria Luiza. *Dois é par: conjugalidade, gênero e identidade.* Rio de Janeiro, Garamond, 2004.

HEIN, Fabien. *Hard Rock, Heavy Metal, Metal: Histoire, Cultures et Pratiquants.* Paris, Mélanie Séteur, 2004.

HOLANDA, Sérgio Buarque de. *Raízes do Brasil.* Rio de Janeiro, José Olimpio, 1979 [1936].

HUGHES, Everett C. *The Sociological Eye. Selected Papers.* Chicago, Aldine Athernon, 1971.

____. "Ciclos, carreiras e momentos críticos", in Sérvulo Figueira (org.). *Psicanálise e ciências sociais.* Rio de Janeiro, Francisco Alves, 1980.

JANOTTI JR., Jeder. *Heavy Metal e mídia: das comunidades de sentido aos grupamentos urbanos.* São Leopoldo, tese de doutorado apresentada ao Programa de Pós-Graduação em Ciências da Comunicação/Unisinos, 2002.

KOSTEMBAUN, Wayne. "The Callas cult", in *The Queens Throat: Opera, Homosexuality and the Mistery of Desire.* New York, Vintage Books, 1994.

KUSCHNIR, Karina. *Política e mediação cultural: um estudo na Câmara Municipal do Rio de Janeiro.* Rio de Janeiro, dissertação de mestrado apresentada ao Programa de Pós-Graduação em Antropologia Social do Museu Nacional/UFRJ, 1993.

____. *O cotidiano da política.* Rio de Janeiro, Jorge Zahar, 2000.

LATOUR, Bruno. *Reflexão sobre o culto moderno dos deuses fe(i)tiches.* Bauru, Edusc, 2002.

LEÃO, Tom. *Heavy metal: guitarras em fúria.* Rio de Janeiro, Editora 34, 1997.

LECLEREC, Gérard. "La sociologie et les indigiènes", in *L'Observation de l'homme: une historie des enquêtes sociales.* Paris, Éditions du Seuil, 1979, p.51-80.

LEEDS, Anthony e Elizabeth LEEDS. *A sociologia do Brasil urbano.* Rio de Janeiro, Zahar, 1978.

LEFEBRVE, Henri. *Le droit à la ville.* Paris, Anthropos, 1968.

____. *Du rural á l'urbain.* Paris, Anthropos, 1970 (textes rassemblés par Mario Garivia).

____. *La Révolution Urbaine.* Paris, Gallimard, 1970.

LEITE LOPES, Pedro Alvim. *As metamorfoses do corpo: os xamanismos araweté, bororo e tukano à luz do perspectivismo.* Rio de Janeiro, dissertação de mestrado apresentada ao Programa de Pós-Graduação em Antropologia Social do Museu Nacional/UFRJ, 2001.

____. *Heavy Metal no Rio de Janeiro e dessacralização de símbolos religiosos: a música do demônio na cidade de São Sebastião das Terras de Vera Cruz.* Rio de Janeiro, tese de doutorado apresentada ao Programa de Pós-Graduação em Antropologia Social do Museu Nacional/UFRJ, 2006.

LEMGRUBER, Julita. *Cemitério dos vivos.* Rio de Janeiro, Achiamé, 1983.

____. "Pena alternativa: cortando a verba da pós-graduação no crime", in Gilberto Velho e Marcos Alvito. *Cidadania e violência.* Rio de Janeiro, UFRJ/FGV, 2000.

LINDHOLM, Charles. *Carisma. Êxtase e perda de identidade na veneração ao líder.* Rio de Janeiro, Jorge Zahar, 1993.

LINS DE BARROS, Myriam Moraes. "Testemunho de vida: um estudo antropológico de mulheres na velhice", in Bruna Franchetto, Maria Laura Cavalcanti e Maria Luiza Heilborn (orgs.). *Perspectivas Antropológicas da Mulher 2.* Vol.2, Rio de Janeiro, Zahar, 1981, p.11-70.

____. *Autoridade e afeto: avós, filhos e netos na família brasileira.* Rio de Janeiro, Jorge Zahar, 1987.

____. "Testemunho de vida: um estudo antropológico das mulheres na velhice", in *Velhice ou terceira idade?* Rio de Janeiro, FGV, 1998, p.113-68.

____. "Velhice na contemporaneidade", in Clarice Peixoto (org.). *Família e envelhecimento.* Rio de Janeiro, FGV, 2004, p.13-23.

____. *"A cidade dos velhos"*, in Gilberto Velho. *Antropologia urbana – cultura e sociedade no Brasil e em Portugal.* Rio de Janeiro, Jorge Zahar, 2006, p.43-57.

LOPES, Carlos. *Guerrilha! A história da Dorsal Atlântica.* Rio de Janeiro, Beat Press Editora, 1999.

LUCINDA, Maria da Consolação. *Subjetividades e fronteiras: uma antropologia da manipulação da aparência.* Rio de Janeiro, dissertação de mestrado apresentada ao Programa de Pós-Graduação em Antropologia Social do Museu Nacional/UFRJ, 2004.

MAFRA, Patrícia Delgado. *A "pista" e o "camelódromo": camelôs no Centro do Rio de Janeiro.* Rio de Janeiro, dissertação de mestrado apresentada ao Programa de Pós-Graduação em Antropologia Social do Museu Nacional/UFRJ, 2005.

MAGGIE, Yvonne e Márcia CONTINS. "Gueto cultural ou a umbanda como modo de vida: notas sobre uma experiência de campo na Baixada Fluminense", in Gilberto Velho. *O desafio da cidade.* Rio de Janeiro, Campus, 1980, p.77-92.

____. "'Aqueles a quem foi negada a cor do dia': as categorias cor e raça na cultura brasileira", in Marcos Chor Maio e Ricardo Ventura Santos (orgs.). *Raça, ciência e sociedade.* Rio de Janeiro, Fiocruz, 1996, p.225-34.

____. *Guerra de orixá. Um estudo de ritual e conflito.* Rio de Janeiro, Jorge Zahar, 2001.

MAGNANI, Jose Guilherme Cantor. *Festa no Pedaço: cultura popular e lazer na cidade.* São Paulo, Editora Unesp/Hucitec, 1984.

____ e Lílian de Lucca TORRES (orgs). *Na metrópole: textos de antropologia urbana.* São Paulo, Edusp/Fapesp, 2000.

MAUSS, Marcel. "As técnicas corporais", in *Sociologia e antropologia.* São Paulo, EPU/Edusp, 1974.

____. "Esboço de uma teoria geral da magia", in *Sociologia e antropologia.* São Paulo, EPU/Edusp, 1974.

____. "A expressão obrigatória dos sentimentos", in *Sociologia e antropologia.* São Paulo, Cosac&Naify, 2001.

MITCHELL, J.C. *Social Networks in Urban Situations*. Manchester, Manchester University Press, 1969.

MONTEIRO, Linderval Augusto. *Baixada Fluminense: identidade e transformações. Estudo de relações políticas na Baixada Fluminense*. Dissertação de mestrado. Departamento de História, UFRJ, 2001.

MOTTA, Marly. *Rio de Janeiro: de cidade-capital a estado de Guanabara*. Rio de Janeiro, FGV, 2001.

MOUTINHO, Laura. *Razão, cor e desejo: uma análise comparativa sobre relacionamentos afetivo-sexuais inter-raciais no Brasil e na África do Sul*. Rio de Janeiro, tese de doutorado apresentada ao Programa de Pós-Graduação em Sociologia e Antropologia do Instituto de Filosofia e Ciências Humanas/UFRJ, 2001.

NAVES, Santuza Cambraia. *Objeto não identificado. A trajetória de Caetano Veloso*. Rio de Janeiro, dissertação de mestrado apresentada ao Programa de Pós-Graduação em Antropologia Social do Museu Nacional/UFRJ, 1988.

____. *Da Bossa Nova à Tropicália*. Rio de Janeiro, Jorge Zahar, 2001.

NEVES, José Roberto Santos. *Maysa*, Vitória, Contexto Jornalismo e Assessoria Ltda./Núcleo de Projetos Culturais e Ecológicos, 2004 (Coleção Grandes nomes do Espírito Santo).

NOVARO, Marcos. "O debate contemporâneo sobre a representação política". *Novos Estudos Cebrap*, n.42, jul 1995.

O'DONNELL, Guilhermo. "Argentina: a macropolítica e o cotidiano". *Lua Nova*, vol.4, n.2, abr-jun de 1988, p.38-48.

OLIVEIRA, Leandro de. "Gestos que pesam: práticas homossexuais e performance de gênero em contexto de camadas populares". *Anais do XXX Encontro Anual da Anpocs*, Caxambu, 2006.

OLIVEN, Rubem George. *Metabolismo social da cidade*. Porto Alegre, UFRGS, 1974.

____. *Urbanização e mudança social no Brasil*. Petrópolis, Vozes, 1980.

____. *A antropologia de grupos urbanos*. Petrópolis, Vozes, 1985.

____. "Cultura brasileira e identidade nacional (o eterno retorno)", in Sergio Micelli (org.). *O que ler na ciência social brasileira 1970-2002*. São Paulo/Brasília, Sumaré/Anpocs/Capes, 2002, p.15-43.

ORTEGA Y GASSET, José. *A rebelião das massas*. São Paulo, Martins Fontes, 2002 [1926].

PALMEIRA, Moacir. "Política ambígua", in Patrícia Birman, Regina Novaes (orgs.). O *mal à brasileira*. Rio de Janeiro, Uerj, 1997.

____ e Beatriz HEREDIA. "Le temps de la politique". *Études Rurales*, vol.131-32, jul-dez 1993.

____. "Os comícios e a política de facções". *Anuário Antropológico* 94, 1995.

PARK, Robert E. "A cidade: sugestões para a investigação do comportamento humano no meio urbano", in Otávio Velho (org.). *O fenômeno urbano*. Rio de Janeiro, Zahar, 1967, p.29-72.

PARKER, Richard. *Abaixo do Equador: culturas do desejo, homossexualidade masculina e comunidade gay no Brasil.* Rio de Janeiro/São Paulo, Record, 2002.

PEIRANO, Mariza (org.). *O dito e o feito. Ensaios de antropologia dos rituais.* Rio de Janeiro, Relume-Dumará, 2001.

____. "Otherness in context: a guide to anthropology in Brazil (no prelo), in Deborah Poole (org.). *Companion of Latin American Anthropology.* Nova York, Blackwell, 2006 (disponível em www.unb.br.).

PERALVA, Angelina. *Violência e democracia: o paradoxo brasileiro.* São Paulo, Paz e Terra, 2000.

PERLONGHER, Nestor. *O negócio do michê: prostituição viril em São Paulo.* São Paulo, Brasiliense, 1987.

PICCOLO, Fernanda Delvalhas. *"Se deixar a droga levar...": um estudo sobre as trajetórias sociais de usuários de drogas em uma vila de Porto Alegre.* Porto Alegre, dissertação de mestrado apresentada ao Programa de Pós-Graduação em Antropologia Social/UFRGS, 2001.

____. "Particularidades e generalizações: reflexões a partir da pesquisa urbana entre usuários de drogas em Porto Alegre", in Gilberto Velho e Karina Kushnir (orgs). *Pesquisas urbanas: desafios do trabalho antropológico.* Rio de Janeiro, Jorge Zahar, 2003, pp. 55-68.

____. *Sociabilidade e conflito no morro e na rua: etnografia de um Centro Comunitário em Vila Isabel/RJ.* Rio de Janeiro, tese de doutorado apresentada ao Programa de Pós-Graduação em Antropologia Social do Museu Nacional/UFRJ, 2006.

POLLAK, Michael. "¿La homosexualidad masculina o la felicidad en el ghetto?", in Begín Áries e Michel Foucault (orgs.). *Sexualidades occidentales.* Espanha, Ediciones Paidos, 1987 [1982].

PRADO JÚNIOR, Caio. *Formação do Brasil contemporâneo.* São Paulo, Brasiliense, 1996.

PRECIADO, Beatriz. "Multitudes *queer*: notes pour un politique des 'anormeaux'". *Multitudes*, n.12, printempts 2003.

RIAL, Carmen Silvia. "Pesquisando em uma grande metrópole: fast-foods e studios em Paris", in Gilberto Velho e Karina Kushnir (orgs). *Pesquisas urbanas: desafios do trabalho antropológico.* Rio de Janeiro, Jorge Zahar, 2003, p.69-88.

RIBEIRO, Luiz Cesar de Queiroz e Orlando Alves dos SANTOS JÚNIOR. *Globalização, fragmentação e reforma urbana: o futuro das cidades brasileiras na crise.* Rio de Janeiro, Civilização Brasileira, 1994.

____ e Adauto Lúcio CARDOSO. 1996. *Dualização e reestruturação urbana: o caso do Rio de Janeiro.* Rio de Janeiro, IPPUR/UFRJ/FASE, 1996.

____ e Luciana Corrêa do LAGO. "A oposição favela-bairro no espaço social do Rio de Janeiro". *São Paulo em Perspectiva*, vol.15, n.1, jan-mar 2001, p.144-54.

RIBEIRO, Paula. *'Saara': uma paisagem singular na cidade do Rio de Janeiro (1960-1990).* São Paulo, dissertação de mestrado apresentada ao Programa de Estudos Pós-graduados em História Social, PUC, 2000.

RIOS, Luis Felipe. *O feitiço de Exu: um estudo comparativo sobre parcerias e práticas homossexuais entre homens jovens candomblesistas e/ou integrantes da comunidade entendida do Rio de Janeiro.* Rio de Janeiro, tese de doutorado apresentada ao Instituto de Medicina Social/Uerj, 2004.

ROCCOR, Bettina. "Heavy metal: forces of unification and fragmentation within a musical subculture." In *The World of Music*, vol.1, n. 42, 2000, p.83-94.

ROSS, Andrew. "Uses of camp", in *No respect: intellectuals and popular culture.* Nova York, Routledge, 1989.

SAFFIOTI, Heleieth. *A mulher na sociedade de classes: mito e realidade.* São Paulo, Quatro Artes-INL, 1969.

SALEM, Tania. "Mulheres faveladas: 'com a venda nos olhos'", in Bruna Franchetto, Maria Laura Cavalcanti e Maria Luiza Heilborn (orgs.). *Perspectivas antropológicas da mulher.* Vol.1, Rio de Janeiro, Zahar, 1981.

SALGADO E SILVA, José Alberto. *Construindo a profissão musical: uma etnografia entre estudantes universitários de música.* Rio de Janeiro, tese de doutorado apresentada ao Programa de Programa de Pós-Graduação em Música/ Unirio, 2005.

SALLES, João Moreira e Katia LUND. 1999. *Notícias de uma guerra particular.* 57 min, cor, 35mm.

SANSONE, Lívio. "Negritudes e racismo globais? Uma tentativa de relativizar alguns dos novos paradigmas 'universais' nos estudos da etnicidade a partir da realidade brasileira". *Horizontes Antropológicos*, vol.4, n.8, jun 1998, p.227-37.

____. "As relações raciais em *Casa-grande & senzala* revisitadas à luz do processo de internacionalização e globalização", in Marcos Chor Maio e Ricardo Ventura Santos (orgs.). *Raça, ciência e sociedade*. Rio de Janeiro, Fiocruz, 1996, p.207-17.

SANTOS, Everaldo Lisboa dos. *A transformação do capital fundiário em capital imobiliário na estrada de Madureira, município de Nova Iguaçu*. Rio de Janeiro, monografia de conclusão de curso apresentada ao Instituto de Geociências/Uerj, 1995.

SANTOS, Gislene Aparecida dos. *Mulher negra, homem Branco. Um breve estudo do feminino negro*. Rio de Janeiro, Pallas, 2004.

SARTORI, Giovanni. "Videopolítica". *Rivista Italiana di Scienza Política*, anno XIX, n.2, ago 1989, p.185-98.

SCHMIDT, Selma. Território livre para o vício. *O Globo*, 30 mai 2004.

SCHUMAHER, Schuma e Érico VITAL BRAZIL (orgs.). *Dicionário mulheres do Brasil: de 1500 até a atualidade, biográfico e ilustrado*. Rio de Janeiro, Jorge Zahar, 2000.

SCHUTZ, Alfred. *Fenomenologia e relações sociais*. Rio de Janeiro, Zahar, 1979.

SCOTTO, Maria Gabriela. "Campanha de rua, candidatos e biografias", in Marcio Goldman e Moacir Palmeira. *Antropologia, voto e representação política*. Rio de Janeiro, ContraCapa, 1996.

SENNET, Richard. *O declínio do homem público: as tiranias da intimidade*. São Paulo, Companhia das Letras, 1998.

SHERIFF, Robin E. "Como os senhores chamavam os escravos: discursos sobre cor, raça e racismo num morro carioca", in Yvonne Maggie e Claudia Rezende (orgs.). *Raça como retórica: a construção da diferença*. Rio de Janeiro, Civilização Brasileira, 2001, p.213-43.

SILVA, Marília Barbosa da. *Silas de Oliveira, do jongo ao samba-enredo*. Rio de Janeiro, Funarte, 1981.

SILVA, Mauro Osório. *Rio nacional, Rio local: mitos e visões sobre a crise carioca e fluminense*. Rio de Janeiro, Senac, 2005.

SIMMEL, Georg. *Conflict*. Nova York, The Free Press, 1964.

____. " On conflict", in *Theories of Society*. Nova York, The Free Press, 1965.

____. *On Individuality and Social Forms*, in Donald Levine (org.), Chicago, The University of Chicago Press, 1971.

____. "A metrópole e a vida mental", in Otávio Velho (org.). *O fenômeno urbano*. Rio de Janeiro, Zahar, 1973.

____. "La sociabilité: exemple de sociologie pure ou formale", in *Sociologie et épistémologie*. Paris, PUF, 1991, p.121-36.

SOARES DA COSTA, Sandra Regina. "Uma experiência com autoridades: pequena etnografia de contato com o *hip hop* e a polícia num morro carioca", in Gilberto Velho e Karina Kushnir (orgs). *Pesquisas urbanas: desafios do trabalho antropológico*. Rio de Janeiro, Jorge Zahar, 2003, p.139-55.

SOARES, Luis Eduardo. *Meu casaco de general: quinhentos dias no front da segurança pública no Rio de Janeiro*. São Paulo, Companhia das Letras, 2000.

____. *Segurança tem saída*. Rio de Janeiro, Sextante, 2006.

SOUZA, Josinaldo Aleixo de. *Os grupos de extermínio em Duque de Caxias, Baixada Fluminense*. Rio de Janeiro, dissertação de mestrado apresentada ao Programa de Pós-Graduação em Sociologia e Antropologia do Instituto de Filosofia e Ciências Sociais/UFRJ, 1997.

SOUZA, Sonali Maria de. *Da laranja ao lote: transformações sociais em Nova Iguaçu*. Rio de Janeiro, dissertação de mestrado apresentada ao Programa de Pós-Graduação em Antropologia do Museu Nacional/UFRJ, 1992.

SPOSITTO, Marilia Pontes, Hamilton Harley de Carvalho SILVA e Nilson Alves SOUZA. "Juventude e poder local: um balanço de iniciativas públicas voltadas para jovens em municípios de regiões metropolitanas", *Revista Brasileira de Educação*, vol.11, n.32, mai-ago 2006, p.238-57.

TINHORÃO, José Ramos. *O samba agora vai...* Rio de Janeiro, J.C.M. Editores, 1969.

____. *História social da música popular brasileira*. São Paulo, Editora 34, 1998.

VALLADARES, Licia do Prado. *Passa-se uma casa: análise do programa de remoção das favelas do Rio de Janeiro*. Rio de Janeiro, Zahar, 1980.

____. "A gênese da favela carioca. A produção anterior às ciências sociais", *Revista Brasileira de Ciências Sociais*, vol.15, n.44, out 2000, p.4-35.

____. *L'Invention de la favela*. Habilition à diriger des recherches, Université Lumière – Lyon II, 2001.

____ e Lídia MEDEIROS. *Pensando as favelas do Rio de Janeiro 1906-2000: uma bibliografia analítica.* Rio de Janeiro, Relume-Dumará/Faperj/Urbandata, 2003.

____. *A invenção da favela: do mito de origem à favela.com.* Rio de Janeiro, FGV, 2005.

VELHO, Gilberto. (org.) *O desafio da cidade.* Rio de Janeiro, Campus, 1980.

____. "Violência, reciprocidade e desigualdade: uma perspectiva antropológica", in Gilberto Velho e Marcos Alvito (orgs.). *Cidadania e violência.* Rio de Janeiro, FGV/UFRJ, 2000, p.11-25.

____. "Biografia, trajetória e mediação", in Gilberto Velho e Karina Kushnir (orgs.). *Mediação, cultura e política.* Rio de Janeiro, Aeroplano, 2001, p.13-28.

____. *A utopia urbana: um estudo de antropologia social.* Rio de Janeiro, Jorge Zahar, 2002 [1973].

____. *Mudança, crise e violência. Política e cultura no Brasil contemporâneo.* Rio de Janeiro, Civilização Brasileira, 2002.

____. "O desafio da proximidade", in Gilberto Velho e Karina Kushnir (orgs). *Pesquisas urbanas: desafios do trabalho antropológico.* Rio de Janeiro, Jorge Zahar, 2003, p.10-9.

____. *Projeto e metamorfose: antropologia das sociedades complexas.* Rio de Janeiro, Jorge Zahar, 3ª ed., 2003.

____. "Unidade e fragmentação em sociedades complexas", in *Projeto e metamorfose: antropologia das sociedades complexas.* Rio de Janeiro, Jorge Zahar, 2003, p.11-30.

____. "A vitória de Collor", in *Projeto e metamorfose: antropologia das sociedades complexas.* Rio de Janeiro, Jorge Zahar, 2003, p.71-6.

____. *Individualismo e cultura: notas para uma antropologia da sociedade contemporânea.* Rio de Janeiro, Jorge Zahar, 2004 [1981].

____. "Projeto, emoção e orientação em sociedades complexas", in *Individualismo e cultura: notas para uma antropologia da sociedade contemporânea.* Rio de Janeiro, Jorge Zahar, 2004, p.13-37.

____. "Observando o familiar", in *Individualismo e cultura: notas para uma antropologia da sociedade contemporânea.* Rio de Janeiro, Jorge Zahar, 2004, p.121-32.

____. *Antropologia urbana: cultura e sociedade no Brasil e em Portugal.* Rio de Janeiro, Jorge Zahar, 2006 [1999].

____. "Autoria e criação artística", in Gilberto Velho e Gilda Santos (orgs.). *Artifícios & artefactos: entre o literário e o antropológico.* Rio de Janeiro, 7Letras, 2006.

VELHO, Gilberto e Marcos ALVITO (orgs.). *Cidadania e violência.* Rio de Janeiro, FGV/UFRJ, 2000 [1996].

VELHO, Gilberto e Karina KUSCHNIR (orgs.). *Mediação, cultura e política.* Rio de Janeiro, Aeroplano, 2001.

____ (orgs). *Pesquisas urbanas: desafios do trabalho antropológico.* Rio de Janeiro, Jorge Zahar, *2003.*

VELHO, Gilberto e Gilda SANTOS. *Artifícios & artefactos: entre o literário e o antropológico.* Rio de Janeiro, 7Letras, 2006.

VELHO, Otávio. *Besta-fera: recriação do mundo.* Rio de Janeiro, Relume-Dumará 1995.

VIANNA, Hermano. *O mundo funk carioca.* Rio de Janeiro, Jorge Zahar, 1988.

____. *O mistério do samba.* Rio de Janeiro, Jorge Zahar/UFRJ, 1995.

____ (org.). *Galeras cariocas: territórios de conflitos e encontros culturais.* Rio de Janeiro, UFRJ, 1997.

____. "O *funk* como símbolo da violência carioca", in Gilberto Velho e Marcos Alvito (orgs.). *Cidadania e violência.* Rio de Janeiro, UFRJ/FGV, 2000, p.179-88.

VIANNA, Letícia. *Bezerra da Silva: produto do morro.* Rio de Janeiro, Jorge Zahar, 1999.

VILAÇA, Aparecida. "O que significa tornar-se outro? Xamanismo e contato interétnico na Amazônia", *Revista Brasileira de Ciências Sociais,* vol.15, n.44, 2000, p.56-72.

VILHENA, Luís Rodolfo. *Projeto e missão: o movimento folclórico brasileiro.* Rio de Janeiro, Funarte/FGV, 1997.

WALSER, Robert. *Running With the Devil: Power, Gender, and Madness in Heavy Metal Music.* University Press of New England/Wesleyan University Press, 1993.

WEBER, Max. *Economia y sociedad.* México, Fondo de Cultura Económica, 1984.

WEFFORT, Francisco. *O populismo na política brasileira.* São Paulo, Paz e Terra, 1980.

WEINSTEIN, Deena. *Heavy Metal: The Music and Its Culture.* Capo Press, 1991/2000.

WHITE, William Foote. *A sociedade de esquina.* Rio de Janeiro, Jorge Zahar, 2005.

WORCMAN, Susane. *Saara.* Rio de Janeiro, Relume-Dumará, 2000 (Série Cantos do Rio).

ZALUAR, Alba. *A máquina e a revolta: as organizações populares e o significado da pobreza.* São Paulo, Brasiliense, 1985.

____. *Condomínio do diabo: as classes populares urbanas e a lógica do ferro e do fumo.* Rio de Janeiro, UFRJ, 1994.

____ e Marcos ALVITO (orgs.) *Um século de favela.* Rio de Janeiro, FGV, 1998.

____. *Integração perversa: pobreza e tráfico de drogas.* Rio de Janeiro, FGV, 2004.

Colaboradores

Gilberto Velho, doutor em ciências humanas pela Universidade de São Paulo (USP), é professor titular e decano do Departamento de Antropologia do Museu Nacional da Universidade Federal do Rio de Janeiro (UFRJ) e membro da Academia Brasileira de Ciências. Publicou por esta editora *A utopia urbana* (6ª ed. 2002), *Individualismo e cultura* (7ª ed. 2004), *Subjetividade e sociedade* (4ª ed. 2006) e *Projeto e metamorfose* (3ª ed. 2003), além de *Nobres & anjos* (FGV, 1998). Organizou, entre outros livros, *O desafio da cidade* (Campus, 1980), *Arte e sociedade* (Zahar, 1977), *Mediação, cultura e política* (Aeroplano, 2001, com Karina Kuschnir) e *Artifícios & artefactos* (7Letras, 2006, com Gilda Santos) e, por esta editora, *Desvio e divergência* (8ª ed. 2003), *Antropologia urbana: cultura e sociedade no Brasil e em Portugal* (3ª ed. 2006) e *Pesquisas urbanas* (2003, com Karina Kuschnir).

Fernanda Delvalhas Piccolo é bacharel em ciências sociais e mestre em antropologia social pela Universidade Federal do Rio Grande do Sul (UFRGS) e doutora em antropologia pelo Museu Nacional/Universidade Federal do Rio de Janeiro (MN/UFRJ). Atualmente é professora substituta do Departamento de Fundamentos da Educação da Faculdade de Educação da UFRJ e professora adjunta I da Universidade Severino Sombra. Atua nas áreas de antropologia urbana, sociologia da educação e antropologia do corpo e da saúde.

Alessandra Siqueira Barreto é mestre em antropologia social e doutora em antropologia pelo Programa de Pós-Graduação em Antropologia Social do Museu Nacional (UFRJ). É professora do Departamento de Ciências Sociais da Universidade Federal de Uberlândia (UFU) e tem realizado pesquisas na área de antropologia da política, antropologia urbana, cidadania e movimentos sociais.

Sandra Regina Soares da Costa é mestre em antropologia social e doutora em antropologia pelo Programa de Pós-Graduação em Antropologia Social do Museu Nacional (UFRJ). Professora substituta na Faculdade de Formação de Professores e na Faculdade de Educação da Baixada Fluminense (UFRJ), *Campi* São Gonçalo e Duque de Caxias. Tem realizado pesquisas sobre música, cidadania, violência e mobilidade social nas camadas populares.

Mila Burns é mestre em antropologia social pelo Programa de Pós-Graduação em Antropologia Social do Museu Nacional (UFRJ). Nascida em Vitória (ES), formou-se em Comunicação Social também pela Universidade Federal do Rio de Janeiro e trabalha como repórter da TV Globo. Tem realizado pesquisas na área de antropologia urbana, música brasileira e mídia.

María Elvira Díaz Benítez é mestre em antropologia pelo Programa de Pós-Graduação em Antropologia Social do Museu Nacional (UFRJ) e doutoranda do mesmo programa. Membro do Grupo de Estudos Afro-colombianos (GEA) e do Grupo de Estudos de Gênero, Sexualidade e Saúde em América Latina (GESSAM), com sede na Universidade Nacional da Colômbia. Tem realizado pesquisas em antropologia urbana, relações étnico-raciais, gênero e estudos *queer*.

Pedro Alvim Leite Lopes é mestre em antropologia social e doutor em antropologia pelo Programa de Pós-Graduação em Antropologia Social do Museu Nacional (UFRJ). Tem realizado pesquisas nas áreas de antropologia urbana, antropologia da arte, antropologia da juventude e etnologia indígena.

Patrícia Delgado Mafra é bacharel em ciências sociais pelo Instituto de Filosofia e Ciências Sociais (UFRJ) e mestre em antropologia social pelo Programa de Pós-Graduação em Antropologia Social do Museu Nacional (UFRJ).

1ª EDIÇÃO [2007]

ESTA OBRA FOI COMPOSTA POR FUTURA EDITORAÇÃO ELETRÔNICA EM MINION E OFICINA SANS E IMPRESSA PELA UMLIVRO EM PROCESSO DE IMPRESSÃO SOB DEMANDA SOBRE PAPEL ALTA ALVURA DA SUZANO S.A. PARA A EDITORA SCHWARCZ A PARTIR DE AGOSTO DE 2020

FSC
www.fsc.org
MISTO
Papel produzido a partir de fontes responsáveis
FSC® C128038

A marca FSC® é a garantia de que a madeira utilizada na fabricação do papel deste livro provém de florestas que foram gerenciadas de maneira ambientalmente correta, socialmente justa e economicamente viável, além de outras fontes de origem controlada.